Solide!

À mes canaris, aux Bleus, aux jours de pluie,
aux amoureux de l'escalade...

Guérin Chamonix – Éditions Paulsen
Les éditions Paulsen sont une société du groupe Paulsen Media.

Solide !

Romain Desgranges

Dessins de
Flore Beaudelin

Guérin
éditions Paulsen

« En vingt ans de collaboration avec Romain, s'il y a une chose à retenir, c'est de faire confiance à son instinct. »

ROMAIN DESGRANGES ET FABRICE JUDENNE (SECOND PLAN) À L'ENTRAÎNEMENT DANS LE GYMNASE DE CHAMONIX.
© BRUNO MAGNIEN

LE MOT DU MAÎTRE

Merci.

Fabrice Judenne

Ma rencontre avec Romain n'a pas changé ma vision de l'entraînement, avec Romain, j'ai découvert l'entraînement. Je fais partie des entraîneurs autodidactes, pas du tout issus du système universitaire, mon savoir est empirique. L'entraîneur doit gérer, planifier, organiser, motiver, identifier et résoudre des problèmes sans chercher à reproduire un modèle qui a fonctionné avec d'autres; chaque athlète est unique. Homme de l'ombre, homme de confiance, conseiller technique, éducateur sportif, ami fidèle, voilà comment je me vois auprès de Romain. Il est arrivé avec son rêve en poche, moi, j'ai juste répondu à sa demande, même si elle était énorme... C'est sans doute l'ampleur de ce projet qui nous a permis de tenir sur une période aussi longue : nous étions animés par une motivation à toute épreuve, une motivation intrinsèque à l'escalade elle-même. Avec Romain, il y a ce « truc » qui se passe entre nous, pas besoin de parler pour se comprendre. Je sais qu'il a toujours été conscient des enjeux : il faut aimer s'entraîner et ne pas se mentir sur le niveau d'investissement nécessaire pour atteindre le très haut niveau. L'envie était tellement forte de sa part que, ensemble, modestement mais avec audace, nous avons été capables de soulever des montagnes. L'aventure que nous avons vécue est, pour moi, bien plus importante que toutes les médailles approchées ou gagnées. ■

IL ÉTAIT ★ UNE VOIE...

Solide !

Romain Desgranges

***Solide !* est un livre d'ingrédients et seulement d'ingrédients !**
Je ne crois pas aux recettes de grand-mère, aux planifications magiques écrites noir sur blanc, à l'exercice idéal qui, d'un coup de baguette magique et quelques minutes de repos bien placées, vous assureront le sommet de toutes les voies. Un beau programme d'entraînement avec lignes stabilotées et cases remplies peut impressionner, ajoutez des pourcentages et ça fait tout de suite pro, ça met de jolies guirlandes autour du concept plutôt flou du « s'entraîner pour être fort » ! Mais être fort, ça veut dire quoi ? Faire du 9a ? Du 8a ? Et si on fait du 7a, est-ce qu'on n'est pas déjà un peu fort ? Et puis tout ça, c'est à vue ? Après travail ? En falaise ? En salle ? Ou en compétition ? Ce sont, en quelques lignes, déjà beaucoup de questions et un grand désordre dans nos certitudes. Et pourtant, une grande partie des réponses pourraient éclairer notre « aventure », des réponses comme autant de pistes pour orienter notre entraînement autour de ce que « nous voulons vraiment ».

Voilà l'une des idées fondamentales de ce livre, vous aider à trouver non pas des réponses, mais vos réponses à travers ce que vous recherchez dans votre pratique de l'escalade. Certes, il faudra prendre le temps de bousculer certains clichés, de clarifier des définitions, de dissiper quelques doutes pour finir par croire à vos rêves inavoués et, d'un pas plus que jamais

déterminé, vous engager sur la voie de la progression. Il n'y aura pas de petit combat, seulement un pas après l'autre. À partir de ces réponses, chacun devra entrer dans son propre processus d'entraînement. Mais là encore des questions... S'entraîner, c'est quoi en fait ? « Dis Romain, qu'est-ce que je dois faire pour être fort ? Qu'est-ce que tu me conseilles comme type d'entraînement ? Tu n'as pas un exo à me donner ? Un conseil pour progresser ? Faut que je fasse plus de rési ou plus de conti ? » C'est sûrement les questions que l'on me pose le plus souvent, et... ma réponse est quasiment toujours la même : « Ça dépend, c'est pour faire quoi ? » C'est un peu comme si l'on se croisait dans la rue et que vous me demandiez quelle est la meilleure route... sans pour autant m'indiquer votre destination ! Savoir d'où l'on vient, c'est important mais, vous l'aurez compris, il faut tout autant savoir où l'on veut aller.
Prenons l'exemple de Christophe Colomb, grand explorateur et auteur de cette célèbre citation : « On ne va jamais aussi loin que lorsqu'on ne sait pas où l'on va. » Philosophiquement parlant, sa pensée mériterait d'être développée, il a probablement raison, mais cette règle ne s'applique pas à l'entraînement. Du point A au point B, c'est très concret. Dans cette histoire, notre Christophe, il est bien gentil, il a peut-être « découvert » l'Amérique mais il ne faut pas oublier qu'on lui avait demandé de rejoindre les Indes

orientales ! Et même s'il a fait illusion en qualifiant les autochtones d'« Indiens », au final, pas de safran, pas de textiles, et encore moins d'éléphants. De l'or peut-être, de nouvelles terres, des horizons prometteurs, la postérité sûrement, mais pas l'aboutissement du projet de départ. Reprenons. Fermez les yeux quelques secondes et laissez votre esprit divaguer... « Je veux être à la plage... » Imaginez maintenant que vous êtes à la plage... Il y a fort à parier qu'aucun d'entre vous et à aucun moment, à l'évocation du mot « plage », ne s'est imaginé à Dunkerque, les pieds frigorifiés trempant timidement dans la mer du Nord ! Et pourtant, c'est bien une plage. Alors ? ! Avouez... il y avait derrière vos paupières sans doute bien plus de soleil, de sable blanc, de palmiers, de cocktails de fruits frais à siroter à la paille que de tasses de cappuccino bouillant pour vous réchauffer ! Tout ça pour valider le fait qu'il va falloir être précis, très précis et très rigoureux dans la formulation de votre projet, chaque approximation ajoutera une part d'aléatoire qui pourra à tout moment changer le terminus de l'histoire. Si vous vous engagez dans un processus de progression et d'entraînement, c'est que vous ne vous contentez pas du présent, alors pourquoi vous en remettre au hasard ?

Laissons notre conquistador à ses cartes et appelons-en à la sagesse du grand architecte égyptien Amonbofis : « Pas de pierre, pas de construction; pas de construction, pas de palais; pas de palais... pas de palais. » Équation simple mais ô combien juste de ce qui vous attend, la goutte de sueur qui perle sur votre front, l'énergie déployée, la recherche de l'alchimie entre détermination, plaisir et action. Vous l'aurez compris : il n'y a pas de recette miracle. Si l'on poursuit avec la métaphore culinaire, il ne suffit pas d'avoir un bon livre de recettes pour se transformer en un chef étoilé, il ne suffit pas d'avoir de bons ingrédients pour concocter un repas gastronomique, dans un cas comme dans l'autre, c'est bien ce que nous choisirons de faire qui donnera les résultats... Pour progresser, il ne suffit pas d'aller grimper à Ceüse, à Innsbruck ou à Tokyo, il ne suffit pas d'avoir

le « meilleur entraîneur », les dernières prises fluorescentes à la mode, les meilleures ouvertures, d'acheter des planifs-prêtes-à-consommer sur Internet ou même de lire méticuleusement ce livre; notre volonté de progresser n'aura d'égale que l'effort déployé une fois sur le mur. Pas plus, pas moins. Le résultat sera toujours à la hauteur de la qualité de nos entraînements. Gardez toujours en tête que l'essentiel ne s'achète pas et que le reste n'est que des ingrédients qu'il vous appartiendra ou non de saisir. Être au gymnase, ce n'est pas s'entraîner; grimper, ce n'est pas s'entraîner; vouloir s'entraîner, ce n'est pas s'entraîner; et même essayer de s'entraîner, ce n'est pas s'entraîner.
Chacun aura sa version de l'histoire, ses croyances, ses confidences de champion scrupuleusement recopiées. Mais quels que soient notre niveau et nos ambitions, il ne suffira pas de copier, il faudra améliorer, innover, adapter, additionner, batailler car une chose est sûre, dans l'entraînement, rien n'arrivera sans efforts, sans aller chercher ce fameux plus !
Solide ! est donc un livre d'ingrédients, rien que des ingrédients, un livre à picorer, des mots à s'approprier, des idées à explorer, des pistes de travail à expérimenter, ma version de l'histoire, écrite au cours de ces vingt-cinq dernières années passées à m'entraîner ! 200 mots-clés, quelques répétitions savoureusement calculées, certaines omissions tout aussi volontaires, des temps d'introspection autour des « Autopsys » et des rencontres avec des grimpeurs, des coaches, des préparateurs mentaux, des kinés... un festin que l'on a tenté de rendre le plus équilibré possible. Et si seulement quelques lignes, même rien qu'un seul mot devait résonner en vous, et que ce mot vous permette un jour d'attraper la prise suivante alors... ma mission sera accomplie ! ■

SIX JOURS SUR SEPT, DEUX FOIS TROIS HEURES PAR JOUR ET PRÈS DE 50 000 HEURES D'ENTRAÎNEMENT EN 25 ANS DE PRATIQUE…
© BRUNO MAGNIEN

CHAMONIX

AUTOPSY #01

BIG MAC OU SUSHI ?

CELA PEUT PARFOIS PRENDRE DES ANNÉES. APPRENDRE À SE CONNAÎTRE, SE CONNAÎTRE AUJOURD'HUI. Cerner la différence qu'il peut y avoir entre ce que nous sommes, ce que nous pensons être et ce que nous voulons être ! Cela peut prendre encore d'autres années pour être capable de le formuler de façon sincère. Ce que nous sommes dans la vie va éclairer notre façon d'être au monde et donc influencer notre pratique de l'escalade, plus nous nous rapprocherons de cette connaissance, plus nous pourrons orienter notre entraînement dans les bonnes directions. Dans ce livre, nous avons choisi d'appeler « Autopsys » des rendez-vous pour prendre du recul sur soi et des temps d'analyse, pour enclencher ou amplifier l'introspection. **Pas d'inquiétudes, il n'est pas nécessaire de s'allonger sur un divan ni de fermer les yeux, même si...** Le terme premier, « autopsie », vient du grec *autopsía* qui signifie « vu par soi-même », vu avec ses propres yeux, de son propre point de vue; bref, ce qui nous intéresse ici.

Dans ces pages dédiées à soi, l'honnêteté intellectuelle sera de mise, ce n'est pas un examen, personne pour vous juger, il s'agit davantage d'établir une trame qui dessinera vos lignes de force et de faiblesse et permettra, à la fin, de vous aider à programmer l'entraînement le plus adapté à votre personnalité et à vos objectifs. Partir de vous pour arriver à vous... quelque chose me dit qu'une belle aventure se prépare.
Quel grimpeur êtes-vous ? Il n'y a aucun piège dans cette question, aucune mauvaise réponse. Dans cette première Autopsy, on va chercher à identifier votre profil de grimpeur, pas de façon chirurgicale ou mathématique mais plutôt de façon ludique, histoire de poser le décor, parce que s'amuser a toujours été pour moi la meilleure façon de prendre les choses au sérieux...

Quarante questions, deux options et de quoi sourire ! Certaines réponses seront rapides, évidentes, d'autres nécessiteront un peu plus de réflexion. Elles pourront même vous conduire à interroger votre for intérieur, vos goûts, vos élans naturels, vos écarts ou vos incertitudes. Essayez d'être spontané. Alors Big Mac ou Sushi ?

ARQUÉ OU TENDU ?
BLOC OU VOIES ?
DEDANS OU DEHORS ?
LIVRE OU NETFLIX ?
TECHNIQUE OU TACTIQUE ?
APRÈS TRAVAIL OU À VUE ?
THÉ OU CAFÉ ?
DYNAMIQUE OU STATIQUE ?
LOLOTTE OU NO-FOOT ?
DODO OU DANCEFLOOR ?
CHAUSSON SOUPLE OU RIGIDE ?
PANTALON OU SHORT ?
GRIP OU DUAL TEXTURE ?
TOUT SEUL OU ENTRE COPAINS ?
LÉGUMES OU MUFFINS ?
INTROVERTI OU EXTRAVERTI ?
MENTAL OU PHYSIQUE ?
SAUNA OU DOUCHE FROIDE ?
CALCAIRE OU GRÈS ?
GENOUILLÈRE OU PEAU ?

MAGNÉSIE FINE OU MORCEAUX ?
IRON MAN OU BATMAN ?
FISSURE OU COLONNE ?
SILENCE OU MUSIQUE ?
6 SECONDES OU 6 MINUTES... ?
OBSERVATION OU IMPROVISATION ?
RÉGLETTE OU PLAT ?
BIG MAC OU SUSHI ?
QUANTITATIF OU QUALITATIF ?
VOYAGE OU MAISON ?
SCRATCH OU LACET ?
MOULINETTE OU EN TÊTE ?
BON PERDANT OU MAUVAIS ?
NADAL OU FEDERER ?
JUS DE FRUIT OU ALCOOL ?
DIX 9A OU UN 9B ?
CONTI OU RÉSI ?
FORCE OU SOUPLESSE ?
SALÉ OU SUCRÉ ?
CÉRÉBRAL OU MANUEL ?

A

« À L'ENTRAÎNEMENT,
MIEUX VAUT UN ŒUF AUJOURD'HUI
QU'UNE POULE DEMAIN. »

À vue Probablement l'exercice le plus difficile en escalade : réussir la voie du premier coup, arriver en haut sans avoir bénéficié d'aucune information extérieure. C'est dans ce registre que les sens et les qualités non physiques devront être les plus sollicités. Il faut déchiffrer et analyser dans l'action sans se préoccuper de ce qu'il y a eu avant ou peut arriver après, mouvement par mouvement. La grimpe « dans l'instant présent » à son apogée. Improviser, se réorganiser, savoir répondre au problème posé rapidement et surtout, efficacement. La grimpe à vue, c'est « être capable de faire ce que nous sommes capables de faire » c'est-à-dire dans l'instant présent être ouvert et disponible pour utiliser l'ensemble des ressources mentales, tactiques, techniques puis physiques au profit de l'exécution du mouvement presque parfait. Échouer « à vue » mais enchaîner rapidement nous apprend beaucoup sur le travail à effectuer sur notre grimpe. En quelques essais, nous n'aurons pas progressé physiquement, mais nous aurons simplement corrigé nos erreurs en grimpant plus efficacement. J'ai toujours eu en tête cette théorie : « Si je suis capable d'enchaîner cette voie ou ce bloc en seulement quelques essais, c'est que je dois être capable de le faire à vue. » La recherche n'était donc pas d'augmenter encore le physique mais bien d'améliorer ma technique et ma tactique afin de mieux utiliser le potentiel énergétique à ma disposition !

Dans l'analyse de l'erreur, il ne faut pas seulement analyser le mouvement qui nous a vus tomber, mais l'accumulation des erreurs précédentes qui nous ont amenés à tomber à ce moment précis.

« N'ATTENDEZ PAS POUR VOUS METTRE AU BOULOT
ET FAIRE AVEC CE DONT VOUS DISPOSEZ AU JOUR LE JOUR.
L'ŒUF EST LA GRAINE DU CHAMPION DE DEMAIN, LA POULE.
IL DEVIENDRA GRAND ET FORT À CONDITION QU'ON LUI
LAISSE LE TEMPS DE SE DÉVELOPPER DANS UN ENVIRONNEMENT
À LA FOIS SÉCURISANT ET VALORISANT.
UNE CARRIÈRE SPORTIVE, EST UN PROCESSUS. »

Olivier Guidi – Préparateur mental pour sportifs de haut niveau

Pour les abdos au sol, ne jamais "bloquer" ses pieds sinon ce sont les fléchisseurs des hanches qui font le gros du travail !

Abdos Groupe de cinq muscles qui jouent un rôle très important à la plage… et plus concrètement dans l'équilibre du bassin et de notre posture. En escalade, ils font notamment le lien entre le haut et le bas du corps. Rien de plus banal que de travailler les abdos au sol, les exercices recommandés sont nombreux et il faudra les varier le plus souvent possible car on s'adapte très vite à l'effort. En plus de s'entraîner spécifiquement sur des prises, en envoyant les pieds à droite puis à gauche par exemple, il faut toujours chercher à privilégier la qualité du mouvement à la quantité, il est donc nécessaire de bien focaliser son attention sur l'action du muscle, pour sentir et ressentir la contraction des abdos dans le déclenchement de chaque mouvement.

Acides aminés S'entraîner et progresser, ce n'est pas seulement tenir une prise. Le corps tout entier est mobilisé pour parvenir à s'élever et à accomplir des mouvements complexes et exigeants, parfois peu naturels. Le corps, c'est aussi ce qu'il se passe à l'intérieur. Les acides aminés sont les éléments de base constituant les protéines. Sur la vingtaine d'acides aminés existant dans la nature, huit sont appelés les acides aminés essentiels (isoleucine, leucine, lysine, méthionine, phénylalanine, thréonine, tryptophane, valine). Essentiels car ce sont ceux que notre organisme n'est pas capable de synthétiser lui-même et qu'il faudra donc apporter *via* notre alimentation. Aussi injuste que cela puisse paraître, ces acides aminés ne se trouvent pas dans les chips, ni dans la pâte à tartiner, la bière ou les muffins... mais bel et bien dans le blanc de poulet, les petits pois, le saumon, les œufs, les noix, la farine de blé complet, les graines de courge, le tofu, le sésame, les brocolis... Voilà vos (vrais) amis pour être sûr de mettre toutes les chances de votre côté !

Acide lactique Aïe ! J'ai mal au bras, ça brûle, ça pique, ça gonfle... Satanée daubante ! Le mode de fonctionnement de nos muscles est d'une complexité manifeste, mais comprendre *a minima* le comment du pourquoi sera plus que jamais un outil de progression. Pour fonctionner, les muscles font appel à plusieurs processus afin de créer de l'énergie, le lactate est une conséquence de l'un de ces processus. D'abord traité par le foie pour être réutilisé, il sera, si la demande d'énergie – et donc la production de lactate – est trop élevée, évacué dans le sang. Malheureusement, vous l'aurez constaté, dans l'effort, vos muscles gonflent, c'est sans doute beau et viril, mais ça diminue aussi la circulation sanguine. Ce fichu lactate n'est finalement pas si bien évacué que ça...

Ce serait un abus de langage de considérer cela comme un "déchet", dans le cas présent, il s'agit bien de "lactate" et non "d'acide lactique" !

Aérobie Parmi les processus que notre organisme met en place afin de créer de l'énergie, il y a le stade aérobie. Littéralement, *aérobie* signifie **« avec oxygène »**. Ce processus produit de l'énergie de façon continue, lente et régulière et permet des efforts longs mais à intensité et puissance minimales. C'est de l'endurance. En escalade, on peut rapprocher cela de ce qu'on appelle la conti. Ce qu'il faut retenir, c'est bien « avec oxygène » : il faut être conscient que lorsque vous bloquez votre respiration dans les mouvements, vous enlevez à votre organisme un ingrédient essentiel à la production d'énergie.

Affûtage Ou « affinage ». Période où le corps est à son meilleur rapport poids/puissance, mais ce n'est pas que cela. C'est aussi le moment où vous allez chercher à grimper le mieux possible avec le niveau que vous avez réussi à atteindre. Il n'est plus nécessaire de vouloir augmenter encore votre potentiel physique, c'est le moment d'assurer votre progression en optimisant le travail effectué à l'entraînement. On pourrait comparer cela au fait de mettre au propre sa copie : à l'entraînement, on a bien travaillé, on a fait ses gammes, on a accumulé beaucoup de matériaux de qualité qu'il faut désormais mettre en forme ! Un équilibre difficile à percevoir. Il faut trouver la parfaite équation entre le besoin de réaliser des entraînements intenses, l'envie de se rassurer et de gonfler sa confiance à l'approche de l'objectif, et la nécessité de recharger ses batteries avec un stock de fraîcheur. Concrètement, il faut vraiment remplacer le mot « quantité » par « efficacité ». Cette période doit être gérée de façon personnelle, à adapter en fonction des situations et des besoins du corps : par exemple, au lieu de faire cette semaine d'affûtage avant les compétitions, j'avais pour habitude de la faire quinze jours plus tôt afin de pouvoir repartir sur un bon rythme d'entraînement d'intensité et d'effort quasi à 100 % avant l'objectif.

Si cette période ne nous fera pas gagner, mal gérée, elle nous fera perdre !

Aile de poulet Souvent dernier symptôme avant la chute... Qui ne s'est jamais retrouvé les coudes au-dessus des oreilles tentant – plutôt mal que bien – de « s'accrocher » pour récupérer ? Ces fichues ailes de poulet ne sont qu'un mécanisme automatique d'optimisation musculaire face à la fatigue. Les coudes levés forcent une légère extension du poignet qui est alors dans une position « plus favorable » à la création de force pour les muscles des avant-bras. Comment l'éviter ? On ne peut pas ! Il est néanmoins important de ne pas focaliser notre attention sur ce symptôme de la fatigue et de rester concentré sur ce que l'on a à faire, c'est-à-dire aller chercher la prise suivante.

Notre corps optimise sa position pour continuer à grimper, alors continuons !

Al dente « Non mais Romain, c'est quoi ces pâtes, elles sont pas cuites ?! » Non, là, elles sont *al dente* ! Les pâtes appartiennent à la grande famille des sucres lents grâce à l'amidon qu'elles contiennent. Une trop longue cuisson libère cet amidon dans l'eau et transforme ainsi votre assiette de penne en un plat de « sucres rapides ». Avec le sucre lent – aussi dit à indice glycémique bas –, la libération d'énergie liée à la dégradation du sucre se fait lentement et alimente le corps sur un temps plus long. Avec le sucre rapide – aussi dit à indice glycémique haut –, le glycogène est rapidement assimilé et les muscles sont certes vite alimentés, mais une fois les réservoirs saturés, le surplus est stocké sous forme de... graisse. Dans le même ordre d'idées, privilégiez si possible les cuissons lentes à la vapeur pour garantir une meilleure préservation des vitamines et des minéraux. Ça prend un peu plus de temps mais cela permet de supprimer les matières grasses.

Alchimie La petite minute philosophique... Combien de fois avons-nous entendu qu'« il faut trouver l'alchimie » ou « quand l'alchimie va prendre »... ? Mais qu'est-ce que cette fameuse alchimie ? Au sens premier, c'est une « science occulte moyenâgeuse à la recherche de la transmutation des métaux en or ». En trois mots, c'est bonifier ce que nous avons entre les mains. Cette quête me semble plus que jamais indissociable de la performance dès lors qu'il s'agit de trouver l'équilibre, de trouver dans le quotidien la formule qui démultipliera l'efficacité de l'entraînement. Pour moi, elle est liée à l'équilibre de notre vie, de notre entourage, de la sérénité avec laquelle nous vivons et nous nous entraînons. Sans être la recette miracle, cet équilibre est prioritaire pour impulser notre spirale vertueuse. Mais, comme dit le dicton : « Si tu cherches à faire de l'or, tu ne trouveras jamais. Et si tu sais en faire, tu n'en as plus besoin. »

N'hésitez pas à vous plonger dans "L'Alchimiste" de Paulo Coelho !

Alcool S'il y a bien un facteur limitant à la performance bénéficiant d'une cote mal taillée, c'est bien l'alcool. « Le coup le plus rusé que le Diable ait jamais réussi, ça a été de faire croire à tout le monde qu'il n'existait pas », fanfaronnait Kaiser Sauzé dans le mythique *Usual Suspect*. Si le diable n'existe pas, on n'a pas à avoir peur de lui et il peut donc vivre et agir autour de nous sans crainte. Le caractère social de l'alcool, surtout chez les jeunes, vient jouer les trouble-fêtes de l'entraînement et interroger chacun sur ses choix à faire en société, autour de la table, entre copains. Des recherches menées par les Néo-Zélandais, dont Chris Prentice, ont étudié les effets de l'alcool sur un panel de sportifs : un premier groupe finissait la journée avec un verre de jus d'orange, le second avec un verre de vodka orange. Au bout d'une semaine, ils ont observé chez le second groupe une perte de force

J'ai toujours été habité par ce leitmotiv : une prise gagnée à l'entraînement est une prise gagnée ; dix prises gagnées à l'entraînement, ce sera une prise gagnée à la prochaine compétition.

allant de 1,4 à 2,8 %... et donc une perte de performance : imaginez ce qui se serait passé si vous aviez réussi à gratter un valorisé, une prise, voire deux, lors de votre dernière compétition... Sans alcool, l'histoire aurait pu s'écrire autrement ! Laissez au placard les fausses croyances qui entourent ladite bière de récupération, à part quelques traces de vitamine B6 et B12 et quelques minéraux comme le magnésium, elle vous déshydratera plus qu'elle ne vous ennoblira !

Alimentation

On pourrait bien évidemment en faire des livres et remplir des kilomètres de bibliothèques sans jamais épuiser le sujet. Étudiée par le petit bout de la lorgnette de l'escalade, l'alimentation aurait également de quoi remplir quantité de volumes. Aujourd'hui, oubliez le « mangeur de graines » et le « pas de bras, pas de chocolat ». L'équation est simple : quantité, qualité, avant, pendant et après l'effort... Une alimentation saine et équilibrée est nécessaire à tout un chacun, cela relève du bon sens mais tout est question de volonté, celle que vous devez déployer pour agir sur tous les paramètres qui augmentent votre performance... eh oui ! jusque dans votre assiette... et même *surtout* dans votre assiette. Pourquoi s'entraîner dur si c'est pour s'empiffrer juste après ? Il paraît que « l'on peut résister à tout sauf à la tentation », alors, pas de tentations ! C'est dans le magasin, caddie en main, que vous préparez une bonne alimentation à la maison : pas de paquet de gâteaux dans le placard, pas de tentation de le dévorer après l'entraînement, C.Q.F.D.

Il sera bon de distinguer la faim de l'estomac et la faim du cerveau : "j'ai faim" ou "j'ai envie de manger" ?

Anaérobie

On a déjà évoqué le processus aérobie comme procédé de création d'énergie pour nos muscles. Place à l'anaérobie qui, comme son nom l'indique, est « sans oxygène ». Il y a également sa version alactique permettant de libérer de l'énergie explosive pour un effort court et intense mais qui épuise très vite nos stocks d'ATP (adénosine triphosphate). Ces réserves épuisées, il faut les renouveler, nos cellules musculaires basculent alors vers l'anaérobie lactique pour une énergie un peu plus faible mais d'une capacité plus importante. Vous l'aurez compris, dans l'« anaérobie lactique », il y a « lactique », c'est donc à travers ce processus que notre avant-bras s'imbibe de lactate. Ces trois modes en tête, vous pouvez assez facilement relier et schématiser leur fonctionnement à notre pratique : anaérobie alactique = sprint ; anaérobie lactique = 400 mètres ; aérobie = footing ou bloc, rési et conti.

Anorexie Le rapport poids/puissance peut vite devenir une obsession dans notre sport et il peut provoquer une fragilité mentale mettant en cause notre santé. La rigueur alimentaire est certainement la variable la plus contraignante, tout du moins la plus complexe à mettre en place : il faut déployer une réelle volonté pour assumer ce choix sans qu'il se transforme en obsession. Je garde l'idée que le facteur poids doit être le dernier levier sur lequel influer pour tendre vers la performance, la frustration alimentaire associée à des périodes d'instabilité pouvant vite nous entraîner vers le côté obscur. Plus que jamais, notre entourage doit jouer les lanceurs d'alerte, décelant le trouble alimentaire et alertant s'il s'installe.

Antagoniste Pas de Batman sans Joker, pas de cow-boys sans Indiens. En grimpe, la notion d'antagonisme est surtout utilisée en référence aux muscles et à la musculation. En effet, pour chaque mouvement, nos muscles ou groupes musculaires fonctionnent en binôme : le biceps ferme notre bras quand le triceps l'ouvre, la même mécanique vaut pour les abdos et les lombaires, les quadriceps et les ischios... L'un se contracte lorsque l'autre s'étire ! C'est donc un travail d'équipe. On s'est tous retrouvé un jour à travailler avec un binôme défaillant. Il est toujours question de cette notion d'équilibre et, plus que jamais, il me semble important de transposer cette notion de travail des antagonistes à une vision plus large de l'entraînement : dévers et dalle, arqué et plat, effort court et effort long... Encore une fois, trop de l'un et pas assez de l'autre créent à un moment ou à un autre le déséquilibre.

Les yeux fermés, bougez un bras et essayez de ressentir chacun des muscles sollicités. Lequel se relâche, lequel se tend ? Changez votre mouvement et ressentez la différence dans vos muscles.

Anticipation Anticiper, c'est avoir un coup d'avance sur ce qui peut arriver, c'est rester au maximum dans l'action. Aussi performant que soit notre cerveau et en dépit des millions d'informations qu'il est capable de traiter à la seconde, dans l'urgence de l'effort, la prise de décision et le temps de réaction ralentissent. Réagir, même bien, c'est avoir un coup de retard. Les tennismen disent souvent qu'ils ne regardent pas la trajectoire de la balle mais les mouvements de leur adversaire pour anticiper cette trajectoire. Dans les duels qui nous attendent, chaque détail devancé sera du temps et de l'efficacité gagnés. Que ce soit dans l'anticipation technique, tactique, mentale, environnementale, stratégique... que ce soit anticiper un mousquetonnage, un mouvement de main, de pied ou la météo... vous aurez déjà imaginé des options pour y répondre au mieux à l'instant *t*...

Après travail

Derrière cette grimpe « après travail », il y a vraiment l'idée d'entraînement. Décrypter, analyser, apprendre, optimiser et concrétiser un objectif précis : « Arriver là où je ne suis pas capable d'aller pour le moment. » Je ne vous parle pas de la voie que vous allez enchaîner au terme de quelques essais et après de légers réglages, mais du fameux « Projet ». **« Après travail » signifie donc « après avoir beaucoup travaillé et avoir admis vouloir dépasser ce que l'on croit être nos limites »**. Dans ce microprocessus, vous allez reproduire tout un cycle d'entraînement sans pour autant vous en rendre compte. En plus de l'engagement mental, imaginez un cycle de force max qui se fera en décomposant et en décryptant chacun des mouvements. Quand les mouvements commenceront à s'enchaîner, vous ferez du bloc. Les sections s'allongeant, vous travaillerez en rési courte, puis en rési longue. Pour finir, proche de l'enchaînement, vous serez dans la gestion de l'effort presque parfait, grimpant en ultra-qualitatif. Tout ça pour finir, comme à chaque fois, par enchaîner et redescendre en disant : « Je suis même pas daubé ! »

À croire que l'entraînement (donc le travail) paie...?!

Arquer

Vous vous y voyez ? Prise microscopique, doigts bien plantés dans la préhension et ce pouce qui vient verrouiller le tout... Que du bonheur ! La mode n'est plus à cette figure de style, arquer n'a plus bonne presse car trop souvent assimilé aux blessures de doigts, poulie & Co. Il faut surtout lier cela au schéma de grimpe : arquer, c'est s'accrocher en tenant les prises avec les muscles des avant-bras et en verrouillant le poignet. Les « non-arqueurs », souvent plus musculeux et donc au gabarit plus lourd, préféreront compresser les prises avec les muscles du haut du corps

Grimper selon son style ! Optimiser ses points forts et minimiser ses points faibles. Si tu ne sais pas arquer, travaille sans chercher à modifier ton style de grimpe.

en verrouillant l'épaule. La blessure arrive le plus souvent lorsque la fatigue ne permet pas de continuer dans notre schéma de prédilection et que nous nous retrouvons perdus entre ces deux types d'effort.

Asymétrique Basiquement, c'est l'inverse de symétrique. Quel est l'intérêt de cette définition me direz-vous ? Simplement attirer votre attention sur le fait que si toutes les préhensions de la poutre sont bien symétriques, si toutes les lattes du Güllich sont bien parallèles, que tout est bien égal main droite et main gauche... concrètement, en escalade, dans la grimpe, ce n'est jamais le cas ! L'effort est continuellement asymétrique, la prise du pied gauche et celle du pied droit ne sont jamais parfaitement centrées ! Gardez bien en tête que faire des centaines de tractions sur une « barre de fer », c'est évidemment bien, mais jamais vous ne reproduirez exactement cet effort en escalade.

ATP (Adénosine triphosphate). C'est le fuel qui permet d'avancer. L'ATP fournit l'énergie nécessaire à la contraction musculaire. Les stocks sont limités et s'épuisent rapidement, en moins de 1 minute le plus souvent. Les études montrent même que nos réserves sont à moins de 30 % dès 15 secondes d'effort. Les processus aérobie, anaérobie alactique et anaérobie lactique sont les trois procédés qui vous permettent de recréer vos réserves d'ATP selon le type d'effort et la présence ou non de certains éléments clés de l'équation, principalement l'oxygène et le glycogène.

Autonomie Faculté à agir par soi-même, à se prendre en main. « Quand on sait pourquoi on fait les choses, on se donne quoi qu'il arrive à 100 %. » Sans minimiser la relation entraîneur/entraîné, un athlète qui sait ce qu'il veut, ce qu'il doit faire, et surtout pourquoi il le fait, sera un athlète plus responsable et donc plus efficace dans son parcours. Les degrés d'autonomie sont assez vastes : être capable de s'entraîner seul, monter son niveau d'exigence sans l'impulsion de l'entraîneur ou du groupe, savoir ce dont on a besoin sans directives extérieures. Au cours de votre apprentissage, il faut intégrer cette recherche d'autonomie, et donc de confiance, pour devenir un athlète autonome, voire indépendant, plutôt que dépendant...

JULIA CHANOURDIE DANS LE CRUX DE SUPER CRACKINETTE. ELLE DEVIENT LA PREMIÈRE FRANÇAISE À RÉALISER UN 9A+. © JOCELYN CHAVY

AUTOPSY #02

FIXER LA DIRECTION : QUEL OBJECTIF À LONG TERME ?

"IL SUFFIT PARFOIS DE 0,1 %

DE CHANCE POUR Y CROIRE"

Patxi Usobiaga

JE SUIS CAPABLE DE SITUER PRÉCISÉMENT DANS LE TEMPS LE MOMENT OÙ JE L'AI FORMULÉ, où j'ai dit JE VEUX...
C'était un soir de juillet, le 12 juillet 1998 exactement, je me suis dit : « Moi aussi je veux être champion du monde ! » Mon objectif à long terme, un objectif qui relevait du rêve. Peu importait alors mon niveau d'escalade, mon âge, ma situation géographique, mes chances, je voulais réaliser ce rêve, je le voulais si profondément que je ne doutais absolument pas de sa réalisation. Sinon, pourquoi rêver ? Ayant formulé ce rêve, il devenait évident qu'il m'incomberait de faire tout ce qui était en mon pouvoir pour y parvenir, cela allait me donner la direction des vingt-cinq prochaines années...
Définir son objectif à long terme est donc le premier pas d'une aventure.

Première version

LÀ, MAINTENANT, SPONTANÉMENT, QUEL EST MON RÊVE ?

....

....

....

Il y a plusieurs types d'objectifs, le premier, celui qui nous intéresse ici, est un but de « résultat ». **Gagner une compétition, enchaîner une voie, réussir un bloc...** La réalisation de ce type d'objectif sera forcément dépendante, au-delà de ce que vous allez mettre en œuvre pour réussir, de paramètres extérieurs non calculables, non maîtrisables et imprévisibles comme le niveau des autres compétiteurs, le style de l'ouverture, la météo, un confinement... Le résultat, lui, sera en revanche binaire : gagner ou perdre, enchaîner ou ne pas enchaîner. Pour autant, il est important de ne pas prendre en compte ces éléments extérieurs lorsque vous imaginerez cet objectif à long terme, et de ne vous fier qu'à la flamme qui vous anime !

Deuxième version

APRÈS RÉFLEXION, QUEL EST MON OBJECTIF DE RÉSULTAT À LONG TERME ?

....

....

....

Avec les années, les victoires et les déceptions, avec l'expérience, on comprend que les mots, ceux que nous choisissons, l'ordre dans lequel nous les plaçons et l'intention que nous mettons en les prononçant donnent bien plus d'informations que nous le pensions sur notre état d'esprit. La formulation d'un objectif doit donc toujours être énoncée positivement ! **« Je ne veux pas tomber dans un 9a » est bien moins motivant que « je veux enchaîner un 9a ».** Pour un résultat identique, la démarche est tout autre ! La formulation doit également être précise : un 9a à vue ? Demain ? Le mois prochain ? Dans trois ans ? *Chilam Balam* sur le calcaire de Villanueva del Rosaria en Espagne ou *Action directe* au Frankenjura allemand ? Deux voies dans le 9 mais deux efforts différents et donc deux préparations spécifiques. Quelle que soit la cotation, réaliser une voie de 20 mouvements ou de 300 ne demandera pas le même engagement, un bloc sur un plat ne sollicitera pas les mêmes muscles qu'un bloc sur réglettes, un championnat de France n'aura pas le même cahier des charges qu'un championnat du monde... Je sais, vous n'avez jamais dit que vous vouliez devenir champion du monde ou passer un 9a, que vous vous vouliez juste... Je vous arrête, il n'y a pas de « juste », il y a simplement votre objectif, votre rêve, votre aventure.

Troisième version

QUEL EST MON OBJECTIF DE RÉSULTAT À LONG TERME PRÉCISÉMENT ET POSITIVEMENT ?

....

....

....

On progresse. Maintenant que votre objectif à long terme est défini bien précisément, reste à décortiquer la liste de ce que vous devrez rassembler dans votre bagage : la question n'est pas de définir quel grimpeur vous devez être pour atteindre votre objectif, mais quelles contraintes, quel cahier des charges il demande : style de grimpe, type de prétention, caractéristiques de l'effort, temps de réalisation, contraintes externes (localisation, accès, période propice, sélections/qualifications...). Plus la liste sera objective et détaillée, plus la planification de l'entraînement sera facile.
Pour vous aider, 16 thèmes spécifiques à l'escalade à évaluer de 0 à 10 selon les contraintes imposées par la réalisation de votre objectif.

DE 0 À 10, ÉVALUEZ QUELLES SONT LES CONTRAINTES ET QUEL EST LE NIVEAU D'EXIGENCE QUE DEMANDE VOTRE OBJECTIF :

# FORCE :	.. / 10
# CONTI :	.. / 10
# RÉSI : ..	.. / 10
# PHYSIQUE GÉNÉRAL :	.. / 10
# TENUE DE PRISES :	.. / 10
# EXPLOSIVITÉ :	.. / 10
# COORDINATION :	.. / 10
# TECHNIQUE :	.. / 10
# SOUPLESSE :	.. / 10
# RÉPERTOIRE GESTUEL :	.. / 10
# SCHÉMA CORPOREL :	.. / 10
# TACTIQUE :	.. / 10
# LECTURE :	.. / 10
# MÉMORISATION :	.. / 10
# MOTIVATION :	.. / 10
# MENTAL :	.. / 10
# EXTERNE :	

LE GÉNIE EXTRÉMISTE

SELFIE EXPRESS

Adam Ondra
Date de naissance : **5 février 1993**
Nationalité : **Tchèque**
Perfs :
- Premier 9c de l'histoire, *Silence*, grotte de Flatanger (Norvège)
- Premier 9a+ flash
- 191 voies dans le 9
- 3 x champion du monde
- 32 podiums en coupe du monde dont 18 victoires

Instagram : **@adam.ondra**

Il semble que pour toi « l'impossible » n'existe pas ?
L'impossible existe toujours, pour une personne ou pour notre génération. En ce moment, je sais ce qui est impossible pour moi dans les prochaines années, par contre je n'ai absolument aucune idée de ce que la génération suivante ou celles d'encore après seront capables d'accomplir. Est-ce qu'un mur complètement nu sera toujours impossible à grimper ? Rechercher à rendre l'impossible possible est un sentiment merveilleux, c'est comme une aventure. La principale différence entre essayer de répéter une voie qui existe déjà et tenter une première ascension est immense, quand on met le pied dans l'inconnu, on ne sait pas si cette voie est possible ou finalement non. On espère juste qu'un jour on pourra l'enchaîner. À l'inverse, si on travaille sur une voie que quelqu'un a déjà gravie, on a au moins une information primordiale : ce n'est pas impossible.

Dans ces pages, nous parlons des objectifs qui sont comme des destinations où il faut se rendre. Comment concilies-tu tes objectifs de haut niveau et tes rêves ?
Je pense que mon rêve ultime est en même temps mon objectif. Il n'y a pas de grande différence pour moi entre mes objectifs et mes rêves; ils tendent tous vers la même idée : être heureux ! Comment faire ? Selon moi, en faisant simplement ce que j'aime à 100 %, et ce que j'aime, c'est l'escalade, l'escalade dans tous ses styles, et l'aimer autant qu'elle m'aide à repousser mes limites. J'aime de temps en temps grimper des voies assez simples, des voies que je suis sûr de réussir; mais ce que j'aime par-dessus tout, c'est me surpasser, avoir des objectifs élevés et donner mon maximum pour arriver à les atteindre. Pas seulement pour dire « je l'ai fait » ou démontrer à moi-même ou aux autres que j'en suis capable; je le fais principalement pour m'amuser. J'aime travailler dur pour atteindre un objectif substantiel. Plus on grimpe dur, plus on doit être créatif. Bien sûr, il faut être un bon grimpeur, très fort et bien préparé physiquement; mais j'ai le sentiment qu'on doit aussi se montrer énormément créatif à mesure que les gestes et les mouvements deviennent plus compliqués. Si on est à la limite, alors la technique et la qualité du mouvement deviennent vraiment plus importantes que tout. C'est pour ça que le travail dans *Silence* était si intéressant, il ne m'a pas simplement demandé de pousser loin mes capacités physiques, mais aussi d'aller chercher très loin psychologiquement. Cette voie m'a forcé à me dépasser en termes de technique d'escalade, je n'avais jamais grimpé un dévers aussi complexe qui reposait sur autant de petits détails.

« MES OBJECTIFS DE HAUT NIVEAU SONT LES MÊMES QUE MES RÊVES DE GRIMPEUR. »

Pour revenir à la question, voilà pourquoi il est facile pour moi d'accorder mes objectifs de haut niveau avec mes rêves de grimpeur, ils sont plus ou moins les mêmes. Bien sûr, j'ai d'autres rêves au-delà de l'escalade et de mes objectifs sportifs, mais je les réaliserai plus tard. Aujourd'hui, je me consacre totalement à l'escalade.

Tu as déjà accompli bien plus que ce que chacun pourrait rêver. Qu'est-ce qui te pousse à te surpasser ?
Je pense que c'est la motivation. Je me motive très facilement parce que j'ai envie de vivre l'escalade à 100 %. C'est une activité si complexe; on peut grimper un bloc de deux mètres ou un mur de mille mètres, c'est toujours de l'escalade, mais on ressent tellement différemment ces ascensions. Cette recherche pour devenir polyvalent, pour essayer de faire face à toutes les difficultés me motive toujours. Ce n'est jamais répétitif et il est donc facile pour moi d'aller de l'avant en permanence. Si j'étais spécialisé dans la compétition et que je faisais uniquement ça depuis dix ans, je pense qu'il aurait été plus facile de perdre cette motivation de se surpasser. En essayant de toujours changer le terrain de jeu, je reste motivé.

Comment pourrais-tu expliquer la nécessité de continuer à s'entraîner très dur même quand on s'appelle Adam Ondra ?
Si je veux vraiment atteindre mon potentiel maximal, je sais que je vais devoir m'entraîner très dur. Bien sûr, si je ne voulais faire que des 8c en ce moment, je n'aurais pas besoin de beaucoup m'entraîner pour réussir à maintenir mon niveau. Mais si je veux grimper un 9c, je dois m'entraîner extrêmement dur. Je pense que j'ai une bonne technique et jamais je ne la perdrai, elle est gravée au plus profond de moi. Cependant, pour les voies plus difficiles, une bonne technique et une force normale ne seront pas suffisantes, c'est pour cela que l'entraînement est essentiel, travailler plus dur, et aussi de façon plus intelligente. Et je crois que, dans l'escalade, la bonne technique du mouvement est un peu sous-estimée, parfois par les coaches. On dit toujours qu'il faut s'entraîner pour devenir plus fort, c'est important, mais ce n'est qu'un seul facteur. On devrait toujours se demander comment grimper mieux, au-delà de la simple force.

Comment planifies-tu ton entraînement ?
Lorsque j'étais enfant, je m'entraînais seul, il n'y avait rien de vraiment planifié à part un peu avant une compétition. De même que je n'ai jamais vraiment eu de coach, je déteste qu'on me dise ce que je dois faire. Je n'imaginais même pas en avoir. Je travaille pourtant aujourd'hui et depuis cinq ans avec Patxi Usobiaga, la seule personne en qui j'ai confiance parce qu'il a été et est toujours un excellent grimpeur avec de vrais résultats

en compétition. Il connaît toutes les étapes d'entraînement que j'expérimente, je pense qu'il a une bonne expertise, il sait comment son corps et celui de ses grimpeurs fonctionnent. Notre travail commun est un peu plus compliqué en ce moment parce que je m'entraîne pour le combiné des Jeux olympiques, et m'adapter à ces trois disciplines est très dur. J'ai fait appel à un coach spécialisé dans la vitesse qui gère cet entraînement spécifique. Pour ce qui est de la diff ou du bloc, c'est moi ou Patxi; on le crée, on le rédige, et ensuite on en discute au téléphone pour confronter nos réflexions, réajuster et ainsi limiter le risque de faire une erreur.

Quelles sont les principales différences entre l'entraînement pour la compétition et l'entraînement pour des projets en falaise ?

Si j'ai un projet en falaise, j'essaye au maximum de grimper dans un style très similaire. J'ai conscience qu'il est toujours important de continuer de grimper sur du vrai rocher, au moins une fois toutes les deux semaines, pour conserver les sensations. S'attaquer à des projets extérieurs reviendrait plus à ce que l'on fait en bloc : on grimpe le bloc, on se repose, on grimpe un autre bloc, on se repose, etc. Je ne pense pas avoir besoin de beaucoup d'endurance pour faire ça, mais plus de puissance. S'entraîner pour les compétitions est très différent : j'ai besoin d'avoir beaucoup d'endurance et de résistance. Les voies sont très intenses et il n'y a pas beaucoup de repos, mais, en même temps, on ne peut pas simplement grimper rapidement et essayer de sprinter aussi haut qu'on peut. Arrivera inexorablement le moment où on n'aura plus de jus et il faudra résister pour continuer encore et encore et tirer avantage des moindres positions de repos. Pour le bloc en compétition, le style d'escalade n'est pas du tout le même, il demande tellement plus de dynamisme, de puissance et d'explosivité alors que le plus important pour les projets en extérieur, ce sont les doigts. Mais, de façon générale, je prépare un programme d'entraînement et je m'y tiens. Certains matins, je peux sentir que mon corps est plus douloureux ou plus fatigué que je ne le pensais, un signal auquel je suis attentif, alors je me

> « DEVENIR PLUS FORT NE FERA PAS NÉCESSAIREMENT DE VOUS UN MEILLEUR GRIMPEUR. »

Ondra en *Silence*
Premier 9c
5 années
7 allers-retours Brno-Flatanger
16 semaines à Flatanger
45 jours d'essais
Entre 16° et 17 °C
40 mètres de paroi
20 minutes d'efforts
7 repos en mode chauve-souris
Et le premier 9c !

repose plus. Selon les périodes d'entraînement ou de la vie, en faire beaucoup n'est pas forcément mieux. J'ai suffisamment d'expérience pour savoir prendre plus de repos que prévu. Aussi surprenant que cela puisse paraître, cela aide parfois bien plus qu'on ne peut l'imaginer.

Tu ne te contentes pas de ce que tu as accompli. Quand as-tu compris que la performance allait au-delà du simple fait de tenir les prises ?

Je ne sais pas. Pour moi, il est tellement naturel de grimper, ce n'est pas seulement une question de puissance, de force ou de technique, c'est une somme de petits détails à assembler. Plus on améliore ces petits détails, mieux on grimpe. Dès mes débuts, vers 7 ans, j'étais déjà à l'écoute de mon corps en grimpant. J'étais conscient qu'il fallait faire évoluer ma technique, sentir si mes pieds me soulageaient, améliorer ce que je faisais avec chacun de mes muscles pour économiser un peu d'énergie. C'était très intuitif et c'est certainement ça mon privilège. Quand je vais grimper, peu importe la difficulté de l'exercice, je ne me soucie pas seulement de savoir si je vais devenir plus fort, je veux apprendre quelque chose de nouveau. J'apprends parfois seulement à positionner mon corps d'une nouvelle façon ou à expérimenter un nouveau rythme de grimpe, peut-être en accélérant ou en ralentissant... Je pense que la raison pour laquelle j'accorde autant de crédit aux petits détails, c'est que mes parents m'ont toujours déconseillé d'utiliser le pan Güllich quand j'étais enfant. Même si c'est un outil très efficace pour gagner en force, ça peut être dangereux. On peut vite s'abandonner à l'idée « je n'ai pas assez de puissance pour faire ça » au lieu de « je n'ai pas la puissance pour faire comme ça, est-ce que je peux trouver un autre moyen d'y arriver ». C'est comme ça que ça a commencé !

Quel est le programme d'un entraînement parfait ?

Pour moi, le programme d'entraînement parfait, c'est quand je passe d'une phase d'entraînement intensif à une phase plus calme, où je ne suis qu'à 20 % de mes capacités, mais où je me focalise sur la qualité de mon escalade. Je dirais que c'est presque facile pour les gens de s'entraîner intensément sans trop se focaliser sur la qualité. Mais un seul *run* peut suffire à s'épuiser quand on y met vraiment tout ce qu'on a. Cela dépend aussi des voies, des blocs ou des circuits de rési qu'il y a sur le mur.

En quoi n'y a-t-il ni contraintes ni sacrifices ?

Bien sûr, si je n'aimais pas l'escalade, ce serait un horrible sacrifice. Mais j'adore ça. Ma vie est remplie d'escalade, alors c'est du bonheur. Je pourrais sentir que je sacrifie un moment d'escalade en falaise lorsque je m'entraîne en vitesse, mais je n'y pense pas. Après les JO[1], l'entraînement intensif exigé pour toutes les disciplines sera fini et je pourrai de nouveau grimper en extérieur à ma guise. Je pense qu'il est aussi important de ne pas tout planifier, même au sein d'une séance d'entraînement.

Tu as dit que rien ne t'effraie plus qu'une compétition ?

Je dirais que la pression est pratiquement la même en compétition que lors d'un projet en falaise qui me tient vraiment à cœur. Mais ce qui m'effraie, c'est la possibilité de l'échec. Je n'aime pas échouer. Je n'aime pas avoir des points faibles. Pour essayer de gérer ça, par exemple, avant une compétition, j'essaye de me souvenir d'un moment vécu, lorsque je grimpais et que je me trouvais bon, solide et léger sur le mur. Et je me dis : « Si je me sentais si bien il y a une semaine, pourquoi est-ce que ça n'irait pas aujourd'hui ? » Et j'essaye toujours, malgré la pression, de rentrer dans cette zone mentale où je me sens bien, où je me dis que je suis là, que j'ai envie d'être là, que j'ai envie de grimper et que je suis impatient de commencer. J'ai beaucoup de faiblesses dans ma façon de grimper, mais soit j'essaye d'améliorer ces points faibles, soit j'essaye de les éviter et de faire avec mes propres forces. Me battre avec mon mental en compétition est vraiment intéressant pour moi, c'est une partie que j'apprécie beaucoup. Mais cela commence dès l'entraînement. J'aime le fait de m'entraîner dur et de devenir meilleur et mieux préparé, d'accélérer ma progression et ma forme avant une compétition. Et puis, au moment de la compétition, quand tu te sens vraiment prêt, vouloir juste produire ce que tu sais faire pour réaliser la meilleure performance possible ! ■

---

1. Reportés en 2021.

ADAM ONDRA, AUTEUR DE LA PREMIÈRE ET SEULE VOIE EN 9C, ICI DANS ULDONI, À TEPLICE ROCKS EN RÉPUBLIQUE TCHÈQUE. © CLAUDIA ZIEGLER

AUTOPSY #03

OPTIMALISTE OU PERFECTIONNISTE ?

Optimaliste :

- S'AUTORISE À ÉCHOUER, À SE TROMPER
- SE SATISFAIT DE CHAQUE PAS, MÊME PETIT
- ACCEPTE LA DÉFAITE COMME UN APPRENTISSAGE
- SE CONCENTRE SUR LE PRÉSENT
- NE S'ENCOMBRE PAS DE L'INUTILE
- S'APPLIQUE TOUJOURS À FAIRE DE SON MIEUX
- SAVOURE LES VICTOIRES
- PROFITE DE CHAQUE OPPORTUNITÉ POUR APPRENDRE
- ACCEPTE DE CHANGER DE POINT DE VUE
- ÉCOUTE LES CONSEILS
- ANALYSE SES ACTIONS SANS AFFECT

Perfectionniste :

- RECHERCHE LA PERFECTION...
- EXCELLE DANS L'AUTOCRITIQUE EXCESSIVE
- DÉNIGRE LES SUCCÈS PAR INSATISFACTION
- FOCALISE SUR LES DÉTAILS
- N'ACCEPTE PAS L'ÉCHEC ET SE MÉFIE DE LA VICTOIRE
- S'OBSTINE PARFOIS DANS DES IMPASSES
- S'IMPOSE DE FAIRE TOUJOURS DE SON MIEUX ET MÊME PLUS
- A BESOIN D'OBSTACLES
- FAIT PEU CONFIANCE AUX AUTRES
- TRAVAILLE MIEUX SEUL
- ÉPROUVE LE MANQUE DE CONFIANCE

PERFECTIONNISTE ←——→ OPTIMALISTE

MANU CORNU "JE GARDE BEAUCOUP D'ADAPTATION, ÊTRE TROP PERFECTIONNISTE ET RESTER DANS LES CLOUS, C'EST PAS MON TRUC."

ROMAIN DESGRANGES "VITE FAIT BIEN FAIT, ÇA N'A JAMAIS MARCHÉ POUR MOI. MÊME SI PARFOIS J'AURAIS PEUT-ETRE AIMÉ QUE ÇA AILLE PLUS VITE ET QUE CE SOIT PLUS SIMPLE..."

CETTE QUESTION PEUT PARAÎTRE ABRACADABRANTESQUE AU PREMIER ABORD, mais la réponse n'est pas si ridicule que ça, du moins pas autant que ce mot de plus de 15 lettres (ceux qui viennent de compter les lettres, soit 18, auront déjà une piste de réponse). En dehors d'un cercle restreint d'extrémistes notoires, nous ne sommes généralement ni tout blancs ni tout noirs, un peu plus perfectionniste ou un peu plus optimaliste. Quel intérêt de le savoir me direz-vous ? Juste une façon d'interroger votre personnalité pour affiner votre façon d'aborder la performance... une petite enquête de personnalité !

CÔTÉ OPTIMALISTE

Vous fonctionnez dans l'instant et, pour vous, les obstacles, les contretemps, les échecs font partie de la vie, vous les acceptez même si vous cherchez à les éviter et vous essayez d'en tirer des leçons positives, vous considérez que toute expérience est bonne à prendre et vous aimez apprendre et explorer en acceptant la part d'incertitude que cela engendre. Vous privilégiez le qualitatif et le mot « acharnement » n'aura qu'une place édulcorée dans votre vocabulaire, sans pour autant rechigner à l'effort ! Vous êtes moins sujet aux états d'âme et votre détermination n'est pas toujours au niveau des réalisations souhaitées, mais votre optimisme est un puissant carburant...

CÔTÉ PERFECTIONNISTE

Votre façon d'être n'est pas toujours bien perçue et donc bien comprise, vous avez tendance à aborder les situations de façon négative, à voir le verre à moitié vide, à exagérer la portée de vos échecs, à ruminer les scénarios passés, à vous obstiner dans le travail pour apaiser l'inconfort provoqué par le fait que ce ne soit pas parfait et donc à faire vaciller votre confiance. Pourtant, être perfectionniste vous confère une énorme motivation et une ligne de conduite irréprochable dans la réalisation de votre objectif, le travail est pour vous une valeur souveraine, vous avez besoin d'être dans le quantitatif car vous admettez difficilement l'échec. Ce sera d'ailleurs LA force du perfectionniste : y arriver quel que soit l'effort que cela demande. Le résultat n'a pas de prix !

Alors, où placez-vous votre curseur ?
Plutôt optimaliste ou plutôt perfectionniste ?

B

« LA CLÉ, CE N'EST PAS LA VOLONTÉ DE GAGNER MAIS CELLE DE PRÉPARER SES VICTOIRES. »

Bain froid L'immersion dans l'eau froide fait partie de l'éventail des outils de récupération en vogue, que ce soit simplement plongé dans l'eau ou en mode hydrothérapie contrastée (en alternant bain chaud et bain froid). Il existe de nombreux protocoles pour récupérer grâce au froid valorisant ses vertus anti-inflammatoires et analgésiques. Consistant en un bain de 10 à 15 minutes dans une eau entre 9 et 13 °C, la cryothérapie peut paraître contraignante à mettre en place, même en sachant qu'elle est très efficace. Pourtant, il faut avoir conscience que l'entraînement ne s'arrête pas quand on enlève ses chaussons, plus que jamais, tout ce qui est mis en place pour optimiser la récupération entre les séances rend plus pertinent l'entraînement passé et surtout plus performant le suivant, et comme l'objectif est d'être de plus en plus performant... la notion d'entraînement est à appréhender dans sa globalité, c'est-à-dire avant, pendant mais aussi après.

La version douche froide n'est pas mal, plus accessible ; c'est un calvaire sur le coup, mais c'est tellement bon après !

Ballant Un pied qui glisse et, emporté par le mouvement, nous voilà rattrapés par la gravité. Malgré nos efforts, c'est l'inévitable retour au sol... Arrgghhhh ! Quelle leçon en tirer pour ne pas se faire avoir une seconde fois ? Généralement, le blâme est attribué à notre physique : « pas assez fort », « trop dur », « je tiens pas assez les prises », « manque d'abdos »... et pourtant, la plupart du temps, la réponse n'est pas qu'une histoire énergétique. Avant d'établir un programme intensif d'abdos, il serait judicieux de se poser d'autres questions : « Est-ce que je ne pourrais pas mieux poser mon pied pour ne pas prendre ce fichu ballant ? » Ou : « Dans le timing du mouvement, est-ce que mon pied ne pourrait pas rester quelques centièmes de seconde de plus afin d'attraper mieux la main ? » Ou encore : « Est-ce que je ne peux pas arriver les épaules plus hautes pour mieux canaliser le ballant ? » À l'inverse : « Est-ce que je ne chercherais pas trop à me caler à un moment où il faut forcer ? », « Est-ce que je ne me focalise pas trop sur la tenue de prise et pas sur l'effort de tout mon corps ? » Encore et toujours, derrière cet exemple du ballant et comme derrière chaque mouvement en escalade, la contrainte physique n'est pas la seule et unique variable à prendre en compte : la technique, la tactique, le mental jouent un rôle tout aussi prépondérant. Pour enclencher cette réflexion, il n'y a pas d'exercice type mais plutôt un questionnement global à avoir sur notre façon de grimper et d'entreprendre le geste.

Bassin

Le placement du bassin est un enjeu majeur dans les mouvements d'escalade, que ce soit dans l'escalade traditionnelle (ou *old school* diraient certains) avec le déplacement des forces et du centre de gravité autour des fameux quatre appuis (deux pieds/deux mains), que dans l'escalade moderne où nous devons bien souvent déclencher des mouvements de pieds et de mains sur des volumes sans réelle préhension. La plupart du temps, nous compensons instinctivement notre défaillance de placement par une plus grosse dépense énergétique, autant d'énergie qui pourrait nous faire défaut plus haut ! Optimiser avant de chercher à progresser, c'est le fameux « bien grimper ». Alors, gainé ou relâché, le travail du bassin dans la gestuelle est bien souvent une clé de la réussite de nos mouvements. Encore une histoire de sensation : dès la routine de réveil jusqu'aux phases de récupération, il est indispensable de prendre en compte la mobilité et les ressentis du bassin. Ce hula-hoop virtuel d'échauffement demande finalement plus d'attention que prévu et va plus loin qu'une simple gesticulation du popotin.

Dans le geste, la question repère devrait toujours être : est-ce que le mouvement de mon bassin m'emmène vers la prochaine prise ?

BCAA Pour *branched-chain amino acids*, ou « acides aminés à chaîne ramifiée ». Les compléments alimentaires dits BCAA contiennent en particulier de la leucine, de l'isoleucine et de la valine, trois des huit acides aminés essentiels. Lors d'efforts et d'entraînements intenses, et compte tenu du triptyque poids/alimentation/performances, l'apport de ce complément alimentaire permet à notre corps d'avoir cette réserve nécessaire pour une récupération rapide des muscles, et ainsi éviter ce qui s'appelle le catabolisme musculaire, étrange processus où l'organisme consomme du muscle pour créer de l'énergie, une forme de cannibalisme... l'inverse de ce que nous recherchons dans l'entraînement !

Comme son nom l'indique, ce complément "complète", en aucun cas ne "remplace" !

Biceps Le voilà l'emblème du Musclor, symbole de virilité et de performance, et auquel beaucoup de grimpeurs vouent un réel culte. J'admets que toute mon animosité envers ce fameux biceps provient certainement de mon incapacité - et ce malgré l'entraînement - à le rendre conforme à l'image que l'on s'en fait ! Un biceps saillant et puissant sera une arme redoutable dans la lutte que nous engageons avec la gravité mais je garde quand même en tête qu'avec un record personnel de seulement 17 tractions à deux bras, j'ai souvent réussi à grimper plus haut que ceux qui en faisaient autant, voire plus, avec un seul bras. Tout est question de philosophie, d'adaptation et d'approche. Le biceps fait partie des 639 muscles qui composent le corps humain. « Le tout vaut mieux que la somme des parties », disait Aristote. Grimper va bien au-delà d'une histoire de tractions et de blocage sans les pieds.

Pensez technique, pensez placement, pensez au geste dans sa globalité autant que vous pensez à votre biceps... et tout ira bien.

Blessures Les blessures et leur gestion sont souvent les éléments les plus perturbants dans la quête de la performance et la régularité de l'entraînement. Malheureusement, faire « comme si de rien n'était » ou « serrer les dents » ne sera jamais une posture constructive ; et plus que prendre le temps de se soigner, il faut comprendre l'origine d'une blessure ! On dit souvent que celle-ci n'est rien d'autre que le corps qui cherche à communiquer avec nous. Dans l'étude de cette « bobologie », il faut souvent creuser plus loin que les seules contraintes physiques dans des facteurs psychologiques et environnementaux du moment :

l'hygiène de vie, l'alimentation, le sommeil, le stress, l'anxiété, le cadre de vie seront autant de paramètres déclencheurs de blessures. On ne peut évidemment pas les éliminer des processus de performance extrême tant l'entraînement nécessite de frôler les limites, mais on peut tout mettre en place pour les prévenir. En vingt-cinq ans d'entraînement intensif, je comptabilise seulement trois grosses blessures (tendinite sur un bi-doigt, déchirure aux abdos, lumbago) mais rien qui m'ait arrêté de grimper plus de deux ou trois jours... par contre, rigueur et hygiène de vie stricte sont mon quotidien.

Bloc Quel que soit notre objectif, le bloc est « l'usine à mouvements » ! Faire du bloc, c'est apprendre à décomposer un mouvement. En quelques prises, le bloc est un condensé d'efforts intenses qui nécessite la compréhension et l'optimisation de tous les paramètres techniques, tactiques et physiques pour exécuter les mouvements demandés. Intellectualiser tous les détails de la grimpe, c'est-à-dire pousser une réflexion sur le placement du corps, la position du pied, l'inclinaison de la cheville, le timing de déclenchement, la respiration, et des milliers d'autres paramètres, permet de comprendre les mécanismes de notre gestuelle et, au fur et à mesure des essais, de pousser le curseur à son maximum afin d'atteindre le mouvement presque parfait puis l'automatisation. Comme souvent, on peut compenser physiquement nos approximations dans la réalisation des mouvements mais insister sur ce processus de perfectionnement et d'optimisation de chaque détail permet d'assimiler l'exécution « parfaite » et ainsi d'enrichir notre catalogue des mouvements !

Il faut différencier "faire un bloc" et travailler un mouvement. L'idée n'est pas seulement d'arriver en haut mais de comprendre et d'apprendre le chemin par lequel vous allez passer.

Boire Boire oui, mais de l'eau ! Avant, pendant, après... rien de nouveau ! Et pourtant, combien sommes-nous à prévoir systématiquement de quoi boire avant chaque séance d'escalade ? Peu. Il suffirait peut-être pour vous convaincre que je vous dise que, déshydratée, une cellule ne peut pas fonctionner à son rendement maximum. Lors d'une déshydratation mineure – caractérisée par une bouche sèche et les premières sensations de soif – (soit une perte d'environ 2 % d'eau), les performances sportives diminuent de 20 %. À 4 %, elles descendent entre 40 et 60 %. La sensation de soif ne précède pas la déshydratation : quand vous avez soif, vous n'êtes déjà plus qu'à 80 % de vos capacités. Imparable. À vous d'adopter le bon réflexe ! Il me semble bon également de préciser que l'effet diurétique de l'alcool, notamment de la bière, accélère ce phénomène de déshydratation du corps et diminue encore un peu plus nos performances... À bon entendeur !

Passez à l'action tout de suite, posez le livre cinq minutes et allez boire un grand verre d'eau. Le cerveau, c'est 76 % d'eau et je suis sûr que vous n'avez pas assez bu aujourd'hui.

Boîte à excuse(s) Il fait trop chaud, ça colle pas, j'ai pas les bons chaussons, c'est mouillé, la prise est sale, il fait froid, j'ai l'onglée, j'ai mal dormi, je suis fatigué, c'est morpho, ça *pouiffe*, j'ai pas le bon entraîneur, les critères de sélection sont nuls, mes doigts sont trop gros, c'est compliqué avec le travail en ce moment et ma fille ne fait pas ses nuits, mon coloc a encore fait la fête, **tu m'assures mal, la dégaine était à l'envers, y'a trop de bruit, tu m'as déconcentré, je suis trop petit,** je suis trop lourd, j'ai eu peur de me faire mal, y'a une toile d'araignée, j'ai mes règles, c'est trop plat, c'est trop loin, le pied est pas assez bon, c'est mal ouvert, c'est pourri, la corde coulisse mal, tu me donnes pas assez de mou, y'a du tirage, le volume m'a gêné, j'avais pas compris, j'essayais sans cette prise, le trait de magnésie est mal placé, ça fait mal au doigt quand même, j'ai plus de peau, mon chausson est troué, c'est à cause du *dual texture*, le strap s'enlève, oui mais tu m'as dit que c'était un bac, il m'a donné la mauvaise méthode, j'ai pas eu assez de temps pour m'échauffer, j'ai fait une grosse séance hier, mon pied a glissé... mais à qui appartient ce pied ? Qui a mal posé ce pied sur la prise ? Qui ? Les excuses pour justifier nos chutes, expliquer nos contre-performances sont infinies et si ce n'est pas assez, on va chercher des coupables parce que c'est toujours plus simple de rejeter la responsabilité de l'échec sur un autre...

"Je ne suis pas allé boire car le livre est trop passionnant !" n'est pas une excuse valable, filez boire ce verre d'eau ! Un seul leitmotiv : "Les champions s'entraînent, les perdants se plaignent."

Le dicton dit : « Qui ne reconnaît pas sa défaite, perd deux fois. » Il n'y a donc pas d'excuses. Si ça ne marche pas, il faut revenir à soi et seulement à soi. Si JE ne suis pas assez fort, si JE ne progresse pas, si JE manque de volonté, si JE manque de régularité, JE suis le seul responsable. Il y a et il y aura toujours des éléments extérieurs, des éléments que nous ne maîtrisons pas qui vont interagir avec notre grimpe, mais quoi qu'il en soit, c'est à nous d'en découdre, seulement à nous...

Bruit Particulièrement gênant pendant les compétitions où le volume sonore est tourné au maximum, musique, speaker (qui ne dit que des bêtises), public... Une agitation générale qui peut transformer l'aire de compétition en zone inhospitalière, peu propice à la concentration, au repos, à l'isolement. S'il est difficile de s'en extraire, il faut apprendre à faire avec, et s'y préparer : pas simplement en grimpant avec la musique que l'on aime et le volume sonore qui nous est confortable, mais pousser le vice plus loin : chez vous, faites la sieste sur le tapis plutôt que sur le canapé, laissez les volets ouverts, la lumière, la télé, la radio allumées, écouteurs sur vos oreilles... Plus vous pourrez recréer cet environnement hostile, plus vous le rendrez familier.

« JE L'AI SOUVENT DIT : "M'ENTRAÎNER, C'EST MA VIE, ET MA VIE, C'EST BIEN PLUS QU'UN EXERCICE SUR DES PRISES EN PLASTIQUE." »

Romain Desgranges

AUTOPSY #04

PROGRAMMER LES ÉTAPES : OBJECTIFS À MOYEN TERME

MAINTENANT QUE NOUS AVONS FIXÉ NOTRE OBJECTIF À LONG TERME, NOUS POUVONS RYTHMER NOTRE PARCOURS AVEC DES OBJECTIFS À MOYEN TERME, des rendez-vous « intermédiaires », et ainsi entretenir la motivation dans l'entraînement en l'alimentant régulièrement de satisfactions qui valident notre avancée dans l'aventure. *Step by step*, des objectifs comme des marches qui tendent vers la destination finale. En plus des buts de résultat, ces objectifs seront composés de buts de performance, c'est-à-dire tendre vers une connaissance, l'acquisition de nouvelles aptitudes techniques, tactiques, énergétiques ou extérieures, autant de variables que l'on devra maîtriser pour le jour J. De la pose de pied à la gestion des repos, en passant par la lecture, l'observation, le schéma corporel, la coordination, la rési, la conti, la tenue de prises, mais aussi des prérequis de sélection pour les compétitions, et j'en passe… il faudra faire le lien entre votre profil, vos points forts, vos points faibles et le cahier des charges de l'objectif final. Mais comment trouver ses étapes ? Schématiquement, si l'objectif final est de construire une maison, l'un des buts de résultat sera à moyen terme d'avoir quatre murs et le but de performance sera de savoir construire un mur droit et solide. Il n'est plus vraiment question de rêver mais de réunir toutes les pièces du puzzle. Tout comme pour le long terme, fixez-vous des objectifs de façon rationnelle. Comme il n'est pas possible de tout prévoir dès maintenant, vous serez parfois amené à revoir vos ambitions, à les réajuster, voire à changer complètement de direction… ce n'est pas un problème tant que vous gardez votre rêve en point de mire.

 # BUTS DE RÉSULTAT ET DE PERFORMANCE À MOYEN TERME POUR ATTEINDRE MON OBJECTIF À LONG TERME :

....

....

....

....

....

....

....

....

....

....

....

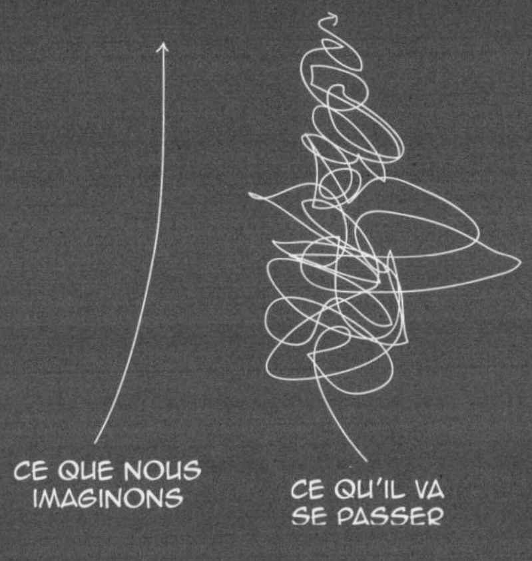

ITW ★

SELFIE EXPRESS

Margo Hayes
Date de naissance :
11 février 1998
Nationalité :
Américaine
Perfs :
· 9a+ *La Rambla,* à Siruana, Catalogne (Espagne)
· 9a+ *Biographie,* à Céüse (France)
· 9a+ *Papichulo,* Oliana (Espagne)
Instagram :
@margojain

LE JOYAU PUR

Est-ce que la découverte de l'escalade s'est rapidement inscrite autour d'un objectif précis à long terme ?

J'ai commencé à grimper quand j'avais 10 ans. Je suis tombée amoureuse de ce sport la première fois que j'ai senti ces petits papillons dans mon estomac. J'adorais la façon dont l'escalade me donnait l'opportunité de me dépasser dans de nouvelles directions. La compétition est une des facettes de ce sport, faire partie d'une équipe est tout aussi passionnant que de vivre des aventures *outdoor*. L'escalade était une chose que je partageais avec mon père, et cela nous a permis de passer beaucoup de bons moments ensemble. Lorsque j'étais enfant, je n'attendais rien de spécial de l'escalade et je ne planifiais pas la grimpe comme une possibilité de carrière. Je voulais juste grimper, peu importe si c'était en compétition ou en falaise, je voulais grimper parce que c'était ce que j'adorais faire ! Je me sens très chanceuse d'avoir pu développer une carrière dans ce sport sans avoir jamais rien prémédité. Je grimpe toujours pour le seul et pur plaisir de grimper et j'espère pouvoir garder cette motivation et cette fraîcheur le plus longtemps possible.

Qu'est-ce qui fait de toi une bonne grimpeuse ? Qu'est-ce qui te fait aller plus haut et plus loin ?

Je crois que la première chose, et ce qui me semble le plus important, c'est que j'adore plus que tout grimper. Quand on aime faire quelque chose, il est plus facile de s'améliorer et de s'investir. À côté de cela, je suis une travailleuse, j'aime travailler dur, m'investir à fond et me focaliser sur ce qu'il y a à faire, plus que jamais je conserve cette mentalité dans l'entraînement. En escalade, j'aime aussi la notion de partage, gardant l'esprit ouvert à tout ce qui m'entoure. On peut apprendre tellement des autres, si nous restons bornés et si nous nous fermons aux nouvelles idées, nous nous limitons. Quand une nouvelle opportunité s'offre à nous, que ce soit pour apprendre un geste technique, pour tester du matériel, pour explorer une pratique de mentalisation, il faut toujours essayer puis s'en inspirer ou la laisser de côté, s'approprier ne serait-ce qu'un détail ou tout jeter, mais il est important d'écouter, d'observer, d'être toujours prêt à apprendre. Je ne sais pas où je serais aujourd'hui si je n'avais pas appris des gens autour de moi comme mes coaches, mes camarades ou des grimpeurs plus anciens. Je crois que la motivation est le moteur qui t'amène dans une direction générale, c'est ce qui te donne envie de travailler dur et de t'améliorer. La détermination se rapproche plus de l'envie d'atteindre un but spécifique. Je crois qu'il est important de conserver un équilibre entre les deux. Comme il est important d'avoir des objectifs, il est tout aussi important, sinon capital, de se focaliser sur la méthode, parce que c'est là que tu vas dépenser le plus de ton temps et que tu apprendras. Le résultat n'est rien mais le chemin, tous ces éléments mis bout à bout pour y arriver, représente l'essence de l'aventure.

« J'IDENTIFIE L'ESCALADE
COMME CE QUE JE FAIS,
ET NON COMME CE QUE JE SUIS. »

Avec ce livre, je souhaite montrer que l'escalade et l'entraînement ne se limitent pas au développement des capacités physiques. Est-ce que c'est une vision que tu partages ?
Bien sûr, je pense que l'escalade est un sport qui comprend à la fois l'aspect physique et l'aspect mental. Pour améliorer mes performances, je n'ai pas de méthode type, puisque chaque situation est différente et qu'il faut s'adapter à chacune d'entre elles. Lorsqu'on parle de force, c'est très simple : je peux baser mon entraînement sur ce dont j'ai besoin sur le moment, que ce soit de la puissance ou de l'endurance. En ce qui concerne l'aspect mental, ça change tout le temps. Parfois j'ai besoin de plus me concentrer alors qu'à d'autres moments j'ai besoin de relâcher la pression. Ce que je sais, c'est que je fais de mon mieux, il n'y a pas de recette. Il faut chercher l'équilibre à chaque pas, et être prêt à s'adapter avec souplesse.

Qu'est-ce que le mot « entraînement » signifie pour toi ?
Pas besoin de grandes phrases. Je définirais l'entraînement simplement comme « le travail vers l'amélioration ». Pas de travail, pas d'amélioration. Pas d'entraînement, pas de progression, et sans progression, il sera toujours plus difficile de réaliser nos souhaits les plus profonds. Si l'on considère que progresser, c'est avancer, si on ne progresse pas on n'avance pas, on reste immobile. Il faut commencer par mettre en valeur l'objectif, notre destination. S'entraîner pour s'entraîner n'a aucun intérêt, pour avancer, il faut une direction. Une compétition, une voie ou un bloc en extérieur... Après, je fais le bilan : où j'en suis, sur quel point je dois me concentrer, quels sont mes besoins pour atteindre mon but. De cette façon, je construis mon entraînement pas après pas autour de mon objectif. Et pour que tout soit parfait, je m'organise pour que ça reste toujours ludique et surtout que ce jeu se fasse avec beaucoup d'amis.

Atteindre le haut niveau signifie être dédiée à 100 % à ton sport. Où est-ce que tu trouves l'énergie ?
J'ai appris à retirer l'expression « à 100 % » de mon vocabulaire. Lorsque j'étais enfant, je pensais toujours qu'être à 100 % était la meilleure façon de s'adonner à toute chose. En grandissant et en acquérant de l'expérience, j'ai compris que ces 100 % étaient indéfinissables et qu'on pouvait toujours en faire plus, en étant toujours insatisfait de ce que l'on fait. Aujourd'hui,

en tant que jeune adulte, je peux voir l'importance de laisser tomber cette idée de perfection. Pour moi, j'identifie l'escalade comme ce que je fais, et non comme ce que je suis. C'est un positionnement fort par rapport à ma pratique. L'escalade est l'un des éléments importants de ma vie, elle représente actuellement une grande partie de mon quotidien, mais ne constitue pas pour autant la totalité de ce que je suis. Je consacre de fait beaucoup de temps et d'énergie à mon activité de grimpeuse – il n'y a pas d'autres options pour réaliser de grandes performances –, mais j'ai tendance à être heureuse quand j'ai d'autres centres d'intérêt. C'est le tout qui fait ce que je suis !

Dans ta pratique du haut niveau, quel rôle jouent la famille et les amis ?
Je crois que la vie en communauté, en groupe, est l'un des éléments les plus importants pour vivre une vie heureuse et épanouie. Le partage, l'émulation, l'échange, quand tout cela fonctionne sainement, nous créons un environnement de confiance et d'amour qui profite à tout le monde. Un groupe donne un élan supplémentaire, tire chaque membre vers le haut, donne une force ou une impulsion supplémentaire lorsque, individuellement, nous ne sommes plus capables de trouver cette force en nous. On va plus vite ensemble, on va plus loin. Cela nous aide aussi à relativiser. Encore une fois, au-delà de l'escalade, si on y réfléchit, on meurt avec les personnes que l'on a aimées et avec les relations que l'on a construites, pas avec ce que l'on a accompli ou tout l'argent que l'on a amassé.

La légende de Margo
« Margo Hayes, 19 ans, est entrée dans l'histoire le 26 février 2017 en réalisant *La Rambla*, une voie de 40 mètres à Siruana (première réalisée par Ramon Julián Puigblanqué en 2004), devenant la première femme à passer un 9a+. »
Climbing Magazine

Pour toi, à quoi ressemblerait le grimpeur idéal ?
Une personne ne se juge pas sur ce qu'elle fait mais sur ce qu'elle est. Sans aucune hésitation pour moi, le grimpeur idéal serait quelqu'un qui encourage les autres et donne à ceux qui l'entourent à travers la gentillesse et l'entraide. ■

AUTOPSY #05

INGRÉDIENTS POUR PROGRESSER TECHNIQUEMENT

"QUAND TU VEUX ABANDONNER,

PENSE À CE QUI T'A FAIT COMMENCER."

EN ESCALADE, LA TECHNIQUE EST UN VASTE TERRITOIRE LOIN DE SE LIMITER À LA FAÇON DE POSER LES PIEDS, elle prend en compte l'ensemble de la gestuelle sur le mur. Bien positionné, le gros orteil idéalement placé sur la préhension de la prise, le pied sert à déclencher le mouvement, et là, tout commence... Comment réaliser le mouvement, comment optimiser et synchroniser tous les muscles et chaque déplacement du corps pour limiter la dépense énergétique ? Voici la technique.

Très tôt, très vite, pour progresser, vous devrez « intellectualiser » votre escalade, comprendre les mouvements de votre corps, autopsier chaque geste et prendre en compte chaque paramètre – l'influence de la forme des prises et leur inclinaison, l'intensité de l'effort, les trajectoires – et identifier quel muscle tire, celui qui pousse, celui qui verrouille, verbaliser les ressentis, garder ce qu'il y a de bien et jeter le reste avec toujours le leitmotiv d'un prochain *run* meilleur.

Vous apprendrez par la répétition et seulement par la répétition, donc en vous entraînant. Il n'y a pas de miracle...

« Là où j'ai commencé l'escalade,
les gens étaient obsédés par le fait de grimper parfaitement.
Si tu avais un placement de pied décousu ou des prises ratées, on s'attendait à ce que tu redescendes
et essayes à nouveau. » – *Shauna Coxsey*

À VOUS DE JOUER...

TRAIT SUR TRAIT

Petit exercice très simple à mettre en place, adapté aux débutants comme aux experts. À l'aide d'une craie ou d'un marqueur, dessinez un trait sur le mur au niveau de la préhension de chaque prise de pied d'une traversée, d'un bloc ou d'une voie. Faites un autre trait sur votre chausson au niveau du gros orteil, là où on pose le pied. **Le jeu : grimpez en faisant coïncider à chaque pose de pied le trait du chausson et le trait du mur.** Cet exercice permet d'appréhender la précision du schéma corporel et de renforcer l'idée qu'il est nécessaire de regarder son pied se poser sur la prise avant de lever les yeux. Variante : utilisez deux couleurs, une pour le pied droit, l'autre pour le pied gauche, ce qui apporte un peu de complexité pour millimétrer encore davantage votre gestuelle.
Une histoire simple pour une histoire de précision pas si simple !

EXAMEN DE PASSAGE

Ne partez pas en courant... Parmi les outils à notre disposition pour évaluer notre grimpe, la notation demeure assez efficace, elle donne une échelle de progression, elle nous incite à nous concentrer intégralement sur notre grimpe jusqu'au 10/10. **Privilégiez la fin des entraînements pour cet exercice facile à organiser par petits groupes :** un qui grimpe, les autres qui notent l'ascension, bien évidemment le plus sévèrement possible. Il faudra donc plusieurs tentatives pour espérer la note parfaite, ce qui compte ici, c'est de se familiariser avec la persévérance, les microréglages, la qualité de la gestuelle, l'impression de légèreté...

PRENDRE SON PIED

Voici un exercice pour « ressentir ». Choisissez un bloc, une voie que vous réaliserez trois fois. Une première fois en baskets, puis pieds nus et enfin, en chaussons. À chaque fois, vous aurez grimpé différemment.

« LA CHANCE, C'EST LE NOM QUE DONNENT LES JALOUX AU TALENT ; LE TALENT, C'EST LE NOM QUE DONNENT LES FAINÉANTS AU TRAVAIL ; ET LE TRAVAIL, C'EST CE QU'IL TE RESTE À FAIRE... »

Proverbe

Prenez le temps de décrire vos sensations, vos difficultés, les avantages et les inconvénients de chaque situation. En baskets, vous aurez du mal à valoriser les pieds, vous devrez compenser physiquement. Pieds nus, vous parviendrez probablement à exploiter la préhension de la prise mais, par manque d'adhérence, vous aurez du mal à bien griffer, à pousser, là encore, vous devrez compenser avec le haut du corps. Et enfin, en reprenant les chaussons, vous redécouvrirez tout leur intérêt, adhérence, précisions, dynamisme.
Et bien sûr, pour chaque phase, gardez le bon et zappez le reste !

 # LE COMMENTATEUR
Très simplement, en grimpant, décrivez à voix haute ce que vous faites, pourquoi vous le faites, ce que vous ressentez, ce que vous éprouvez dans les différents efforts et pendant le relâchement... **L'idée est de percevoir, dans le cheminement des mouvements, les pensées qui les accompagnent.** Il faut aller plus loin que « je monte le pied pour prendre main gauche » et tendre plus vers « pour attraper la prochaine prise, je dois monter le pied gauche, je transfère du poids sur le pied droit. En même temps, mon pied gauche décolle mon bassin qui se décale, je tire un peu plus sur la main droite... », le rythme de grimpe en sera forcément changé.

C

★

« LE GÉNIE EST FAIT
DE 1 % D'INSPIRATION
ET DE 99 % DE TRANSPIRATION. »

Thomas Edison

Cahier d'entraînement Que ce soit sur un carnet, sur un fichier informatique, dans notre téléphone ou sur un simple calendrier, ces quelques mots écrits noir sur blanc permettent de concrétiser notre réflexion autour de l'entraînement. Prendre le temps de penser, de programmer mais aussi de retranscrire ce que l'on a fait ou ressenti, nous donne une vision palpable de notre escalade, ce mécanisme impulse cette fameuse « intellectualisation » de notre pratique. Comprendre, être à l'écoute de nos sensations, de nos performances comme de nos échecs, prendre le temps d'y porter attention et de les matérialiser dans ce journal de bord nous permet de vivre au cœur de notre projet et d'en avoir une image plus concrète. Cette connaissance et cette maîtrise sont une arme absolue pour ajuster notre parcours tout au long de l'aventure ! Pas la peine d'être ultra-précis et de retranscrire à la minute votre séance d'entraînement, le thème du jour, une intensité de séance et un état de forme global seront déjà bien assez suffisants pour avoir une vision du travail effectué.

J'ai l'habitude de décrire mon état de forme sur les journées de repos pour garder un œil dessus et jauger ma qualité de récupération.

Cardio Les exercices de « cardio » – littéralement, pour entraîner et renforcer le système cardiovasculaire –, sont utiles dans le cadre d'une activité physique globale, d'une préparation générale pour encaisser les charges d'entraînement à venir, augmenter la capacité d'afflux sanguin

« LE GÉNIE SERAIT PLUTÔT LA SUPERPOSITION DE 100% D'INSPIRATION SUR 100% DE TRANSPIRATION. »

Corentin Le Goff – Ancien entraîneur de l'équipe de France

dans le corps. Ça n'ira malheureusement pas plus loin (pour l'escalade en tout cas) à part pour se détendre sous forme de récupération active ou alors espérer perdre quelques grammes... L'effort étant court et spécifique, on sera tombé bien avant d'être limité par les performances de notre « cœur » !

Dans l'escalade moderne, il y a beaucoup de grimpe sur volumes où il faut appuyer le pied pour avoir une plus grande zone de contact, de friction, ce qui ne sera pas possible avec des chaussons trop petits et des orteils trop recroquevillés.

Chaussons

Il n'y a pas de bons ou de mauvais chaussons (à quelques exceptions près...), chaque pied est différent et il convient à chacun de trouver le modèle idéal ! Le plus important est de les dompter, de les « (dé)former », d'apprendre leur fonctionnement, leur sensibilité. Les meilleurs chaussons ne sont pas ceux qui ont la plus grosse cote médiatique mais ceux avec lesquels vous savez grimper ! Il faut prendre en compte la forme de vos pieds, votre poids, vos exigences, votre pratique mais aussi et surtout votre style de grimpe, votre façon d'utiliser vos pieds en escalade... Pour la pointure ? Selon le modèle, selon la marque et surtout selon l'utilisation, il n'est pas toujours recommandé de prendre très (trop) petit, et encore moins avec les chaussons modernes qui ont des formes conçues pour bien englober le pied. Il n'est donc plus nécessaire de le comprimer au maximum pour remédier aux défauts de conception.

Chirurgical Être chirurgical, c'est être d'une extrême précision à tout moment de la grimpe, développer le sens du détail et l'art d'être perfectionniste. Avec des objectifs élevés, nous tutoyons l'impossible comme le funambule sur son câble. Chaque pas, chaque pose de main, chaque respiration doit être calculée, la moindre approximation - quelques millimètres suffisent - peut avoir de grandes conséquences, et les moyens déployés pour revenir à l'équilibre sont autant de temps et d'énergie qui pourront nous manquer en fin de parcours. Combien de fois, au mouvement clé, avons-nous été sauvés par la réalisation parfaite du mouvement ? Ou, à l'inverse, combien de fois sommes-nous tombés pour avoir négligé une pose de pied ? Je garde toujours en tête qu'en fin de voie, quand le physique est épuisé, la technique fait la différence, c'est pour cela que je travaille dans ce sens à l'entraînement : rester précis malgré la fatigue.

Le pied mal placé, je compense physiquement pour faire le mouvement ; en fin de voie, impossible de compenser, donc il faut apprendre à bien placer ses pieds.

Circuits Nous avons décrit la pratique du bloc comme l'usine à mouvements, s'entraîner sur des circuits (ou boucles) peut être vu comme « l'usine à rési » ! Avoir sur son mur des circuits tracés ou inventés que l'on peut travailler, répéter, permet, avec l'optimisation des mouvements, de ne porter son attention que sur les paramètres énergétiques de l'effort. Avec cette grimpe « par cœur » qui automatise la gestuelle, on peut peu à peu gommer tous les facteurs limitants habituels de nos essais (erreurs techniques, tactiques, mauvaise gestion de l'effort, maladresse au clippage...), et il ne reste donc que le côté énergétique à gérer. Une fois cette boîte de Pandore ouverte, le panel d'exercices est sans limites. Mais s'il y a des avantages à travailler l'énergétique de cette façon, il y a forcément des inconvénients... il faut réintroduire le travail technique et tactique dans votre escalade et développer votre instinct de grimpeur pour ne pas devenir juste un « robot du mouvement » et enfin être apte à utiliser toutes vos capacités physiques !

La rési sur pan représente plus de 30 % de mon entraînement !

Clippage (ou mousquetonnage). Souvent sous-estimé, il faut vraiment considérer le clippage de la corde comme un mouvement à part entière de la voie. Il faut donc être tout aussi précis que pour n'importe quel autre mouvement. D'une manière générale, en grimpant, on garde une prise en main entre 5 et 10 secondes : le temps de l'attraper, de bouger le corps, de bouger l'autre main et enfin de la relâcher pour aller à la suivante. Lors d'un clippage réalisé « sans accroc », ce temps de préhension est au minimum doublé, c'est-à-dire qu'en plus de créer une rupture dans votre rythme de grimpe, il faut tenir la prise et la position presque 20 secondes. Vous pouvez compter (même vite), 20 secondes, c'est long, d'autant plus quand la prise est petite, que le pied est fuyant et que nos bras fatiguent... Conclusion : plus vous anticiperez, plus vous réduirez les approximations, plus vous économiserez de l'énergie pour vous hisser tout en haut !

J'apporte une attention toute particulière à la récupération et au relâchement du bras qui va chercher la corde.

Coach

L'entraîneur n'est pas seulement celui qui établit un programme sur le papier. Bien au contraire ! Le coach est LA personne de confiance qui a le recul nécessaire pour analyser, adapter, ajuster et paramétrer le plan de travail mais aussi écouter et apporter des réponses avec les mots justes. Cette relation entraîneur/entraîné doit être saine et basée sur une confiance mutuelle sans faille. Mais attention, l'entraîneur n'est pas celui qui « force » ou qui a la clé de la motivation ! On a beau avoir le meilleur entraîneur, la meilleure planification et un suivi aux petits oignons, à la fin, c'est nous et nous seuls qui sommes sur le mur, c'est à nous de produire l'effort et de pousser le curseur aussi loin que possible, c'est encore à nous de mettre tout notre cœur à l'ouvrage. La clé de la réussite repose sur les ingrédients que vous allez mettre en place. Si vous n'avez pas la chance d'avoir un « coach », il faut au moins être à l'écoute des autres et les observer pour ne pas vous enfermer dans vos croyances mais pour dépasser vos habitudes.

Le "feeling" doit être complet avec son "coach" ! En 20 ans, je n'ai jamais douté des mots de Fabrice... sauf quand il me disait de me reposer !

Cohérence cardiaque

Voilà un outil simple et très bénéfique. C'est une pratique personnelle de gestion du stress et des émotions par le travail conscient de la respiration. Des cycles de 5 secondes d'inspiration puis 5 secondes d'expiration, soit 6 respirations par minute. En agissant volontairement sur notre respiration, nous recentrons notre attention sur nous-mêmes, laissant de côté les éléments extérieurs. Rapidement, cet état de calme influe sur le rythme cardiaque en apaisant l'ensemble de la machine ! La règle, c'est « 3-6-5 » : 3 fois par jour, 6 respirations par minute pendant 5 minutes ! Et ne me dites pas que vous n'avez pas le temps pour ces 5 minutes, car même avec très peu d'entraînement, vous arriverez à créer cette routine et ce sera une corde de plus à votre arc pour sortir vainqueur des moments difficiles.

Combat **L'entraînement, c'est difficile ; le haut niveau, c'est très difficile, et vouloir réaliser des objectifs élevés quel que soit notre niveau l'est tout autant. La concrétisation d'un projet tient à d'infimes détails, quelques millimètres, alors n'imaginez pas qu'on va vous l'offrir sur un plateau. Il faudra aller le chercher, batailler, travailler et livrer non pas un mais des combats, encore et toujours ! Tous les jours, à chaque entraînement, chaque essai, chaque mouvement, du premier jusqu'au dernier. C'est cette hargne au quotidien qui construit les succès à venir. « Des efforts, sans cesse des efforts », disait Aimé Jacquet. Eh oui, le voyage vers les rêves ressemble davantage à un parcours du combattant mais gardez en tête que chaque combat que vous ne livrerez pas, ce sera autant de pas en avant vers l'objectif final que vous ne réaliserez pas !**

Un jour de récup', allez sur YouTube pour écouter le discours éloquent du coach Al Pacino dans "L'Enfer du dimanche".

Compression Tenir les prises en compressant, c'est s'accrocher au mur en écrasant, en créant un étau avec nos deux bras principalement grâce aux contractions des pectoraux et du grand dorsal. Bien souvent, ce schéma de grimpe est propice aux mouvements sur plats et volumes où, justement, la préhension ne permet pas de réellement « s'accrocher ». Si l'exigence physique des compressions n'est pas à démontrer, la contrainte technique n'est pas pour autant nulle. L'harmonie des forces entre main gauche et main droite est à réaliser au millimètre et le placement idéal dépend de votre équilibre, du positionnement des épaules et du bassin mais aussi des impulsions que vous allez donner avec les jambes pour continuer à avancer... Il faut encore une fois porter votre attention sur l'effort dans sa globalité et ne pas rester focus que sur la contraction des « pecs ». Avec des prises de plus en plus grosses sans préhension précise, l'escalade moderne pousse à grimper dans ce schéma de compression et donc de moins en moins avec des prises à arquer.

Concentrique C'est une histoire de contraction musculaire. Si l'on prend l'exemple d'une traction, à la montée, le biceps se contracte et se raccourcit en formant cette magnifique boule tant adulée. Visuellement, le muscle se ferme, on est dans une contraction concentrique ! À l'inverse, pour revenir à la position de départ de notre traction, le biceps se contracte toujours autant (même plus) pour freiner la descente mais cette fois, il va s'allonger ou s'étirer ; visuellement, il s'ouvre ! C'est une contraction excentrique. Et si, entre les deux, on décide de tenir le blocage, de s'arrêter, il y aura toujours une contraction du biceps mais sans raccourcissement ni étirement, on parlera alors d'isométrie. Ces trois modes de contraction - concentrique, isométrique et excentrique - demandent une attention toute particulière, notamment en escalade car, en grimpant, le biceps est continuellement en train de jongler entre eux : fermer le bras, l'ouvrir, le refermer, bloquer, refermer, rebloquer... Et cette sollicitation variée et irrégulière impose un entraînement spécifique qu'il sera nécessaire d'intégrer dans la programmation de séances.

Confiance Voilà un sujet infiniment délicat et complexe. Avoir confiance en soi, croire en sa légitimité, en ses forces. J'ai souvent visualisé le niveau de confiance par une pyramide à l'envers. Aussi grosse et imposante qu'elle ait pu être à la base, tout ne tenait que sur une petite pointe fragile et facilement sujette au déséquilibre. Une fois cette pyramide visualisée, l'idée est donc de stabiliser le tout avec des piliers, des fondamentaux de notre confiance, des valeurs solides sur lesquelles nous allons continuellement nous appuyer et ainsi équilibrer notre édifice. Votre famille, vos amis, votre entraînement, vos biceps, la rési, votre entraîneur... comme un phare au milieu d'une tempête, cela vous aidera à garder le cap quoi qu'il arrive.

Conti (Continuité). Terme spécifique à l'escalade, quand on parle de conti, on a déjà mal aux bras, les bouteilles et ce fichu acide lactique qui nous brûle comme jamais... on parle ici d'effort long ! Bosser la conti, c'est travailler notre capacité à rester sur les prises, à récupérer et, de ce fait, à évacuer du mieux possible le lactate. C'est un effort de gestion de notre escalade, de relâchement et d'oxygénation à l'image d'un footing... plus ou moins intense !

Contre-pointe Ce crochetage du pied demande certes le chausson adéquat et énormément de gainage mais aussi la bonne souplesse pour pouvoir tendre et ajuster la jambe comme il le faut. Le terme de « crochetage » n'est pas vraiment correct car il s'agit plus souvent d'une compression à réaliser entre ce pied et la main opposée, il faut alors jouer avec le bassin mais aussi avec toutes les articulations concernées pour trouver cet équilibre des forces tout en continuant le mouvement. Comme toute technique, c'est un mouvement qui demande une certaine sensibilité, qui s'apprend et se travaille... n'ayez pas de limites, testez les contre-pointes sur toute la taille de préhension et vous serez surpris comme le moindre graton (si, si, même minuscule) peut équilibrer un mouvement ; pour cela, il faut que vos chaussons soient particulièrement adaptés avec de la gomme bien présente sur le dessus.

Courbatures « J'ai mal partout ! » Une courbature n'est rien d'autre qu'une lésion musculaire bénigne qui nous réveille les lendemains d'entraînement. On a souvent lié les courbatures à une accumulation de déchets (acide lactique) dans les muscles suite à un effort inhabituel ou trop intense, mais les scientifiques reviennent maintenant sur cette explication pour privilégier la théorie d'une réaction inflammatoire afin de réparer des microlésions musculaires. Quoi qu'il en soit, un bon décrassage en fin d'entraînement et quelques étirements devraient limiter ces douleurs. Les sadomasochistes de l'entraînement (dont je suis un membre actif) diront qu'un réveil avec des courbatures n'est rien d'autre que le signe d'une bonne séance la veille et que ce n'est pas pour autant qu'il ne faut pas remettre le couvert aujourd'hui !

Pour récupérer des grosses séances, il existe la Sporténine, un médicament homéopathique à base d'arnica.

Est-ce que tu as fini ton verre d'eau de tout à l'heure ?

Crampes On pourrait classer les crampes au stade 1 des lésions musculaires sans gravité. Dans l'ordre : crampe puis courbature et enfin, contracture ! Là encore, il s'agit d'une contraction involontaire du muscle, le plus souvent liée à la fatigue accumulée et à la déshydratation. Généralement intenses mais brèves, quelques minutes d'étirements localisés et une bonne hydratation vous permettront de les faire passer sans trop de douleurs et de repartir au combat !

Croyance(s) On parle de processus sociocognitif qui affecte notre comportement et nos performances. Qui n'a jamais abandonné avant même d'avoir essayé ou s'est décrété perdant bien avant le début du jeu ? Des phrases et des idées toutes faites du genre : « Non, y'a un jeté, j'y arriverai pas », ou alors : « oh pétarade, tu as vu, il y a un bi-doigt, je tiens pas les bi-doigts ! » Et à l'inverse : ***« J'ai mon slip fétiche, il peut rien m'arriver »***... Nous avons tous ce genre de croyances, nous nous sommes arrêtés sur un détail, nous avons construit une histoire autour, et cette histoire va focaliser ou détourner notre attention, positivement avec ce satané slip et négativement avec ce fichu bi-doigt. « Il a réussi car il ne savait pas que c'était impossible. » Le pouvoir de ces croyances est extrêmement fort : la parole du coach-gourou, les entraînements qui nous rendent plus forts et les journées de repos qui nous rendent moins forts ; les falaises ou les ouvreurs qui nous réussissent, les bons ou les mauvais profils de mur... Chacun de nous a fabriqué son cahier des charges des situations favorables et défavorables. Gardez à l'esprit que c'est votre lucidité qui fera le travail.

Crux Le mouvement dur, la section clé, celle qui va concentrer une grande partie de notre attention. Mais il y a également un avant et un après. Il faut toujours avoir une vision globale de ce que nous avons à faire. Combien de fois nous sommes-nous retrouvés en bas en disant : « J'ai passé le crux, j'étais perdu, je savais plus quoi faire » ou : « comment j'ai fait pour tomber là ? C'était fini ! » Et encore le fameux : « Quand je me concentre sur mon pied, c'est ma main qui part, et si je me concentre sur ma main, c'est mon pied qui zippe. » Une fois de plus, c'est un tout, du début jusqu'à la fin, du moment où je décolle les pieds du sol jusqu'à celui où je clippe le relais (ou ramène les deux mains sur le top). Il n'y a pas de mouvement anodin, un déplacement de pied « facile » mal exécuté et vous pouvez vous retrouver en bas... eh oui, gardez un niveau d'exigence et d'attention maximale malgré la fatigue et/ou le top qui approche !

Passer le crux n'est pas le but
mais une étape...

D

« SE DÉPASSER QUAND TOUT VA BIEN, SE SURPASSER QUAND TOUT VA MAL. »

Dalle Dans ces sections « lisses et verticales », le combat physique *vs* la technique est à son apogée. Quelle que soit la voie, sa difficulté – et c'est aussi ce qui rend l'escalade si attractive – il n'y a jamais une et une seule façon de réaliser un mouvement. L'équilibre entre la poussée de jambe, la traction des mains et le placement du corps est différent à chaque instant et pour tout le monde. Malheureusement (ou heureusement), les possibilités de tracter *via* le haut du corps et de pousser sur les jambes sont minoritaires dans ces dalles aux prises bien trop petites et à la préhension bien trop fuyante. Il faut alors jouer autrement avec l'ensemble du corps pour atteindre le sommet. **Oui, j'ai bien dit jouer !** En dalle, on ne peut pas compenser indéfiniment ses défaillances de placement en invoquant le physique, l'occasion est donc rêvée de travailler et optimiser vos placements, d'écouter vos sensations, de faire, refaire (et rererrerefaire) les passages exposés pour que la grimpe se fasse en finesse, en précision, en fluidité, en légèreté. Gardez le physique comme un joker !

Plutôt que de nous contracter pour contrer le déséquilibre, il faut chercher le relâchement afin d'absorber nos hésitations.

Daubé Rien à voir avec l'idée de faire cuire de la viande à l'étouffée ! Quoique ? Quand nous sommes donc daubés, le « fatalisme » nous submerge pour nous faire croire que la séance est pliée, que nous ne pouvons plus avancer... Mais pourquoi focaliser notre attention seulement sur nos avant-bras et non sur la globalité du travail à fournir ? Progresser, c'est dépasser ce que l'on croit être ses propres limites, et puiser dans ses ressources mentales et physiques pour dépasser cette situation, ce sera autant de barrières repoussées, des petits pas qui comptent. On peut toujours faire plus que ce que l'on croit pouvoir faire, alors à nous de sortir de notre zone de confort. Bras daubés, hors service, il est temps de récupérer un peu, de faire des étirements légers, des traversées très faciles, pourquoi pas les pieds au sol, et des massages pour drainer et améliorer la circulation. Rien n'est perdu.

Délayage Délayer, c'est faire cette fameuse danse des bras qui permet de les ressourcer avant de partir à l'assaut de la prochaine prise. Cet instant de repos fait plus que jamais partie des choses à apprendre et à appliquer : le relâchement du bras mais aussi de l'épaule, voire du pec ; l'oxygénation, le timing, quand le faire et combien de temps rester ; quand repartir. Pour une position de délayage et un relâchement rêvé, nous devons chercher à ce que le bras qui « tient » et le bras « détendu » soient alignés dans le même axe, pour cela il faut forcément que les épaules se relâchent aussi. Dans cette situation idéale, la prise de main doit être suffisamment bonne pour que tout repose sur elle. Dans l'apprentissage du délayage, le plus difficile n'est pas forcément la réalisation du geste, mais l'acceptation mentale et le réglage du curseur pour savoir si « je peux récupérer » ou au contraire « s'il vaut mieux gratter mes dernières prises ». Cette lucidité vient avec beaucoup de pratique et d'entraînement, elle va de pair avec la confiance et la gestion de la récupération sur les prises. Dans le rythme d'une grimpe après travail, on se retrouve souvent à délayer sur des prises ou dans des positions même pas envisagées lors du *run* à vue. Seuls le travail et la répétition nous guideront pour reconnaître le bon moment pour délayer !

Bien penser à repasser en mode "ON" physiquement et mentalement une fois les délayages terminés.

Déséquilibre C'est tout le principe de l'escalade, savoir gérer le déséquilibre imposé par le mouvement, le contrôler ou l'utiliser. Il est là et c'est à nous de jouer avec pour compenser et ajuster, pour aller, quoi qu'il arrive, à la prochaine prise ! C'est le problème de l'escalade mais aussi de l'entraînement en général : souvent par confort ou par affinité, nous orientons nos séances avec trop de voies et pas assez de blocs ou trop de force et pas assez de grimpe... d'où le déséquilibre. Grâce au cahier d'entraînement, qui rend compte de notre programme, il devient plus facile d'observer ce que nous faisons en quantité et ce que nous délaissons un peu. La prise de notes quotidiennes apportera la lucidité nécessaire pour régler votre entraînement. C'est comme pour votre recette du fondant au chocolat, trop de sucre ou pas assez et votre gâteau n'aura pas la même saveur !

Détail

Nous aimons que nos histoires sonnent positivement même à un petit détail près : « J'ai failli l'enchaîner, il ne me manque rien » ou « juste à une prise de la finale », « j'étais pas loin de faire le jeter », pas loin mais trop loin quand même. Ce souci du détail doit s'appliquer doublement à l'entraînement, ce qui n'est pas toujours le cas. Notre niveau d'exigence doit être continuellement à son maximum. Nous nous accordons pour dire que le succès se joue dans les détails, pourquoi ne pas appliquer cette règle au jour le jour ? Dans nos récupérations et notre alimentation mais aussi dans la réalisation d'un mouvement. Demandez-vous le plus souvent possible de quelle manière vous pouvez améliorer votre gestuelle. Jusqu'où vous pouvez pousser le curseur de vos réglages ? Une meilleure magnésie, la taille du sac à pof, la qualité du strap, la propreté des chaussons, la position dans laquelle vous dormez, la forme et l'épaisseur de l'oreiller, l'eau que vous buvez... La bonne question sera toujours : est-ce que la somme de mes actes est en adéquation avec mon entraînement et mes objectifs ?

J'avoue avoir compté combien de fois je mâchais chaque bouchée pour m'assurer d'avoir les 16 mastications nécessaires à une digestion optimale...

Détermination

C'est la mise en application de notre motivation. L'exigence que nous allons déployer pour atteindre nos objectifs. La détermination est régie par notre motivation, c'est la part effective de nos actions. Si la motivation est l'essence qui nous fait avancer, la détermination est le bulldozer qui trace la route, et plus notre bulldozer sera gros et costaud plus il progressera, sans se laisser dévier. Il faut garder en tête que s'il est difficile de faire varier la motivation, vous pouvez néanmoins construire une solide détermination.

Dévers

Si l'engagement « technique » d'une voie en dalle n'est plus à démontrer, il est cependant plus délaissé dans la réalisation d'un dévers au profit du physique, et pourtant ! La coordination des mouvements, le placement des pieds, la position du corps ne sont pas à minimiser. Dans un dévers ou même dans un toit, la capacité à griffer, à pousser, à tirer avec les pieds est plus que jamais indispensable. C'est une technique différente qu'il faut apprendre pour étoffer votre gestuelle. En dalle, nous nous retrouvons debout sur nos appuis alors que dans un dévers, ce sont nos appuis qui nous permettent de tenir, à chaque déplacement de main ou de pied, les trois autres appuis doivent compenser pour que l'on puisse rester accroché ! Gardez toujours en tête que vos cuisses sont et seront toujours plus puissantes que vos biceps !

Dips

En français, ce sont les doubles barres, en pratique, c'est poser une main par barre puis se hisser à l'aide des bras. Comme les pompes ou les tractions, les dips font partie de ces entraînements qui sollicitent plusieurs groupes musculaires dans un même mouvement, ici notamment les triceps, les pectoraux, les deltoïdes, les grands dorsaux, les trapèzes et les abdominaux. Bref, tout un schéma de connexion musculaire que l'on utilise continuellement en escalade. Un exercice complémentaire pour le travail antagoniste du biceps et des tractions qu'il est important d'ajouter aux circuits de muscu. Sans oublier qu'un exercice poly-articulaire demande une dépense calorique bien plus élevée.

Variations en dips ! Niveau 1 : les mains sur une chaise et les pieds au sol. Niveau 2 : idem mais les pieds sur une autre chaise. Niveau 3 : sur des barres de dips. Niveau 4 : sur des anneaux.

« **LA MOTIVATION**, C'EST CE QUI ME FAIT ME LEVER TOUS LES MATINS POUR ALLER À L'ENTRAÎNEMENT. **LA DÉTERMINATION**, C'EST CE QUI ME FAIT GAGNER. »

Manu Cornu, champion de France de bloc

AUTOPSY #06

DÉTERMINER LES PREMIERS RENDEZ-VOUS

APRÈS LE LONG TERME ET LE MOYEN TERME, NOUS ALLONS MAINTENANT NOUS PROJETER À COURT TERME.

« Jamais je n'irai plus loin que mes pas »... Pas à pas oui, mais si loin ! Si l'objectif à long terme donne le cap, les objectifs à moyen terme balisent le voyage, les objectifs à court terme construisent ! On a beaucoup évoqué les objectifs de résultat puis de performance pour le court terme, il faut ajouter des objectifs de processus et d'entraînement : des actions d'apprentissage et de réalisation de plus en plus précises. Pour filer la métaphore architecturale de la maison, à court terme, le but de résultat recherché est d'avoir un des quatre murs; le but de performance est de savoir aligner et empiler les briques une à une; et le but d'entraînement est d'arriver à monter deux rangées de briques par jour ! Vous l'aurez compris, à court terme, on est plus dans la cuisine locale, mettre les mains dans le cambouis, ce que vous allez travailler dans les semaines à venir, ce qui donnera le thème général de votre planification : la préparation physique générale, le volume d'entraînement, la rési...

 # BUTS DE RÉSULTAT À COURT TERME QUI VONT ARCHITECTURER MON AVENTURE

 # BUTS DE PERFORMANCE À COURT TERME QUI VONT ÉDIFIER MON AVENTURE

 # BUTS D'ENTRAÎNEMENT À COURT TERME QUI VONT STRUCTURER MON AVENTURE

LE MUTANT PUNK

SELFIE EXPRESS

Alex Megos
Date de naissance :
12 août 1993
Nationalité :
Allemand
Perfs :
- **Premier 9a à vue de l'histoire, *Estado Critico*, Siruana (Espagne) en 2013**
- **9b+, *Perfecto mundo***
- **80 voies dans le 9**
- **Vice-champion du monde**
- **5 podiums en coupe du monde dont 1 victoire**

Instagram :
@alexandermegos

Ton coach te décrit comme « une machine dans un corps d'homme » ?
Je pense qu'aucun homme n'est vraiment une machine. Quand j'étais plus jeune, je me considérais comme une machine moi aussi, j'aimais l'idée de ne jamais me fatiguer, de ne pas avoir de faiblesses, de me sentir au-dessus. Mais plus je vieillis, plus je comprends que personne n'est infaillible, chaque être humain a des faiblesses et des mauvais jours. Et malheureusement, même pour moi, il y a des limites. Mais j'essaye constamment de travailler sur mes faiblesses. Je n'ai plus peur d'échouer. Je dirais même que c'est devenu l'un de mes principaux atouts, je suis extrêmement motivé pour travailler sur moi et pour me remettre en question. Regarder ce qui se passe autour de moi, comprendre, et apprendre des autres grimpeurs et de chaque situation. L'échec tient une place centrale dans le processus de progrès. Je dirais même plus : l'échec est nécessaire pour devenir meilleur.

Ma philosophie, ne pas s'inventer d'excuses et ne pas se cacher derrière des idées faciles, est une manière de continuer d'essayer encore et toujours, même si les conditions ou les circonstances ne sont pas parfaites. Il ne faut pas toujours que tout soit parfait pour atteindre le succès. On peut même dire que les conditions idéales n'arriveront jamais et ne seront jamais réunies, alors il faut essayer d'être capable de réussir à chaque instant.

Rot-Punkt **: le docu**
Voilà un film de grimpe qui rend hommage à la grimpe et à ses précurseurs en 52 minutes comme on aimerait en voir plus. Alex Megos grimpe fort dans *JumboLove* (9B), *Bibliographie* (potentiel 9c) et enchaîne *Perfecto mundo* (9B+)... vous allez découvrir un amoureux de l'escalade qui se montre sans filtre. À voir !

Pour des objectifs élevés, la rigueur est-elle le principal ingrédient de l'entraînement ?
Sans aucun doute, chaque jour, chaque instant compte. Je suis persuadé que l'on peut trouver quotidiennement quelque chose que l'on peut faire pour s'améliorer en escalade. Alors j'essaye de tirer profit de chaque journée. Ça ne veut pas forcément dire que je vais aller grimper tous les jours, mais j'essaye d'avoir toujours en tête la quête de mon développement personnel et de toujours faire ce qui me permettra de me rapprocher de mes objectifs. M'étirer, courir, faire de la musculation, escalader... il y a tellement de registres sur lesquels on peut intervenir. Aussi étrange que cette idée puisse paraître, j'ai appris récemment que la récupération et le repos pouvaient constituer une grande partie de l'entraînement.

Fais-tu une différence entre l'escalade et l'entraînement ?
Bien sûr, d'une certaine façon l'escalade peut être également de l'entraînement. Mais, à mes yeux, l'entraînement ce sont les choses que l'on met en place et que l'on fait pour s'améliorer en grimpe. Quand on grimpe, on essaye toujours d'atteindre le sommet et pour y arriver, on essaye de rendre ça aussi facile que possible avec nos capacités. En s'entraînant, on fait exactement l'inverse : on essaye de rendre la chose la plus dure possible pour soi.

Quelles sont les bases d'un bon programme d'entraînement ?
Je crois que les plans d'entraînement sont très personnels. En tant que grimpeur naturellement mince, je dois améliorer ma force, je dois travailler

avec les anneaux et faire d'autres exercices de musculation. Je ne dirais pas que ce type d'entraînement constitue la majorité des miens, mais il en remplit une bonne partie. Je fais aussi beaucoup d'escalade et de bloc sur un pan couvert de prises. Je crois également que la préparation mentale devient de plus en plus importante à mesure que l'escalade s'intensifie. J'apprends à être dans le bon état d'esprit au bon moment le jour J. En général, je fais mes séances quotidiennes seul ou avec des amis. Avec mes deux coaches, Patrick Matros et Dicki Korb, nous parlons de la structure générale de mon entraînement. Plutôt que de planifier chaque séance jour par jour, on crée un schéma approximatif pour une dizaine de jours environ en incluant différentes séances. De cette manière, on n'a pas un programme trop strict et on peut adapter en fonction de l'envie et de la forme. Je ne pense pas qu'il y ait de programme parfait. Tout dépend de qui tu es et où tu veux aller, de tes faiblesses et du projet que tu as en tête. Le programme est bien différent quand je m'entraîne pour réaliser une voie, un bloc ou pour la compétition. L'entraînement est un outil, et chaque outil a sa fonctionnalité propre.

Ta vie est organisée autour de la mise en place de cet entraînement. En quoi n'y a-t-il ni contraintes ni sacrifices ?
Même si cela en a l'air, je ne crois pas que toutes mes journées soient parfaitement organisées. Et il en va de même de mon entraînement. Je n'ai pas de planning d'entraînement qui me dit quoi faire chaque heure, chaque jour. Bien sûr, ma journée de sportif de haut niveau est peut-être plus structurée que celle d'autres personnes, et encore. Mais à aucun moment je ne dirais que je fais des sacrifices. Je me lève tous les jours pour faire quelque chose que j'aime vraiment et je travaille pour atteindre des objectifs que j'ai vraiment envie d'atteindre. Alors, à mes yeux, ce ne sont pas des sacrifices, je le fais parce que j'adore ça.

Quelles sont les principales différences entre l'entraînement pour la compétition et l'entraînement pour tes autres projets en extérieur ?
La plus grosse différence est de toute évidence le style et l'intensité que demande la compétition, d'autant plus maintenant que je m'entraîne dans les trois disciplines. Avec mes projets en extérieur, je me concentre sur un seul objectif. Mais là, s'entraîner pour le combiné puis pour chaque disci-

pline individuellement demande une organisation et un contenu vraiment inédit pour moi. Faire du bloc en salle et faire du bloc en extérieur sont deux choses complètement différentes. Aujourd'hui, il faut apprendre des gestes de coordination, des sauts, des jetés... L'un n'est pas meilleur que l'autre, c'est juste deux pratiques différentes, et l'entraînement doit être ajusté.

Tu as dit qu'il y a « 99 % d'échec pour un seul succès ». C'est la réalité ?
Oui, je pense qu'essayer très dur et aller jusqu'à ses limites, c'est échouer 99 % du temps juste pour y arriver une seule fois. On revient toujours à la même idée qu'échouer ne doit pas nous plonger dans la dépression. Échouer signifie toujours que je peux progresser.

« EN S'ENTRAÎNANT, ON ESSAYE DE RENDRE LA CHOSE LA PLUS DURE POUR SOI. »

Si tu devais décrire le grimpeur parfait, à qui ressemblerait-il ?
Je pense que ce qu'il y a de beau dans l'escalade, c'est justement qu'il n'y a pas de grimpeur idéal. L'escalade change tout le temps, donc les grimpeurs sont tous différents. Je ne crois pas qu'il y aura un jour un type de corps idéal pour un grimpeur. Les différents styles d'escalade formeront toujours des profils également différents.

En quoi est-ce différent de grimper un 10a, de devenir champion du monde ou champion olympique ?
Je crois sincèrement que grimper un 10a est très différent par rapport au fait de devenir champion olympique. L'entraînement pour chacun de ces deux objectifs particuliers est complètement différent. Dans quelques mois, il y aura un champion olympique, c'est un fait. Mais nous ne savons pas dans combien de temps quelqu'un sera capable de grimper un 10a... Sûrement plus que douze mois... ■

AUTOPSY #07

INGRÉDIENTS POUR AMÉLIORER SON SCHÉMA CORPOREL

> "NOTRE GRANDE ERREUR EST D'ESSAYER
> D'OBTENIR DE CHACUN EN PARTICULIER
> LES VERTUS QU'IL N'A PAS, ET DE NÉGLIGER
> DE CULTIVER CELLES QU'IL POSSÈDE."
>
> *Marguerite Yourcenar*

LE SCHÉMA CORPOREL, C'EST LA JUSTESSE AVEC LAQUELLE NOUS CONNAISSONS NOTRE CORPS ET LA FAÇON DONT NOUS NOUS LE REPRÉSENTONS DANS L'ESPACE. C'est la juste connaissance du schéma corporel qui nous fait baisser la tête pour passer sous une poutre, tourner les épaules pour passer entre deux poteaux, monter des escaliers ou, en ce qui nous concerne, savoir si, par exemple, la prise est à portée de main, si le pied est trop haut ou trop bas… Ce qu'on peut observer avec des « débutants » est assez éclairant : avec un schéma corporel approximatif, le néogrimpeur tente de toucher la dégaine avec la main avant de mousquetonner, ce qui signifie qu'il n'a pas conscience de la distance qui sépare sa main de la dégaine.
Des expériences ont montré que le schéma corporel d'un homme lambda est plus ou moins ajusté à 7 centimètres de la réalité ; si vous faites 1,60 mètre et que vous passez sous un porche de 1,66 mètre, vous allez baisser la tête par précaution alors que s'il est à 1,68 mètre vous avancerez sans crainte. En escalade, à plus ou moins 7 centimètres, vous êtes loin de tout. On compte plus en millimètres…

Avoir conscience de son corps dans l'espace s'éprouve et s'apprend, plus vous serez sportif, plus le travail face aux contraintes de l'escalade sera facilité. Et si l'apprentissage est plus naturel et rapide quand on est jeune, rien n'empêche plus tard de s'exercer !

À VOUS DE JOUER...

VISER SANS VOIR

La mise en situation est très simple, les pieds au sol, face au mur, allez chercher une prise avec la main. Normalement, jusqu'ici, tout va bien ! Prenez le temps de ressentir le positionnement de votre corps, l'inclinaison du poignet, l'angle d'ouverture du coude et de l'épaule; appréciez chaque détail de votre mouvement jusqu'au poids que vous pouvez exercer sur un pied plutôt que sur l'autre. Réalisez le geste deux ou trois fois pour (res)sentir au mieux. Puis, dans un second temps, réalisez le même mouvement les yeux fermés en ne vous fiant qu'à votre schéma corporel et à vos sensations pour aller chercher la même prise. Les quelques millimètres (ou centimètres) qui vous manqueront pour attraper du premier coup la prise représentent la marge d'erreur de votre schéma corporel. Cet exercice n'aura de limite que celle de votre imagination, vous pouvez varier avec des mouvements de main, de pied, puis les deux. Vous commencerez à exceller quand vous parviendrez à toucher avec l'index un trou de vis de 12 millimètres de diamètre...
L'erreur serait de croire que cet exercice ne s'adresse qu'aux débutants; quel que soit votre niveau, intégrez ce petit jeu dans votre routine d'échauffement.

DÉSACCORDER VOS ORTEILS

Voilà un petit jeu qui peut se faire dans le canapé : apprendre à désynchroniser les mouvements de vos orteils en les faisant bouger indépendamment les uns des autres. La contrainte n'est pas dans le mouvement, elle est cérébrale... Pied droit, puis pied gauche puis les deux en même temps. Au-delà du jeu, cet exercice montre qu'il y a une différence entre ce que vous (ou plutôt votre corps) êtes capable de faire et ce que vous savez concrètement faire. Dans les faits, la connexion nerveuse existe mais l'information n'arrive pas précisément, il y a une différence entre ce que demande le cerveau et ce qu'il se passe au niveau de vos orteils.

C'est comme lorsque, en marchant, on cherche à poser le pied parfaitement sur la ligne blanche d'un passage piéton ou précisément sur le rebord de chaque dalle d'un trottoir… on affine nos connexions nerveuses, la connaissance de notre corps et donc la réalisation de nos mouvements. L'information nerveuse circule de neurone en neurone à une vitesse comprise entre 120 et 430 km/s, mais pourquoi ce fichu gros orteil ne se soulève-t-il pas tout seul ?

YMCA

Voici un exercice plus orienté sur la « mobilité segmentaire ». L'idée de ce petit jeu est de créer une certaine confusion dans le cerveau jusqu'à perdre la capacité de gérer ensemble la position du bras droit et du bras gauche. Plus facile à faire qu'à expliquer.

Réalisez ces trois mouvements avec le bras droit :
1 – bras tendu vers le haut
2 – bras tendu à 90° à hauteur de l'épaule
3 – bras tendu le long du corps
Passez ensuite au bras gauche avec, cette fois, quatre mouvements :
1 – bras tendu vers le haut
2 – bras à hauteur d'épaule et coude à 90°
3 – toujours bras tendu mais seulement l'épaule à 90°
4 – bras tendu le long du corps…

Normalement, tout le monde doit y arriver. Mais le jeu se complique : réalisez désormais les mouvements du bras gauche et du bras droit simultanément… Comme le bras gauche doit réaliser un mouvement supplémentaire, cela va créer un décalage, donc une difficulté. L'objectif : partir les deux bras tendus, mains tendues vers le haut, et finir les deux bras le long du corps en même temps. L'exercice compte 12 mouvements. N'hésitez pas à inverser la consigne pour chaque bras ou à ajouter des contraintes de proprioception pour complexifier l'effort cognitif.

AUTOPSY #08

ÉTABLIR SON PROFIL PORTRAIT-ROBOT DE GRIMPEUR

"JE VEUX ÊTRE MOI, RIEN QUE MOI,
ET C'EST DÉJÀ PAS MAL. "

Kim Jain

DIS-MOI QUI TU ES, JE TE DIRAI COMMENT TU GRIMPES... Bon, c'est presque ça... La première Autopsy était une entrée en matière simple, ici, il convient de mieux définir votre profil en piochant dans le répertoire de l'escalade : pour chacun des 16 thèmes proposés page suivante, donnez-vous une note entre 0 et 10 en fonction de votre niveau général, de vos points forts et de vos points faibles. Pas question de se comparer à Adam Ondra ou à ce grimpeur énervant croisé à la salle ! Une fois de plus, l'introspection (l'autopsie) devra être la plus réaliste possible, c'est bien de votre portrait-robot dont il s'agit. Reportez vos notes sur le graphique, reliez les points, mettez un peu de couleur et vous pourrez schématiser votre profil de grimpeur. N'essayez pas de vous donner bonne conscience ou d'anticiper le résultat, l'exercice n'aurait alors aucun intérêt.

Pistes d'analyse...

Au final, des points forts trop forts face à des points faibles trop faibles seront comme des « handicaps », les solutions de facilité ou failles décourageantes créant des déséquilibres dans votre profil et donc dans votre façon de grimper. L'effet visuel est assez révélateur, il vous permettra d'identifier les principaux axes de travail, d'ajuster vos buts de performance et d'entraînement à court et moyen terme afin d'atteindre l'objectif final ! Il peut être aussi intéressant pour peaufiner ce profil de demander à votre coach et/ou à vos partenaires de grimpe de le compléter également pour vous et d'analyser les éventuelles différences. Plus les profils se ressembleront, plus ils donneront une image fidèle du grimpeur que vous êtes. Si les profils diffèrent de manière visible, voire s'ils s'opposent, cela soulèvera sûrement des questions auxquelles seul l'entraînement apportera des réponses. Si par chance, en bon élève, vous dévorez ces pages dans l'ordre, vous vous rendrez compte que ces 16 thèmes sont identiques aux caractéristiques sur lesquelles vous avez évalué les contraintes de votre objectif à long terme, par comparaison/superposition, vous aurez une bonne vision du travail à effectuer ces prochaines années...

16 THÈMES POUR ÉTABLIR TON PORTRAIT-ROBOT

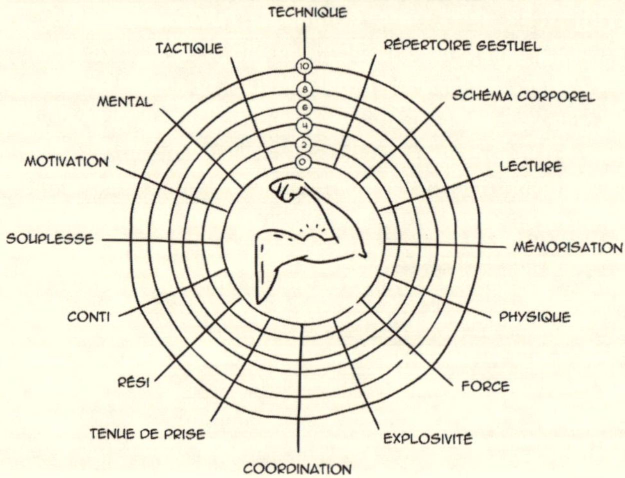

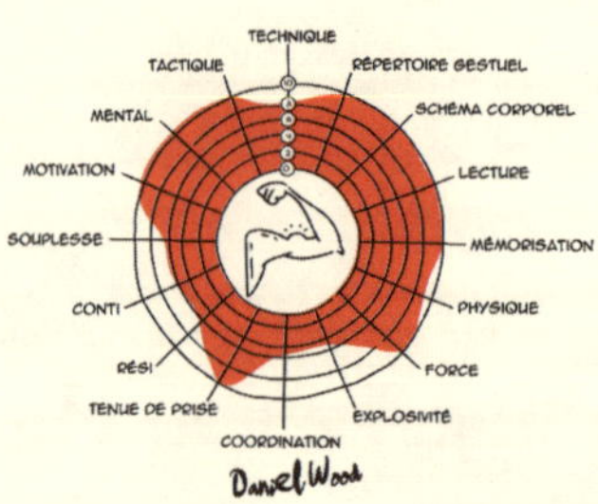

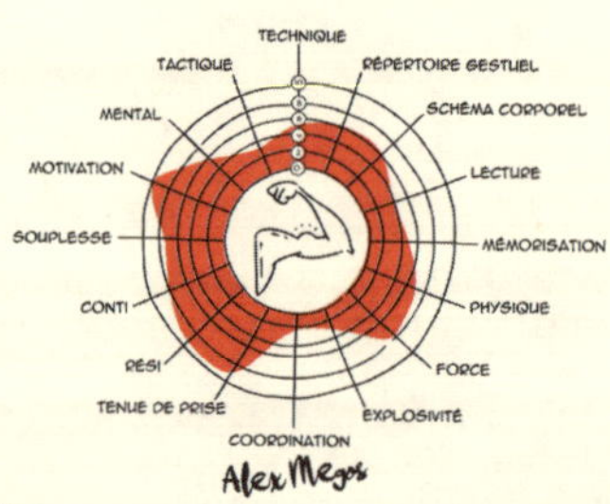

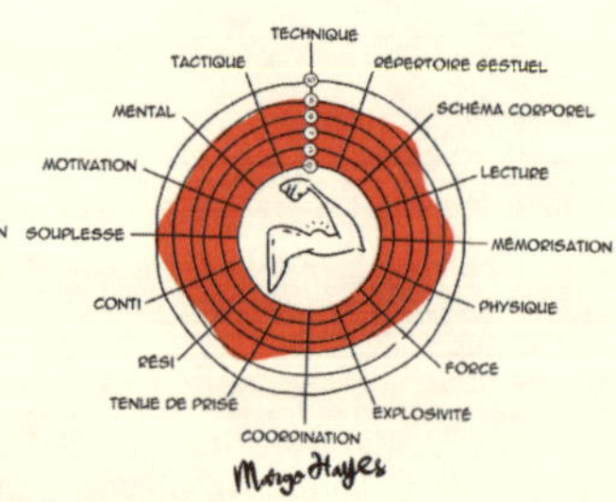

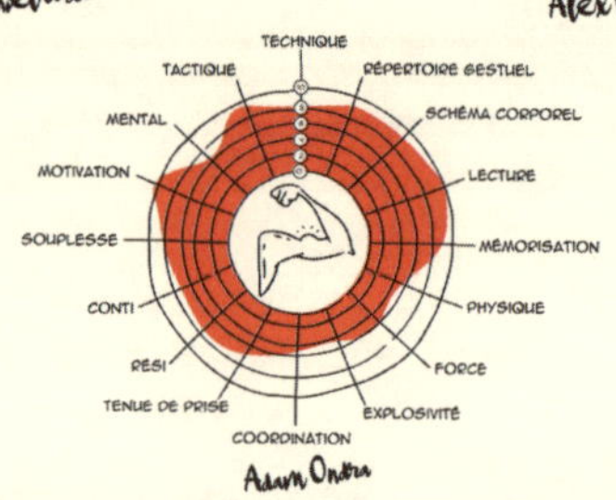

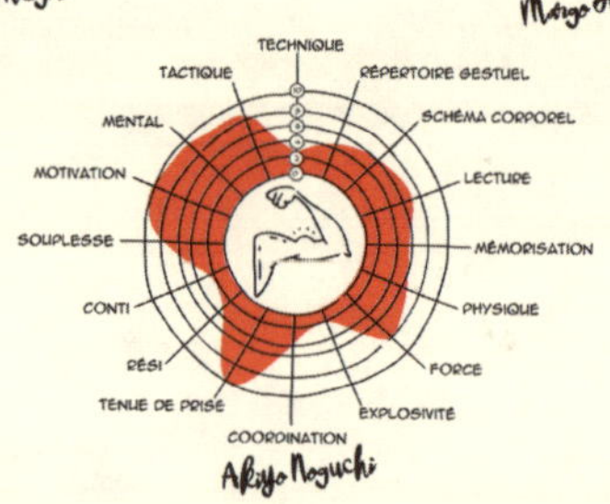

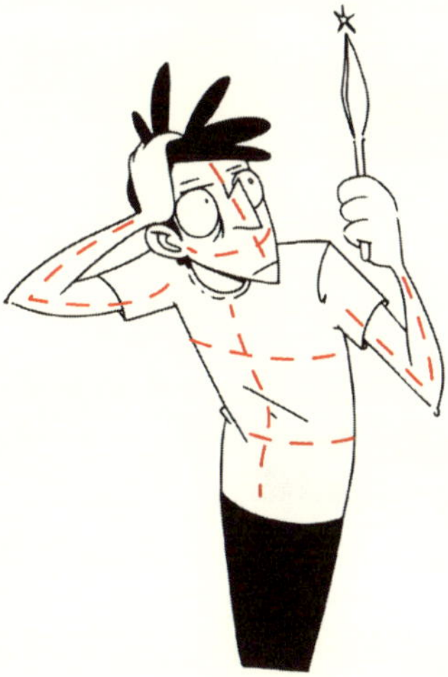

Quelles informations tirer de cette araignée ? Plutôt que de vous déballer des généralités qui ne serviraient même pas à éclairer votre profil, je préfère vous accompagner dans la réalisation de votre feedback.

MON FEEDBACK.

 # QUELS SONT MES TROIS POINTS FORTS RÉVÉLÉS PAR CE GRAPHIQUE ?

....

....

....

....

 # QUELS SONT MES TROIS POINTS FAIBLES RÉVÉLÉS DE CE GRAPHIQUE ?

....

....

....

....

 # EN GARDANT EN TÊTE LE CAHIER DES CHARGES DE MON OBJECTIF, QUEL EST LE POINT CLÉ À TRAVAILLER ?

....

....

....

....

 # QUELS SERAIENT LES POINTS SECONDAIRES À TRAVAILLER ?

....

....

....

E

★

« LE SEUL MAUVAIS ENTRAÎNEMENT,
C'EST CELUI QUE TU NE FAIS PAS. »

Échauffement Techniquement, la hausse de température provoquée par l'échauffement augmente la vitesse des réactions chimiques pour créer l'énergie mécanique nécessaire au mouvement, pour être prêt à forcer vite et bien ! Voilà une chose que l'on sait tous mais que l'on met pourtant régulièrement de côté. L'échauffement fait pourtant partie de ces rituels obligatoires. C'est un processus personnel, un cheminement de mise en route physique et mentale propre à chacun. Voilà pourquoi on ne peut pas définir un échauffement idéal. S'échauffer, c'est se mettre dans les meilleures dispositions pour l'effort à venir, ce n'est pas simplement une mise en route physique mais aussi une mise en éveil de nos perceptions, c'est tout notre corps qui doit se projeter : du schéma corporel à la précision de notre pose de pieds, de nos orteils jusqu'au bout des doigts en passant par le bassin, les épaules, les coudes... Mais s'échauffer, c'est aussi préparer le cerveau - même si ce n'est pas un muscle - à lire une voie, à mémoriser et, bien évidemment, à réfléchir, à être vif afin de donner les bons ordres rapidement.

Échec **Savoir qu'une aventure de haut niveau est jalonnée d'environ 99,9 % d'échecs est déjà le début de la solution, mais comment garder le cap face à ce sentiment ? À quel point peut-on encaisser les coups avant de rendre les armes ? C'est forcément**

« J'AI VU DES GENS S'ENTRAÎNER
DANS DES CAVES, DES COULOIRS, DES GRENIERS,
SUR DES MURS DE BRIQUES, SOUS DES PONTS...
TOUS SONT DEVENUS TRÈS FORTS, COMME SI L'IDÉE
DE L'OBJECTIF FINISSAIT TOUJOURS PAR TRANSCENDER
LE SUPPORT D'ENTRAÎNEMENT. CE QUE L'ON FAIT
POUR LE RÉALISER RESTE TOUJOURS SUBORDONNÉ
À L'ENVIE QUE L'ON A DE LE RÉALISER. »

Fred Rouhling – Premier grimpeur français a avoir fait un 9a

pour moi le moment de citer Nelson Mandela et cette phrase légendaire : « Je ne perds jamais, soit je gagne, sois j'apprends. » Dans ces moments difficiles – et il y en aura bien plus que souhaité –, c'est la détermination qui fera la différence, la capacité de notre bulldozer mental à continuer de tracer la route vers l'objectif. La détermination peut assez vite se dissoudre face aux obstacles. Prendre le dessus sur un échec ou une contre-performance, c'est aussi savoir en tirer les bons enseignements pour modifier, ajuster et ne pas reproduire. Et s'il peut être facile de porter son attention sur de « gros échecs », il faut aussi être attentif aux petites défaites du quotidien : un bloc bêtement raté à l'entraînement ou un essai lâchement abandonné ne doivent pas passer inaperçus lorsque l'on vise les plus hautes performances. SOYEZ EXIGEANT !

*L'efficacité d'un exercice trouve sa conclusion dans cette phrase : "Pose tes chaussons, tu passes pour un c** !"*

Efficacité

C'est ce que nous recherchons tous, le meilleur rendement entraînement/progrès. Cette efficacité est dépendante de notre capacité de jugement au cours de notre entraînement ; c'est-à-dire savoir remettre un *run*, augmenter l'intensité, ajouter ou enlever un jour de repos, sans que ces décisions soient dictées par nos faiblesses mentales ou les fluctuations de notre détermination, mais par la question : « Est-ce que je suis toujours efficace par rapport aux objectifs de ma séance ? » Ce curseur d'efficacité, qui navigue le plus souvent entre le qualitatif et le quantitatif ne sera pas au même niveau dans une séance de « volume » qu'au cours d'une séance de « force » ou de « technique » ! Comment savoir si l'on est encore et toujours efficace ? Revenez au but initial de l'exercice. Par exemple, je suis sur une séance qualitative et je commence à multiplier les erreurs d'approximation et de concentration... je ne suis donc probablement plus dans la consigne ! Ou encore : je travaille le volume, le but est de grimper énormément, alors je continue jusqu'à n'en (vraiment) plus pouvoir...

Encourager Encourager, ça s'apprend... Encourager n'est pas simplement « crier » sur celui qui grimpe, c'est poser les bons mots. Si je vous dis « ne pensez pas à un éléphant rose jouant dans une piscine gonflable », vous allez tous visualiser ce fichu pachyderme en train de patauger alors même que j'avais dit « ne pensez pas ». Le cerveau ne priorise pas la négation. Sa logique est la suivante : il crée l'image mentale avant de la barrer. Aussi, chaque mot et chaque tournure de phrase doivent être prononcés en mode positif, intonation comprise. Ignorez les conseils du genre « tombe pas ! », « ne zippe pas ! », « allez, t'es pas daubé », « encore, c'est pas fini » et remplacez-les par des « accroche-toi », « continue »... Au-delà de la sémantique de nos encouragements, il y a aussi le timing. Dans un simple moment de doute, le grimpeur peut suivre un conseil en léger différé et s'engager dans une mauvaise méthode, ou être incité à s'emballer plutôt qu'à temporiser et à gérer sa grimpe ! Eh oui, encourager et être encouragé, ça s'apprend. Savoir écouter, faire le tri et en tirer un bénéfice fait partie de ces innombrables détails qui ont le pouvoir de vous faire réussir comme de vous faire échouer.

Avec mon coach et les copains, nous avons établi des codes : un "Super !" n'a pas le même sens qu'un "Allez !" ; de même qu'un "Allez bonhomme !" ou un "Allez, solide !"

Engagement **Notre réussite dépend de notre engagement. Dans l'instant, dans le mouvement ou, plus globalement, dans notre projet, il faut un engagement total, à l'échelle microscopique et macroscopique de votre projet. La demi-mesure, cet entre-deux qui nous assure une marge de sécurité ne nous mène jamais bien**

L'engagement absolu n'est pas une mise en danger mais une philosophie de l'instant !

loin, en tout cas pas là où nous le souhaitons. L'escalade, ce n'est pas grimper pour ne pas tomber, c'est chercher à s'élever. Une fois de plus, à chaque séance, dans chaque voie, chaque mouvement, il faut la jouer « *all in* », le curseur au maximum. Sans pour autant se prendre pour Alex Honnold en solo intégral. Il faut parfois que l'engagement soit exclusif : on ne peut pas mener à bien plusieurs projets d'ampleur, on ne peut pas faire de l'escalade à haut niveau tout en pratiquant le foot, l'alpinisme, le handball, la musique et le crochet... Au-delà de l'aspect chronophage de la pluriactivité, notre énergie, notre niveau d'attention et d'application ne sont pas indéfiniment extensibles et l'éparpillement se fait aux dépens de la performance.

Entorse Chevilles, genoux, coudes, poignets mais aussi doigts, voici les principales entorses qui pourront être handicapantes dans notre aventure. On parle d'entorse lorsque l'articulation est allée au-delà de son amplitude normale créant ainsi un traumatisme sur les ligaments censés la stabiliser. Selon la gravité, il est conseillé un repos total entre 48 et 72 heures puis une reprise rapide de la sollicitation sans se confronter à la douleur et en appliquant le plus fréquemment possible du froid pour limiter l'inflammation et le saignement des ligaments. Comme toujours, même si le parcours est semé d'embûches, votre détermination pour progresser fera acte de foi, une entorse n'est pas un coup d'arrêt, il faut juste s'entraîner différemment, utiliser ce temps pour forcer autrement avant un retour à la normale.

Entraînement S'entraîner, c'est apprendre, et pour apprendre, il faut travailler et répéter. Répéter, c'est faire, refaire, encore, encore plus et toujours ! Les chances de réussir un examen sans ouvrir ses cours sont plutôt minces, les parcourir rapidement limitera les conséquences... Pour réussir, il n'y a pas d'autre choix que de s'entraîner dur, et donc de ne jamais cesser d'apprendre. C'est une équation propre à chacun, un mélange de sueur, d'envie, de motivation et de détermination. Mais l'entraînement n'est pas tout, tout est question d'équilibre. « Les guerres sont gagnées sur le terrain d'entraînement, pas sur le champ de bataille » : c'est bien la qualité de ce que nous réalisons à l'entraînement qui nous permet

d'être sur le podium le jour J. De même que l'on ne devient pas champion dans un gymnase. On devient champion grâce à ce que nous ressentons : un désir, un rêve, une vision. Être au gymnase, ce n'est pas s'entraîner, ce n'est pas programmer 3, 4 ou 14 séances par semaine, ce n'est pas un record sur le pan Güllich ou un circuit de rési avec un temps de repos millimétré. Être au gymnase, c'est être à sa vie et à ses choix.

Équanimité **« Égalité d'âme, qualité de celui qui garde le même état d'esprit, quels que soient les événements. »** Cette force intérieure se révèle une immense qualité pour rester sur le bon chemin quels que soient les obstacles qu'il faut affronter. L'équanimité, c'est savoir traiter les informations sur un plan d'égalité et être capable de leur donner le même degré d'importance : « C'est la finale des championnats du monde » et « j'ai des chaussettes vertes ». Tout porte à croire que l'impact psychologique de cette finale des championnats du monde pourrait davantage troubler votre façon de grimper que la couleur de vos chaussettes ! Et pourtant, quoi qu'il arrive, les informations doivent être traitées telles qu'elles sont objectivement et pas au-delà : le mur est bleu, il fait froid, je suis en short, c'est un 7a, c'est un 9b, c'est une coupe de quartier ou un championnat interplanétaire... « OK, j'enregistre ces informations, mais, moi, je ne dois m'occuper que de ce que je maîtrise, c'est-à-dire ma grimpe ! »

Posez-vous la question : "Et alors ?" La réponse, pleine de sagesse, devrait remettre l'escalade au centre du jeu.

Étirements Avant, pendant, après, statique, dynamique, actif ou passif, il y a 1 000 manières de façonner vos étirements en fonction de ce que vous recherchez. Un étirement est tout simplement un allongement des fibres musculaires que ce soit pour les détendre, pour gagner en souplesse musculaire ou en amplitude articulaire. Il faut commencer par faire le tri parmi les idées reçues. « Je vais m'étirer pour ne pas me blesser », « j'aurai pas de courbatures si je m'étire », « je vais m'échauffer en m'étirant »... Les dernières études montrent que les étirements ont peu, voire pas d'effets directs sur la récupération ; par contre, ils ont un effet antalgique qui donne cette sensation de bien-être et permettent de retrouver une amplitude naturelle. À l'inverse, des postures tenues trop longtemps peuvent bloquer le drainage et le débit sanguin. Étape quotidienne tout de même incontournable, il revient à chacun d'inventer son rituel.

Évolution — L'escalade est un sport jeune encore en plein développement. Regardez l'évolution des voies, des blocs, des ouvertures, des prises… ces cinq dernières années seulement. Et l'entrée de la discipline comme sport olympique. À l'entraînement, plus que jamais, il faudra en tenir compte et surtout tenter d'anticiper cette évolution, ces changements et prendre l'aspiration de cette direction. Tout simplement, il faut s'entraîner pour ce que ça va être, plutôt que pour ce que ça a été. Continuellement chercher à avoir un coup d'avance, il ne s'agit pas de jouer au poker et tout miser sur l'idée que « l'année prochaine, ce sera une échelle de réglettes main droite main gauche » mais plutôt prendre le temps et le recul nécessaire pour analyser le type de voies proposées, la gestuelle, la complexité, les préhensions, le profil des murs, des grimpeurs, des ouvreurs et réussir à en sortir une tendance générale pour orienter au mieux notre entraînement !

Excentrique — C'est lors d'une contraction excentrique (effort inverse de concentrique) que votre muscle est le plus sollicité. Si ces contractions sont beaucoup plus traumatisantes et fatigantes pour vos muscles, elles sont nécessaires pour l'apprentissage du mouvement. Solliciter des fibres musculaires différentes et ainsi travailler votre muscle d'une manière plus complète vous permet de progresser bien plus rapidement. Dans ce genre d'exercice, la qualité doit l'emporter sur la quantité. Il n'y a plus qu'à reconstituer le puzzle entre les différentes contractions musculaires, le travail des antagonistes, et nous aurons déjà un bon aperçu de la mise en place du travail.

Exigence — Votre souci du détail et la volonté que vous investissez pour aligner parfaitement ces fichues planètes dépendent du niveau d'exigence que vous vous imposez. Bien évidemment, **ce niveau d'exigence doit être en adéquation avec vos attentes de résultats** car, quoi qu'il arrive, ceux-ci seront en parfait accord avec votre rigueur. Être plus exigeant envers vous, jour après jour, et ne jamais vous contenter, pour que votre faim de réussite ne soit jamais rassasiée. On pourrait relier ce mot « exigence » à d'autres déjà abordés comme « détails », « engagement »… Si j'insiste autour de ce thème, c'est qu'il est pour moi au fondement de ma pratique et il le sera pour vous dans l'aventure que vous avez choisi de vivre, celle de la progression, de la performance, de l'entraînement, du rêve... Attention, c'était la première piqûre de rappel...

Exploit **Quel que soit notre niveau, si nous sommes partis dans cette « aventure d'entraînement » avec des objectifs élevés en point de mire, il faut avoir en tête que leur aboutissement tiendra de l'exploit. Non pas que nos chances soient vraiment infimes, mais plutôt que leur réalisation sera extraordinaire et sera inexorablement liée à un dépassement ultime de soi, une prouesse remarquable. Combien de fois sommes-nous restés sidérés devant des performances sportives, des « champions exceptionnels » ou des inconnus médaillés après une débauche d'énergie prodigieuse ? Finissant par conclure : « Il est allé la chercher celle-là ! » Finalement, la question n'est pas forcément de savoir combien de fois, mais surtout pourquoi nos propres victoires nous seraient servies sur un plateau ? Rêvez de votre exploit et allez le chercher !**

En mettant vos chaussons avant le "run", posez-vous la question : "Es-tu prêt à aller chercher un exploit ?"

Extenseurs Les extenseurs des doigts regroupent plusieurs muscles qui ont pour rôle d'ouvrir la main et de gérer l'extension du poignet. Placés sur le dessus de l'avant-bras, ils travaillent conjointement avec les fléchisseurs, muscles du dessous de l'avant-bras, qui, eux, ont pour rôle de « fermer » les doigts. De cette collaboration entre ces deux groupes musculaires antagonistes naît l'équilibre nécessaire à la stabilité du poignet et des doigts. Si, en escalade, on sollicite et entraîne énormément les fléchisseurs pour tenir les prises, il faut à un moment ou à un autre porter aussi notre attention sur les extenseurs pour éviter un déséquilibre dans l'avant-bras ! On a parlé des doigts et du poignet mais, à l'autre extrémité, ces muscles sont reliés au coude notamment au niveau de l'épicondyle de l'humérus, zone très souvent enflammée chez le grimpeur : tennis-elbow, épicondylites ou tout simplement tendinite, ces douleurs sont liées à un déséquilibre entre les fléchisseurs et les extenseurs ! Des muscles à ne pas oublier dans nos routines d'étirement du bras.

AUTOPSY #09

INGRÉDIENTS POUR APPRENDRE À LIRE...

- MIXER LES INFORMATIONS COLLECTÉES À NOTRE RÉPERTOIRE GESTUEL,
- DÉCRYPTER LA VOIE/BLOC POUR EN COMPRENDRE LES MOUVEMENTS

- GRIMPER VIRTUELLEMENT, MIMER LES MOUVEMENTS AVEC LES GESTES, LES DÉPLACEMENTS LEUR RÉELLE AMPLITUDE
- AJOUTER LE RYTHME
- AJOUTER LA RESPIRATION
- VARIER L'INTENSITÉ AU PLUS PROCHE DU TEMPS RÉEL
- APPRÉHENDER DES OPTIONS DE MÉTHODE
- LAISSER DE LA PLACE AU FEELING...

- PRISES DE MAINS
- PRISES DE PIEDS
- DÉGAINES
- INCLINAISON DES PRISES
- PRÉHENSION
- EMPLACEMENTS DES PIEDS
- TRACES DE MAGNÉSIE
- TRACES DE GOMME

...

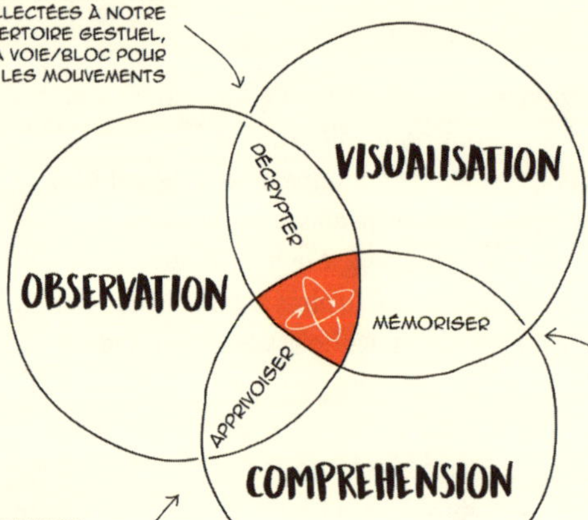

COMPRENDRE ET SAVOIR CE QU'IL FAUT FAIRE, C'EST IMPORTANT, S'EN RAPPELER SERA INDISPENSABLE.
IL Y A PLUSIEURS MODES DE FONCTIONNEMENT QU'IL FAUDRA TESTER À L'ENTRAÎNEMENT POUR SE CRÉER SON MODE DE MÉMORISATION : RESTITUER SUR LE PAPIER, CARACTÉRISER LES PRISES PAR LEUR FORME, LEUR COULEUR OU LA PRÉHENSION, COMPTER/NUMÉROTER LES PRISES DANS LES SECTIONS. L'IDÉE EST BIEN DE SAVOIR À TOUT MOMENT CELLES QUI SONT AUTOUR DE SOI...

- S'APPROPRIER LES MOUVEMENTS ET LA GESTUELLE, EN RESSENTIR LES DÉTAILS ET LES SUBTILITÉS,
- NE PLUS ÊTRE OBSERVATEUR MAIS ACTEUR (VOIR SCÉNARISTE) DE LA SITUATION

- MOUVEMENTS DE MAINS
- MOUVEMENTS DE PIEDS
- PLACEMENT ET DÉPLACEMENT DU CORPS
- SECTION PLUS DURE - ACCÉLÉRATION
- SECTION PLUS SIMPLE - RELÂCHEMENT
- MOUSQUETONNAGE

...

"DONNE-TOI À FOND,
NE DESCENDS PAS AVANT D'AVOIR
DONNÉ TON MAXIMUM."

Miho Nonaka

OPTIMISÉE DU SOL, NOTRE LECTURE D'UNE VOIE AURA POUR BUT D'ANTICIPER AU MAXIMUM L'EFFORT À VENIR, de préparer des réponses afin que, une fois sur les prises, notre attention soit portée sur la grimpe. Être dans l'action plutôt que dans la réaction – oui, je vais souvent me répéter ! Cela nécessite une gymnastique cérébrale bien rodée et, une fois n'est pas coutume, un entraînement à part entière, notamment dans le cadre de la compétition où le temps imparti pour cette lecture est chronométré.
Il y a plusieurs phases dans cette lecture, j'ai souvent l'habitude de faire le parallèle avec un enquêteur sur une scène de crime : commencez par une phase d'observation, yeux grands ouverts, pour récolter les indices. Poursuivez avec la phase de compréhension, c'est-à-dire du décryptage des indices collectés qu'il faudra mettre bout à bout pour reconstituer le scénario de grimpe. Enfin, apprivoisez ce scénario pour vous glisser dans la peau du « personnage » et pour, grâce à cette visualisation, être capable de projeter « virtuellement » chaque détail. Il n'y a pas de doute, un véritable « *profiler* » sommeille en vous pour résoudre toutes les énigmes verticales !

« OBSERVEZ LES GENS PLUS FORTS, CEUX QUI POSSÈDENT DES QUALITÉS QUE VOUS N'AVEZ PAS, ET ESSAYEZ DE LES COPIER, INSPIREZ-VOUS DES GÉNÉRATIONS PRÉCÉDENTES QUI ONT FAIT DES ERREURS AVANT VOUS, ÉCOUTEZ-LES, ET FAITES DE L'ESCALADE EN EXTÉRIEUR POUR APPRENDRE À JOUER AVEC LE ROCHER.... »

Akiyo Noguchi, grimpeuse japonaise
Vice-championne du monde de bloc

AUTOPSY #10

CASTING : TAILLÉ POUR L'AVENTURE ?

POUR CHAQUE THÈME, TOUJOURS VOUS ÉVALUER ENTRE 0 ET 10.
Personne ne viendra contrôler, il n'est donc pas nécessaire de donner la note idéale ou celle dont vous avez envie. Plus vous serez proche de la réalité, plus ce bilan sera utile à votre projet. Prenez le temps dont vous avez besoin pour que votre analyse soit la plus juste possible.

# SI JE DEVAIS NOTER MA PASSION POUR L'ESCALADE :	.. / 10
# SI JE DEVAIS NOTER MON ENTHOUSIASME POUR L'ENTRAÎNEMENT :	.. / 10
# SI JE DEVAIS NOTER MON DÉSIR DE PROGRESSER :	.. / 10
# SI JE DEVAIS NOTER MA MOTIVATION POUR ATTEINDRE MON OBJECTIF :	.. / 10
# SI JE DEVAIS NOTER MON INVESTISSEMENT DANS CETTE AVENTURE :	.. / 10
# SI JE DEVAIS NOTER MA DÉTERMINATION À ACCOMPLIR MON RÊVE :	.. / 10
# SI JE DEVAIS NOTER LA QUALITÉ DE MES ENTRAÎNEMENTS :	.. / 10
# SI JE DEVAIS NOTER L'EFFICACITÉ DE MES ENTRAÎNEMENTS :	.. / 10
# SI JE DEVAIS NOTER LA QUALITÉ DE MON HYGIÈNE DE VIE :	.. / 10
# SI JE DEVAIS NOTER L'ÉQUILIBRE DE MON ALIMENTATION :	.. / 10
# SI JE DEVAIS NOTER MA SANTÉ PHYSIQUE :	.. / 10
# SI JE DEVAIS NOTER MA SANTÉ MENTALE :	.. / 10
# SI JE DEVAIS NOTER MA STABILITÉ SOCIALE :	.. / 10
TOTAL :	.. / 130

Comment interpréter ces notes et leur résultat ?

Simplement. Tous les points qui vous manquent pour atteindre le 130/130 sont autant de variables qui rendront votre aventure plus complexe et seront susceptibles de vous éloigner à un moment ou un autre du résultat ! Quand bien même vous auriez le score parfait, le chemin se révélera par principe long et difficile. L'entraînement est indispensable à la progression, mais si la progression nous rapproche de l'objectif, elle ne garantit pas sa concrétisation... Et je sais de quoi je parle, il ne suffit pas de bien et de beaucoup s'entraîner pour gagner une compétition ! Alors sur quoi jouer ? L'enthousiasme ou la détermination sont des variables intrinsèquement liées à notre personnalité et donc peu fexibles. Il sera plus simple de faire évoluer la note sur des points tels que la qualité et l'efficacité des entraînements, la qualité de notre hygiène de vie et de notre cadre social... Avec le recul, une chose est certaine, la passion est à la base de tout. De là naît l'enthousiasme pour l'entraînement, le désir de progression et tout le reste. Si cette aventure se construit sur d'autres variables qu'un amour viscéral pour la grimpe, rien ne dit que l'on n'ira pas au bout mais beaucoup renonceront. Quoiqu'il arrive, apprendre à aimer l'escalade avant tout autre chose...

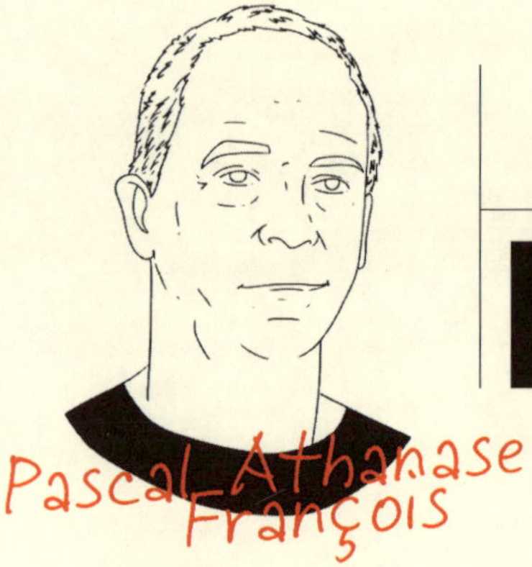

LE PRO

« AVEC LE CORPS, IL FAUT REVENIR À L'ESSENTIEL. »

SELFIE EXPRESS

Pascal Athanase François
Nationalité : Français
Job : Masseur-Kinésithérapeute de l'équipe de France

Diplômé depuis 35 ans et depuis 20 ans à la FFME, il est aux petits soins de l'équipe de France.

« Se connaître, savoir écouter son corps et le respecter. À n'importe quel niveau de pratique de son sport, on doit pouvoir se faire un petit "scan" matinal, pour apprendre à ressentir les messages de son corps et ainsi adapter son autodiagnostic à son entraînement. Il est bien évident que l'on parle de quelqu'un de motivé qui sait pourquoi il s'entraîne. Je recommande également aux grimpeurs de respecter les signes d'alerte et de respecter les temps de repos – un travail spécifique en excentrique demandera par exemple plus de repos qu'un entraînement habituel. Le petit "clac" finit souvent par une grande claque. On sait que le sportif de haut niveau est toujours à la lisière du surentraînement, et c'est bien là qu'il faut être vigilant, car **les blessures sont plus fréquentes sur un corps fatigué :** *soit parce que le corps est mal préparé, soit parce que la technique est mal assimilée ou que l'esprit est défaillant. D'où l'importance selon moi de combiner les compétences du thérapeute, de l'entraîneur et du préparateur mental pour entretenir l'unité de ces trois voies. Dans le fond, tout cela pourrait se résumer à « trouver*

l'équilibre » avec une balance à trois plateaux inspirée par un principe développé dans les arts martiaux qui s'appellent le Shin Gi Tai c'est-à-dire l'Esprit, la Technique et le Corps. On peut envisager de tout faire avec le corps (Tai) et ce avec une bonne technique (Gi), mais pour que cela soit efficace, c'est l'Esprit et donc l'intention qui va nous dire comment faire. Cette trilogie, à l'instar des trois points d'appui en escalade, est nécessaire.

Dans une blessure dite traumatique, en bloc par exemple, la chute sur les tapis, peut entraîner différents traumatismes, de l'entorse à différents degrés de gravité (chevilles, genoux...) à la luxation (épaule, coude...) voire la fracture (cheville, poignet, nez par contact genoux-nez à la réception) mais cela fait partie des risques de tout sport. Cependant, il y a les blessures dites d'hypersollicitation et là, on peut plus ou moins les prévoir en appliquant certaines règles aussi simples que respecter un bon échauffement, s'hydrater correctement par petites quantités et ne pas attendre d'avoir soif pour boire car le processus de déshydratation est enclenché, adopter une alimentation équilibrée, optimiser le travail agonistes/antagonistes pour compenser le déséquilibre lié au travail spécifique de l'escalade et l'entraînement, et faire des étirements. Je reviens sur les consignes de repos car elles me paraissent fondamentales parce que, ignorées ou négligées, elles peuvent avoir des conséquences catastrophiques. Il convient donc d'avoir en tête les premiers signes de surentraînement : fatigue, baisse des performances, manque de motivation pendant les séances, troubles du sommeil, troubles de l'humeur, troubles de l'appétit, état nauséeux avec perte de poids, douleurs musculaires et articulaires qui perdurent, troubles métaboliques. Même si les causes peuvent être multiples (augmentation trop rapide de l'intensité de la charge d'entraînement associée à une fréquence des compétitions internationales avec les décalages horaires, la fatigue du voyage et un déséquilibre nutritionnel surtout lors de longs déplacements à l'étranger), la principale cause du surentraînement reste tout de même un excès du volume des séances d'entraînement avec une récupération trop courte ou de mauvaise qualité.

Au-delà ce qui semble aller du bon sens, voici un petit topo rapide des blessures les plus fréquemment observées en escalade. La première chose qui me vient en tête, ***ce sont bien sûr les doigts*** *et c'est ce qui*

est le plus anxiogène pour le grimpeur, surtout si cela se passe durant une compétition. On sait pertinemment que le premier traitement, c'est le repos et là, on va devoir "bricoler" pour traiter au mieux et rassurer l'athlète qui n'a pas l'intention d'arrêter. Je dis bricoler car autant on peut manipuler une articulation ou le rachis et avoir un résultat quasi immédiat autant une douleur dans un doigt, avec quelques signes annonciateurs de poulies est un vrai casse-tête car le cercle vicieux est enclenché. ***Les épaules, naturellement enroulées chez le grimpeur, sont souvent mises à rude épreuve*** *surtout lorsqu'il faut aller chercher une prise un peu en arrière, cela occasionne des tractions sur des muscles, tendons et ligaments qui sont généralement rétractés. Les techniques de recentrage sont efficaces et peuvent être faites en prévention, associées aux étirements, aux exercices de pendulaire et au travail des rotateurs externes avec un élastique par exemple pour rétablir l'équilibre agonistes/antagonistes. En grande majorité, cela concerne les membres supérieurs donc avec, en plus de la main et de l'épaule, toutes les articulations intermédiaires, poignets, coudes sans oublier le rachis cervical souvent douloureux avec une pathologie du membre supérieur.*
Au niveau des membres inférieurs : *les douleurs méniscales au niveau des genoux dues aux positions, comme la grenouille, la lolotte et avec un risque supplémentaire dans cette dernière position, le blocage de la tête de la fibula qui entraîne une douleur sur la face latérale du genou ainsi qu'une douleur au niveau du biceps fémoral.*
D'une manière générale, le geste forcé est générateur de blessures à plus ou moins longue échéance d'où l'intérêt de travailler sa technique en libérant le mouvement naturel du corps afin de consommer le moins d'énergie possible. L'utilisation des préférences motrices et des réflexes archaïques peut nous permettre d'optimiser cet équilibre ou d'aller à l'origine du déséquilibre dans cette triade Esprit-Technique-Corps dont l'acronyme est ETC : et cætera, *donc libre à chacun de se poser les bonnes questions et de trouver les réponses qui lui seront les plus profitables mais en n'oubliant pas cette équation à résoudre avec trois inconnues et non deux.*
Il y a quelques années, j'avais lu le livre de Michel Odoul Dis-moi où tu as mal, je te dirai pourquoi *et cela m'avait interpellé car nous sommes parfois confrontés à des douleurs chroniques que l'on n'arrive pas à*

soigner, ou des douleurs cycliques qui reviennent toujours à peu près à la même époque. Dans le monde du sport, et qui plus est dans le monde du sport de haut niveau, on rencontre ces mêmes douleurs lorsque le stress augmente à l'approche de la compétition, voire pendant l'isolement et là, il faut rassurer en même temps que soigner, le message positif doit accompagner le geste thérapeutique et ma formation en hypnose ericksonienne m'a apporté ce petit plus. Trouver le bon mot pour chasser les maux. Toutes les douleurs ne sont pas de la sorte et le petit massage en isolement a un vrai pouvoir thérapeutique sur les contractures de la veille mais aussi pour évacuer le stress. Lorsque l'on sait que les méridiens Rein et Vessie (anxiété, stress...) sont situés dans le dos, on comprend mieux le pouvoir relaxant du massage du dos mais aussi des extrémités mains et pieds car ils sont chacun le siège de terminaison de six méridiens.

« RESTONS HUMBLES ET GARDONS EN MÉMOIRE LE RESSENTI. »

Lorsque Jacky Godoffe m'a présenté à l'équipe de France Jeunes il y a de cela 20 ans maintenant, j'ai tout de suite mis l'accent sur la prévention. Tous les thérapeutes ont connu ces situations où le sportif consulte trop tard et sa saison peut en être lourdement perturbée. Plus tard, après plusieurs expériences, j'ai travaillé avec Corentin Le Goff alors entraîneur de l'équipe de difficulté qui m'a laissé carte blanche pour travailler avec le Qi Gong. L'idée première était d'apporter quelque chose de nouveau dont les grimpeurs pourraient se servir. D'abord les automassages (anmogong) avec des effleurements au travers des habits mais aussi des percussions à des endroits bien précis, puis quelques postures statiques où l'on faisait circuler le Qi avec une respiration contrôlée car l'important dans le Qi Gong, c'est le travail de l'énergie à travers la connaissance et la maîtrise du souffle. Puis, quelques postures bien ciblées et des indications de visualisation propre à chacun pendant les temps statiques.
L'idée a toujours été de mettre ces outils à disposition de chacun et, en fonction des souhaits, et d'aider à les incorporer à l'échauffement, aux étirements, aux temps de concentration en isolement. Des principes encore une fois très simples que tous les pratiquants, quel que soit leur niveau, peuvent mettre en application. » ■

AUTOPSY #11

ASCENSEUR MENTAL : DES HAUTS ET DES BAS

« LUI, IL N'Y ARRIVERA PAS, IL EST PSYCHOLOGIQUEMENT FAIBLE », « j'ai pas réussi à tenir, j'ai craqué mentalement »... malgré nos efforts pour travailler le physique et la technique, la réussite repose en grande partie sur notre mental, et plus particulièrement sur ce que l'on peut appeler « notre force mentale » ! Il ne faut pas perdre de vue que chacun de nos gestes, même le plus inconscient, est la conséquence d'une commande de notre cerveau. Rien n'arrive par hasard.
L'objectif de cette autopsie mentale est donc de visualiser et de mettre en lumière vos points faibles et vos points forts dans ce registre fondamental. Que celui qui ne voit pas de quoi on parle lève le doigt ! Qui n'a jamais été rattrapé par la gravité à cause d'une erreur d'attention ? Qui ne s'est jamais retrouvé à serrer une prise trois fois plus que nécessaire au moment d'un simple clippage ? Qui n'a jamais zippé sous la pression ?

20 thèmes, 20 aptitudes à noter de 0 à 10 selon qu'elles représentent une force ou une faiblesse pour vous. Ce test facile et rapide à réaliser pourra et devra être réitéré régulièrement pour observer l'évolution de votre mental, et dans des contextes différents pour observer les variations entre ce « vous », là maintenant, dans votre canapé, et ce « vous » à l'entraînement, lors d'une compétition, voire dans les coulisses de LA finale, dans LE *run* décisif... ! Bien souvent (pour ne pas dire trop souvent), le travail mental est délaissé et est surtout assimilé à une faiblesse, un complexe que l'on ne devrait absolument pas rendre public, mais pourquoi ne pas explorer cette variable fondamentale de la performance autant que celle du physique ?
La puissance du mental dans la réalisation de la performance sportive n'est plus à démontrer, alors « à chaque solution, un problème à résoudre ». Combien de fois notre grimpe s'est-elle vue transformée, pour ne pas dire déformée, par une variable affective, cette fameuse pression, qu'elle soit sociale, à travers le regard des autres lorgnant notre potentielle réussite ou échec; ou personnelle, devant nos propres ambitions et l'ampleur de l'investissement ou dans l'éventualité d'un risque physique...
Arrive inexorablement le moment où l'enjeu prend le pas sur le jeu... qui osera dire que la qualité de sa grimpe ne varierait pas s'il était à la place d'Alex Honnold dans *El Capitan* ou d'Adam Ondra en finale de coupe du monde à Chamonix devant le regard (et le jugement) de 15000 personnes ? Qui ?

20 THÈMES POUR ÉVALUER TON MENTAL

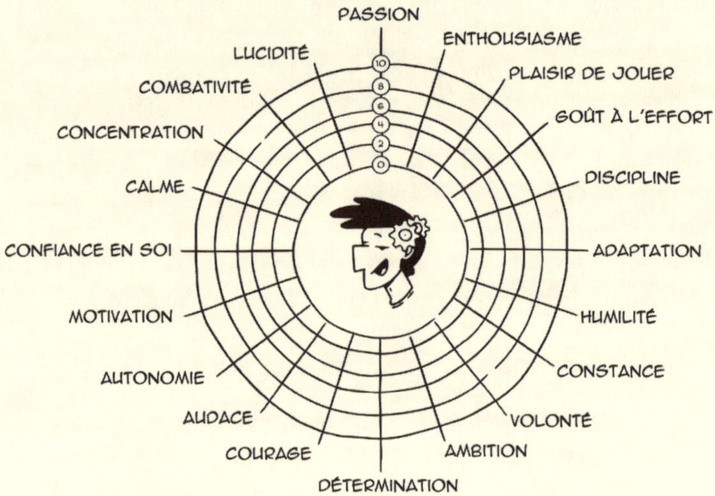

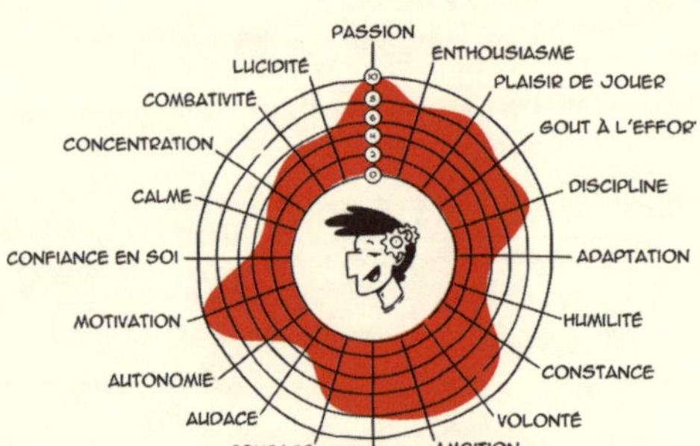

Alex Megos

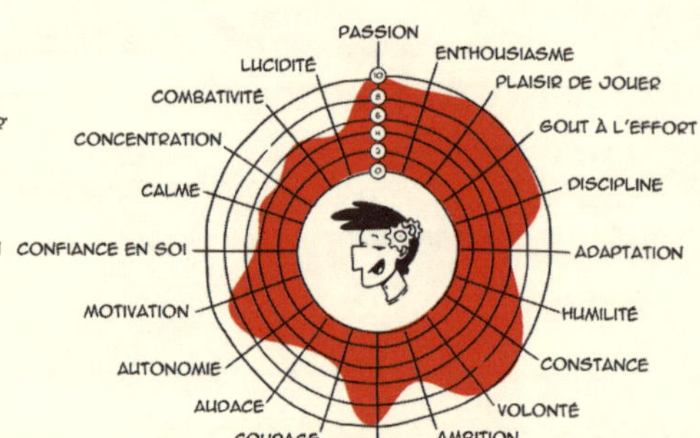

Romain Desgranges

MON FEEDBACK.

SUR QUELLE FORCE MENTALE JE PEUX M'APPUYER ?

QUELLE VARIABLE ME SEMBLE LA PLUS DÉFAVORABLE POUR ATTEINDRE MON OBJECTIF ?

QUELLES PISTES SUIVRE POUR AMÉLIORER CE POINT ?

F

« NE REGARDE PAS DERRIÈRE,
CE N'EST PAS LÀ QUE TU VAS. »

Même si le passé doit éclairer le futur...

Falaise

Si votre objectif est une réalisation en falaise, vous devez adapter votre grimpe travaillée en salle tout au long de l'année au style imposé par le rocher, l'exigence technique d'une voie en extérieur ne peut pas s'apprendre seulement sur votre pan ou dans une salle quelles que soient vos capacités physiques. À l'inverse, si votre objectif est *indoor* ou une performance en compétition, vous n'aurez pas les mêmes impératifs en falaise. Attention, je ne dis pas qu'il ne faut jamais grimper dehors si vous avez des objectifs en compétition, la pratique en extérieur est une excellente école de technique et une occasion de mettre le nez dehors. Mais l'escalade *indoor* et l'escalade *outdoor* sont deux sports et deux pratiques différentes avec chacune ses contraintes et des impératifs physiques, techniques et mentaux. Si Usain Bolt et Kilian Jornet courent tous les deux, l'un passe 99,9 % de son temps sur le tartan d'une piste d'athlétisme tandis que l'autre arpente tous les sentiers de montagne ; et pourtant, ils mettent l'un comme l'autre un pied devant l'autre le plus vite possible. Il n'y en a pas un mieux que l'autre, c'est juste une question d'objectif !

Sur les huit dernières années, le temps passé sur rocher oscillait pour moi entre 0 et 2 % de mon temps de grimpe par an, le plus souvent en bloc, près de la maison ou dans un parc national américain... ces expériences ont pourtant accompagné une quête mentale en vue de mon retour à la compétition !

Fatigue Il est inévitable de se confronter à la fatigue lors de nos cycles d'entraînement (ou alors il est clair que vous ne vous entraînez pas assez). Il y a différentes façons de se positionner face à la fatigue. Première interrogation : est-ce que cette fatigue est justifiée ? Le principe de base de l'entraînement fonctionne autour de la fatigue du corps afin qu'il développe des capacités fonctionnelles supérieures, c'est ce que l'on appelle dans le sport et l'entraînement la surcompensation. Il faut donc bien gérer des temps forts, des temps de fatigue, des temps faibles et des temps de reconstruction. Mais dans la gestion globale de votre entraînement, il est impératif de prendre en compte tous ces facteurs qui peuvent jouer sur vos états de fatigue : est-ce que je dors suffisamment ? Est-ce que mon alimentation est correcte ? Est-ce que je mets tout en place pour optimiser ma récupération entre les séances ?... Savoir analyser si la fatigue est musculaire, psychologique, métabolique ou générale est nécessaire pour ajuster l'entraînement !

Il y a un côté mental dans le repos. Même après 25 ans d'entraînement, je reste viscéralement convaincu que je suis reposé mais moins fort après une journée de repos. Au-delà des 24 heures, il me faut une séance de reprise !

Feedback « Intellectualiser » l'escalade, c'est aussi faire son *feedback*, c'est-à-dire faire un retour d'expérience vécue, le bilan d'une situation ou d'un moment donné, d'un geste, d'une sensation, afin de mieux interpréter et analyser ce qui a été fait de façon satisfaisante ou non. Réfléchir sur ce que l'on fait, c'est comprendre ! Si l'on décortique et comprend chaque situation, chaque mouvement, chaque déplacement du corps, ou le bilan d'un *run*, d'une séance, d'une compétition ou d'un cycle d'entraînement et même d'une année entière, il est plus facile de prendre le recul nécessaire pour se situer dans la progression vers ses objectifs, ancrer certaines bases et ajuster ce qui doit l'être ! Quand nous échangeons avec notre compagnon de varappe à propos du bloc ou de la voie que nous essayons – « là, je change d'abord de pied avant de remonter la main » –, nous faisons déjà sans le savoir notre mini-*feedback* des méthodes, des ressentis. Alors poussons l'exercice plus loin en essayant de comprendre pourquoi il est préférable de « changer de pied d'abord ». Il en est de même quand nous (nous) disons « j'ai été nul aujourd'hui » ou, à l'inverse, « cette semaine j'ai vraiment la pêche »... allons plus loin pour comprendre le comment du pourquoi, quelles pistes reproduire. Comment faire mieux demain ?

Fin Il y a ce dicton qui dit : « Rien n'est jamais fini, sauf pour celui qui abandonne. » Plus que jamais, il faut garder ce leitmotiv en tête et s'accrocher au mur coûte que coûte ! Si l'on commence à détourner notre attention et à se focaliser sur nos bras fatigués, sur les coudes qui montent ou quelque autre épreuve que l'on vient de surmonter, c'est qu'on abandonne. Or tant qu'on est sur le mur, on joue encore ! Même dans l'agonie la plus totale, tant que l'on n'est pas pendu à la corde, assis dans notre baudrier ou effondré dans le matelas, il faut avoir la détermination d'aller chercher la prochaine prise. Si l'on commence à avoir un discours interne négatif – « je suis daubé », « oh le pied il est pas bon », « mais c'est trop plat », « j'y arriverai jamais », « la prise elle est trop loin et puis elle est pas bonne »... –, on sera rapidement submergé par nos doutes et sanctionné par la chute qui, elle, est irrévocable !

Flash C'est l'intermédiaire entre la grimpe « à vue » et la grimpe « après travail ». En résumé : « Je sais ce qu'il faut faire mais je ne l'ai jamais réalisé. » Cet exercice demande un apprentissage et une gestion de la visualisation corporelle, savoir observer, mettre bout à bout toutes les informations collectées, les mémoriser et surtout avoir la capacité d'élaborer depuis le bas le parfait enchaînement des mouvements. Vous devez vous visualiser, vous projeter et ressentir les mouvements, anticiper l'effort qu'il va falloir produire, c'est un « à vue » sans la part de doute lié à l'inconnu. Malgré tout, il faut savoir équilibrer sa grimpe pour ne pas seulement réciter ce que l'on a prévu mais garder la lucidité nécessaire pour s'adapter, et improviser si besoin.

Flemme Qui peut dire sans rougir qu'il n'a jamais renoncé à grimper, à s'entraîner en disant « oh non, j'ai la flemme » ? Personne ! C'est le moment de bascule entre ce que je dois faire et ce que j'ai envie faire. C'est une excuse employée très fréquemment, celle que l'on dégaine des dizaines de fois, mais dans notre quête de performance, il faudra sortir du confort quotidien et dépasser le cadre douillet de ce qu'il est possible de faire sans trop d'effort. Il est donc intéressant de réfléchir autrement et d'avoir le raisonnement inverse, et de cet effort naîtra obligatoirement un apprentissage.

Avoir en tête ce mantra : "Si je n'ai pas envie de le faire, c'est que je dois y aller, je vais apprendre quelque chose."

Force La force fait partie des aptitudes physiques « fondamentales » souvent liées à la performance. Il est important de ne pas mélanger force et puissance... Fort n'est pas puissant et inversement. Prenons l'exemple du vélo pour mieux comprendre : la force, c'est comment on appuie sur les pédales. La puissance, c'est l'association de la force et de la vitesse, c'est-à-dire comment on appuie sur les pédales, lié à la vitesse avec laquelle on mouline avec les jambes. Concrètement, si on appuie fort sur les pédales en tournant les jambes doucement, on développe la même puissance que si on pousse moins sur les pédales mais que l'on tourne plus vite les jambes. On comprend donc avec cet exemple que, en escalade, le travail de la force est indispensable mais qu'il faut aussi porter son attention sur la puissance développée grâce à cette force. En effet, plus les mouvements seront rapides, moins on aura besoin de force. Savoir jongler entre force et vitesse et être capable d'ajuster le curseur est indispensable pour l'exécution de chaque mouvement.

"Plus que tu pédales moins fort, plus que t'avances moins vite !" (...)

Frustration **Sentiment souvent lié à l'échec, quand tout ne se déroule pas comme prévu malgré l'envie et l'investissement, quand des barrières nous limitent dans notre performance, nous empêchent de nous exprimer. Nos capacités à gérer la frustration dépendent de nos facultés à transférer cette énergie dans l'entraînement, dans ce qui va être mis en place pour remédier à cette insatisfaction. Bien évidemment, rendre les armes et abandonner ne fait qu'augmenter la frustration... C'est peut-être simplement votre objectif qui vous met au défi de venir le chercher ! Alors cap' ou pas cap' ? Mais, à l'inverse, chaque *run* non victorieux doit titiller la frustration, si ce n'est pas le cas, il y a de grandes chances pour que, au départ, on n'ait pas mis les bons ingrédients pour arriver en haut.**

G

★

« LES OBSTACLES SONT CES CHOSES QUE VOUS VOYEZ LORSQUE VOUS PERDEZ L'OBJECTIF DE VUE. »

Henry Ford

Gainage Le gainage, c'est ce qui va verrouiller vos articulations, vous faire passer de l'état de pantin désarticulé à celui de tronc solide. C'est l'arme qui va vous permettre de bien conduire votre énergie de votre petit orteil jusqu'au bout des doigts, vous faire tenir ce pied, retenir ce ballant, bloquer ou utiliser ce déséquilibre dans le mouvement, verrouiller votre corps quand votre main s'accroche... bref, vous l'aurez compris, le gainage est l'un des innombrables outils qu'il faut travailler et maîtriser. S'il est assez facile de s'entraîner avec de multiples exercices au sol, n'oubliez pas la contrainte du mouvement : en escalade, il ne s'agit pas de simplement maintenir la position, il faut en même temps avancer, gainer *dans* le mouvement. Il est donc important de travailler en situation spécifique de grimpe et aussi en constant déséquilibre avec des ballons, élastiques ou sangles qui rendront votre position continuellement instable.

On les appelle les exercices "hypopressifs", c'est-à-dire qui consistent à travailler la sangle abdominale de manière globale en assurant toujours le contrôle de la colonne vertébrale.

Gras **Ennemi juré de nos assiettes, le fameux « gras » n'est pas pour autant à bannir complètement de notre régime alimentaire. Les lipides sont une excellente source d'énergie et sont même les macronutriments les plus énergétiques. Ils ont de nombreuses autres vertus pour le bon fonctionnement de notre organisme, pour la struc-**

« JE RÉPONDS À CETTE CITATION D'HENRY FORD PAR UNE CITATION D'ANDRÉ GIDE : “IL N'Y A PAS D'OBSTACLES, IL N'Y A QUE DES SOLUTIONS.” »

Fabrice Judenne – Entraîneur coach du club d'escalade de Chamonix

ture de nos cellules et le transport des vitamines A, D, E et K. Parmi les types de gras que l'on trouve dans notre alimentation, il faut alors bien différencier le « bon » du « mauvais » gras. Dans la catégorie à éviter ou à consommer avec modération, on retrouve les « acides gras saturés », principalement présents dans ce qui est bon au goût mais pas pour la santé tels certains produits animaliers – agneau, mouton, charcuterie, peau des volailles – et les produits laitiers – le beurre, le fromage et la crème glacée –, mais aussi l'huile de palme. À ceux-là s'ajoute la catégorie des « acides gras *trans* » produits par hydrogénation d'huile végétale afin de la rendre solide, et que l'on retrouve dans la plupart des aliments industriels très transformés – les pâtisseries, les viennoiseries, les biscuits, les beignets, les frites, la margarine... Oui, j'avoue, ça réduit les possibilités... mais en y regardant de plus près, il y a plein de produits végétaux – les noix, les noisettes, les amandes, les pistaches, les noix de cajou, l'huile d'olive, l'avocat... – et les poissons tels que le saumon, les maquereaux, les sardines, les harengs, qui sont autant d'aliments pourvoyeurs de « bons » lipides, les acides gras poly-insaturés et mono-insaturés, notamment les oméga 3 et 6 que notre corps n'est pas capable de fabriquer par lui-même.

Pour étudier votre assiette, jetez un œil sur la "classification NOVA" qui met en évidence le degré de transformation des aliments, vous pouvez la trouver sur l'application Open Food Facts.

Griffage Le concept de griffage des pieds consiste à rentrer les orteils au fin fond de la prise, tout comme on le fait avec les doigts des mains. Voilà l'idée. Il ne s'agit pas juste de poser puis pousser avec le pied, mais d'attraper les prises et de tirer notre corps avec le pied. À l'inverse du pied « à plat », où l'on utilise la surface de contact en appuyant sur la prise talon baissé, pour le griffage, il faut monter le talon afin de rendre efficace l'effort de traction de nos orteils et pouvoir enclencher le mouvement *via* nos ischio-jambiers. C'est un style de grimpe, une façon d'appréhender les prises de pied tout comme pour les mains, certains seront plus aptes à arquer qu'à compresser. Pour les pieds, nous pourrons jouer de même entre « à plat » ou « en griffage ». L'autre variable est la taille des chaussons utilisés. Historiquement, le grimpeur choisi une pointure au-dessous de sa pointure habituelle pour favoriser le griffage, le chausson épousant parfaitement chaque mouvement des orteils. Néanmoins, ces petites tailles augmentent la posture concave de la voûte plantaire et rendent plus délicat l'appui du pied « à plat » et la zone de friction maximale pouvant être requise.

Il faut une grande souplesse et une grande agilité de la cheville pour accompagner au mieux chaque griffage.

H

★

« L'ENTRAÎNEMENT NE S'ARRÊTE PAS QUAND ON EST FATIGUÉ, ON S'ARRÊTE QUAND ON A FINI. »

Proverbe stéphano-chamoniard

Hésitation La définition officielle nous dit : « "Hésitation" est utilisé pour décrire l'état d'un homme ou d'une femme devant une problématique, un choix, et qui n'arriverait pas à prendre une décision de manière franche et définitive face à ces différentes options. » Cette situation n'est pas un état de réflexion mais bien de doute. S'il est normal de douter, il faut toujours garder à l'esprit que, en escalade, vous devez être maître de la situation. Il y a bien une différence d'état d'esprit dans le mouvement entre « je dynamise ou je stat ? » et « là, j'hésite entre dynamiser ou peut-être stater ? » L'engagement dans le mouvement ne sera pas le même. Dans les sports de combat, si vous savez que vous devez réagir, c'est que vous vous êtes déjà pris quelques mandales dans les dents... Dans notre jeu, c'est le même principe. Anticipation et moins d'hésitation. Même après une lecture des plus parfaites de la voie, ou dans des essais après travail, notre escalade ne sera jamais la récitation d'un « par cœur » robotisé. C'est une bonne partie de l'art de la grimpe que de savoir prendre les décisions dont découleront nos gestes.

Instant philo : "Peut-on se questionner et se réorganiser sans hésiter ?"

Humour Il n'est pas question de vous faire étalage ici de mes meilleures blagues – quoique j'en aie deux ou trois assez drôles quand même... Aussi important et rigoureux que doive être votre entraînement, n'oubliez jamais de vous marrer et de prendre du plaisir. Les bienfaits du rire ne sont plus à prouver ; il évacue le stress, réduit la tension artérielle, renforce le système immunitaire, réduit les douleurs, augmente la confiance en soi, et surtout, vous fait passer de bons moments ! Pourquoi s'en priver, d'autant plus que ce sera moins épuisant que de faire la tronche, vous solliciterez 17 muscles pour sourire et 43 pour la tête de Calimero... On dit bien « on va jouer au foot » alors pourquoi on ne jouerait pas à l'escalade ? Dans « jeu », il y a plaisir. Le plaisir, l'essence même de la réussite, jouer à l'escalade, prendre plaisir à grimper même dans la douleur, c'est toujours le jeu avant les enjeux. Sinon, « c'est l'histoire d'un zoophile qui rentre dans un bar » ou j'ai la même avec « l'histoire d'un mec qui prend son élan » !

Hydratation Nous avons déjà abordé l'impératif de boire de l'eau pendant l'entraînement, et même si l'escalade est un sport où l'on transpire « assez peu », une bonne hydratation avant l'entraînement mais aussi après est indispensable ! Il est conseillé de boire environ 500 ml d'eau 40 minutes avant le début de l'entraînement pour faire le plein et réduire au maximum les premiers signes de déshydratation. Des études ont montré que l'eau ainsi absorbée se retrouve dans la sueur après 9 à 18 minutes. Dans le cadre de la récupération, il faut trouver le bon équilibre entre le pouvoir réhydratant, la vitesse d'absorption par l'estomac et l'effet diurétique. Hydratation et réhydratation après l'effort peuvent donc très bien être gérées par un apport de liquide (eau !) et de fruits frais qui, en plus, amèneront le plein de glucides, de minéraux, d'antioxydants et d'oligoéléments.

Les muscles, c'est 75 % d'eau, les os et les cartilages, 22 % d'eau... ce n'est pas "mangez, bougez", mais "bougez, buvez" !

« SI VOUS PENSEZ QUE VOUS ALLEZ ÉCHOUER, ALORS VOUS ALLEZ PROBABLEMENT ÉCHOUER... »

Iceberg Vous connaissez le principe de l'iceberg ? Aussi gros et imposant qu'il soit, vous n'en voyez qu'une infime partie. Immergé, 80 % de ce mastodonte de glace ne sont pas visibles. Pour la performance et l'entraînement, c'est la même chose, si vous avez les yeux qui brillent devant les succès de Janja Garnbret ou les performances d'Adam Ondra, rappelez-vous que derrière les paillettes, il y a des heures d'entraînement, des échecs, des déceptions, du travail, encore du travail, de la rigueur, des doutes, de la persévérance... Il n'y a malheureusement pas que du bling-bling et des podiums dans l'histoire, il y a la partie visible et la partie non visible de la performance et, comme pour l'iceberg, la deuxième représente 80 % du tout !

Imitation L'homme est un primate aussi capable que les autres d'apprendre en observant, par « mimétisme » ! Autant s'en servir, car, on le sait tous, une démonstration vaut parfois mieux qu'un long discours. C'est sûr, vous pouvez apprendre en faisant des erreurs et en recommençant, mais observer et refaire est une piste de travail à ne pas négliger et un moyen de progresser plus rapidement. Reproduire ce que vous avez vu, c'est une certaine forme de grimpe flash et si on le conçoit sur une voie, sur un mouvement ou une section, pourquoi ne pas l'appliquer à un processus d'apprentissage global afin de compléter son entraînement ?

Regardez de l'escalade, d'autres grimpeurs, des vidéos de compétition, observez, décortiquez pour enregistrer, pour visualiser mentalement.

Intention

Le dicton dit « essayer, c'est se laisser une chance d'échouer ». Afin de donner (rendre) au mental ses pleins pouvoirs, il est important d'adopter le dialogue interne adéquat. On comprend assez vite que l'intention n'est pas la même entre « j'aimerais faire ce bloc », « j'aimerais essayer ce bloc », « je vais faire ce bloc » ou encore un mélange tout aussi improbable : « j'aimerais essayer de faire ce bloc ». Ces différentes façons de s'exprimer alimentent toujours notre envie d'arriver en haut de ce fichu bloc mais les nuances formatent notre état d'esprit et conditionnent nos performances. Les deux mains sur la prise de départ, vous n'aurez automatiquement pas le même niveau d'engagement et d'intention si vous décollez pour « essayer » ou « réussir » le bloc. Nous sommes bien d'accord, il ne suffit pas de VOULOIR pour enchaîner ce fichu bloc qui vous résiste mais c'est un ingrédient de choix...

Intensité

Aussi grosse que soit votre motivation, l'intensité de vos séances ne peut pas et ne doit pas être la même à chaque entraînement, surtout si on veut gérer la fatigue et le temps de récupération. Cette gestion est l'opportunité d'ouvrir la voie à d'autres pistes d'entraînement et de perfectionnement que le simple épuisement physique. Il faut également différencier l'intensité physique et l'intensité mentale déployées. Une séance d'équilibre, d'étirement, d'exercices de mémorisation demande une intensité physique assez faible mais une charge mentale élevée. Physiquement et mentalement, il faut organiser et planifier des temps forts et des temps faibles afin de garder une courbe de progression optimale et jouer avec la diversité des exercices.

On a établi notre propre échelle pour évaluer l'intensité et noter dans notre cahier d'entraînement :
0/1 = rien
2/3 = faible
4/5 = modérée
6/7 = forte
8/9 = très forte
10 = max.

Isolement

C'est ce moment propre à la compétition qui précède l'épreuve. Une bonne gestion de ce temps d'isolement ne vous fera pas gagner la compétition, mais, à l'inverse, vous pouvez tout perdre dans ces quelques heures confinées si vous les gérez mal. Il faut apprendre à gérer la présence des autres, la promiscuité, les différentes phases, quand se mettre en route, quand commencer son échauffement, quand s'arrêter, quand rentrer dans sa bulle et quand en ressortir, cet équilibre est difficile à trouver car nous sommes souvent dans un état de sensibilité et de fragilité maximal. Il faut avoir en tête que la compétition commence dès l'isolement – sans pour autant être pied au plancher dès la porte passée, bien au contraire –, dès ces premières minutes, l'action à venir se construit.

*J'essayais de reproduire au mieux mon environnement familier, ce qui se traduisait généralement par dire le plus de conn***** possible avec mon kiné.*

Isométrie Contraction musculaire sans mouvement, statique, le muscle contracté ne bouge pas. Exercice roi pour les blocages et les gainages, facile à mettre en place. Il permet une sollicitation musculaire de 10 % supérieure à une contraction concentrique : lors d'une traction, nous forçons plus en tenant le blocage qu'en faisant la traction elle-même. Il faut garder en tête que, en escalade, nous sommes rarement, pour ne pas dire jamais, en isométrie, notre corps est le plus généralement en mouvement, et même lors d'un clippage, il est finalement très peu statique. D'où l'importance du travail de proprioception avec des ballons ou des sangles pour que, même dans un travail isométrique, il y ait une perpétuelle adaptation au déséquilibre... comme en escalade !

« CE N'EST PAS LE VENT QUI DÉCIDE DE TA DESTINATION, C'EST L'ORIENTATION QUE TU DONNES À TES VOILES. »

Le vent peut apparaître comme une force sublime dynamique qui fascine et contraint toute chose. Se jouer d'une telle force pour trouver sa voie peut nous entraîner à voguer jusqu'au bord du monde.

Fred Rouhling – Premier grimpeur français a avoir fait un 9a

AUTOPSY #12

FAIRE SON FEEDBACK DE SÉANCE

DE MES PREMIERS PAS À L'ENTRAÎNEMENT JUSQU'AUX MOUVEMENTS DES PLUS GRANDES FINALES INTERNATIONALES, j'ai mis en place un petit rituel, un temps de réflexion quotidien à pratiquer au sauna, dans le bain, sous la couette... un instant privilégié coupé des interactions extérieures pour simplement clôturer ma journée de grimpe et préparer la prochaine. Dans la recherche de la performance, on a souvent utilisé le mot « intellectualiser » qui signifie « transformer par l'action de l'intelligence »... quand on sait qu'il aura fallu pas loin de 40 minutes au Superordinateur-K, le terminal le plus puissant sur terre avec ses 86 000 processeurs (votre ordinateur en a un seul) pour traiter l'équivalent des informations que notre cerveau gère en une seconde, on mesure la puissance de cet outil. Oui, notre cerveau est bien ce qui se fait de mieux, il est capable de traiter 1 000 milliards de milliards d'opérations par seconde, alors pourquoi ne pas utiliser cette impressionnante machine pour simplement interpréter les données de la journée ? Donc, pourquoi ne pas fermer la porte de chaque journée d'entraînement par un bilan avec soi-même, **un « auto-brainstorming »**, afin d'alimenter en réponses et en solutions notre leitmotiv qui consiste à s'améliorer, à construire plus solidement les fondements du prochain entraînement, à éclaircir et affiner notre feuille de route. Encore une fois, pas (ou peu) de mauvaises réponses, s'interroger et comprendre, c'est déjà progresser.

MON FEEDBACK.

1 – QU'EST-CE QUE J'AI FAIT DE BIEN AUJOURD'HUI ?

....

2 – QUELLES ERREURS EST-CE QUE J'AI COMMISES AUJOURD'HUI ?

....

3 – QU'EST-CE QUE J'AI APPRIS AUJOURD'HUI ?

....

4 – QU'EST-CE QUE JE DOIS REPRODUIRE DEMAIN ?

....

5 – QU'EST-CE QUE JE DOIS CHANGER DEMAIN ?

....

6 – SACHANT CELA, QUEL EST LE PROCHAIN PAS SUR MON CHEMIN ?

....

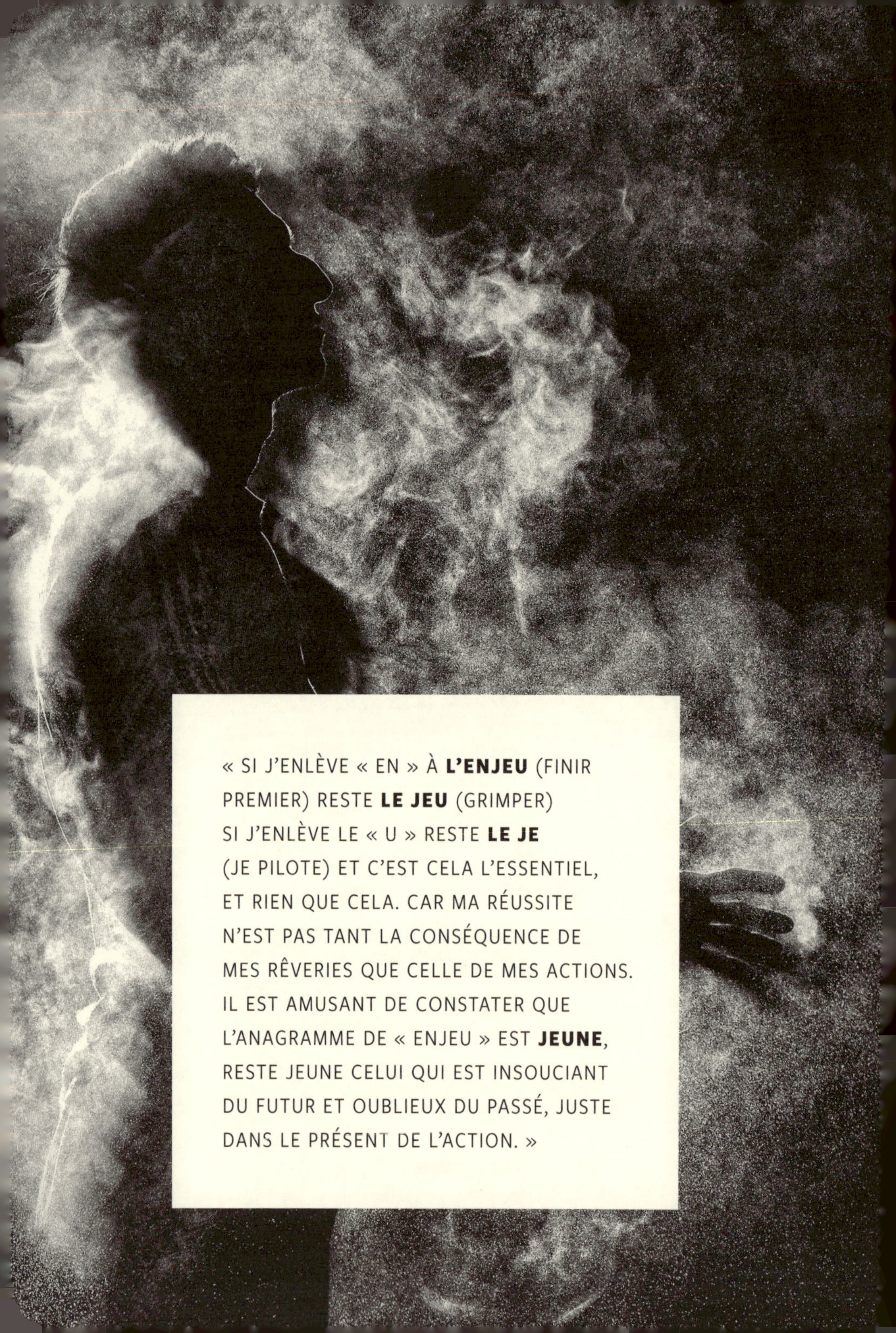

« SI J'ENLÈVE « EN » À **L'ENJEU** (FINIR PREMIER) RESTE **LE JEU** (GRIMPER) SI J'ENLÈVE LE « U » RESTE **LE JE** (JE PILOTE) ET C'EST CELA L'ESSENTIEL, ET RIEN QUE CELA. CAR MA RÉUSSITE N'EST PAS TANT LA CONSÉQUENCE DE MES RÊVERIES QUE CELLE DE MES ACTIONS. IL EST AMUSANT DE CONSTATER QUE L'ANAGRAMME DE « ENJEU » EST **JEUNE**, RESTE JEUNE CELUI QUI EST INSOUCIANT DU FUTUR ET OUBLIEUX DU PASSÉ, JUSTE DANS LE PRÉSENT DE L'ACTION. »

« DE L'IMPORTANCE DE LA PRÉRATION MENTALE POUR PROGRESSER. »

LE PRO

Il a fait de la préparation mentale son sujet de pratique au quotidien, il rassemble pour nous vingt-cinq années d'expérience pour éclairer ce volet de l'escalade.

« En escalade, la voie de la progression et de la réussite se mesure la plupart du temps, voire exclusivement, à la capacité que nous avons de progresser sur l'échelle de cotation. En soi, cela peut déjà être questionné. Je partirai cependant du principe, du présupposé, que progresser c'est s'élever sur cette échelle et que réussir, c'est atteindre le plus haut des barreaux.

Quelles sont les ressources, les facteurs, les compétences, les qualités, etc., susceptibles d'être améliorés afin d'être le plus performant possible ? La question ne se pose-t-elle pas aussi en termes de polarisation entre d'une part le mental et d'autre part le physique ? Comment ne pas concevoir que le mental est toujours présent lorsque, par exemple, dans une séance en falaise, au bout de 8 ou 9 essais dans une voie, quand je ne suis plus en possession de 100 % de mes moyens physiques, que je ne m'attends plus à réussir la voie, que j'y retourne juste pour faire un dernier essai, et que plus personne ne fait attention à moi, que ce soit justement à ce moment-là que je

SELFIE EXPRESS

Olivier Guidi
Nationalité : Français
Job : Formateur à l'Unité Préparation Mentale pour sportifs de haut niveau au CREPS PACA. (Responsable et entraîneur au pôle France d'escalade de la FFME de 1991 à 2008).

réussis à faire la croix ? Que penser également de ces compétitions où, en tant qu'outsider, j'arrive à exprimer au mieux mon potentiel, quand sur d'autres compétitions – cherchant à obtenir un résultat précis, à jouer une qualification –, ce soit justement dans ces circonstances-là, dans ce contexte-là, que je n'arrive plus à produire ma grimpe ?

J'adhère forcément au message que la voie de la progression et de la réussite ne se trouve pas seulement dans le physique et toujours plus de physique. *Cette attitude-là est complètement inflationniste. C'est-à-dire qu'à partir du moment où je n'arriverai pas à réaliser un mouvement, à réaliser un enchaînement, fort de cette conviction, je ne pourrai pas penser autrement qu'en termes de manque sur le plan de mes qualités physiques, alors que la réponse peut se situer dans un autre domaine. Et c'est exactement la même chose en cas de victoire. La réussite va renforcer ma croyance dans l'entraînement physique que j'ai réussi à suivre jusqu'à présent. Néanmoins, qu'est-ce qui me dit que maintenant, physiquement plus à l'aise, je n'ai pas réussi à mieux me relâcher, à être mieux dans ma grimpe, à être plus à l'aise dans de nouvelles options, avec d'autres ressources sur le plan technique, tactique, et mental, ressources qui me sont invisibles et dont je me priverais d'avoir conscience car cela ne rentre pas dans ma grille de lecture où le physique est avant tout la seule manière de réussir ?*

L'accompagnement en préparation mentale *va pouvoir déjà jouer un rôle au niveau de ses propres croyances sur la réussite et la représentation personnelle de la performance en escalade. Nous sommes faits de corps et d'esprit, pourquoi se priver de l'un ou de l'autre ? Chacun a ses atouts, et il est de bon sens que chacun puisse jouer au mieux avec les siens. Si physiquement, et avec toutes les qualités physiques requises pour la grimpe actuelle, je suis parfaitement profilé, j'aurais intérêt à jouer, amplifier et améliorer mes atouts. Il n'empêche que toutes mes qualités physiques, ou même mes qualités techniques, s'expriment dans un contexte et des circonstances particulières, principalement en référence à la compétition, qui font que mon état d'esprit, celui des autres, mes envies, mes relations, mes attentes, mes émotions font que l'expression de ces qualités, dites physiques, n'est pas aussi mécanique que ce que j'aimerais. L'accompagnement en préparation mentale va donc jouer, là aussi, un rôle important : cela consistera à exprimer au* *mieux l'ensemble de ces qualités dans un contexte et des circonstances précises. Et si, à l'inverse, nous considérons que nos principaux atouts se trouvent sur le versant dit mental, avec mes qualités de concentration, de préparation, d'anticipation, d'imagerie, d'autocoaching, de volonté, de détermination, etc., j'arriverai à faire face aux doutes, aux incertitudes, à l'excitation, à la tension, et j'en exprimerai d'autant mieux le potentiel de mes qualités physiques renforcées à l'entraînement. J'ajouterai que dans le travail d'accompagnement en préparation mentale, quel que soit le chemin emprunté (en référence aux différentes techniques d'intervention),* ***l'impact visé se situe au niveau du corps et dans les sensations.***

« DÉSIRER N'EST PAS SUFFISANT POUR GAGNER, IL FAUT PILOTER. »

Parfois assimilé à une faiblesse, le fait de faire appel à un préparateur mental peut s'expliquer par au moins deux grandes causes : la première est liée à la trajectoire de vie des personnes ; dans ce cadre-là, il est difficile de présupposer de la diversité des raisons explicatives (un entraîneur et/ou une famille réfractaire aux dimensions affectives, psychologiques, mentales ; des expériences non concluantes ; son style d'éducation ; etc.). La seconde est de nature plus globale et sociale. Si l'on considère que le sport véhicule plutôt des valeurs dites masculines, c'est-à-dire d'expression de force, d'affrontement, de combat, avoir recours à quelqu'un qui m'aiderait à mieux m'en sortir, c'est s'avouer, à soi-même et aux autres, que je ne suis pas capable de m'en sortir tout seul. Il y a comme une légère dissonance avec les valeurs d'héroïsme véhiculées. L'histoire de l'escalade sportive est très récente comparativement à l'ensemble des autres disciplines, et dans notre culture, on a longtemps valorisé le côté autodidacte, "self-made-man", *du grimpeur de haut niveau, qui ne doit rien à personne. C'est encore très présent dans la performance en falaise par exemple. L'acceptation d'entraîneurs a été progressive, les préparateurs physiques commencent à trouver légitimement leur place, la dernière étape sera le recours plus systématique à des intervenants spécialisés dans la dimension mentale de la performance. À l'heure actuelle, cette attitude est encore trop en contradiction avec la pensée commune qui me dicte que si j'ai de la volonté, je peux y arriver, donc, je peux m'en sortir tout seul !*

Dès le plus jeune âge, nous ne faisons que des apprentissages. *Ces apprentissages passent par une mise en jeu concomitante de ce que nous appelons le corps et l'esprit. Nous ne pouvons pas faire autrement que mettre en jeu tout ce qui concerne notre physique et tout ce qui concerne notre mental. En ce sens, quel que soit le niveau de pratique, quel que soit l'âge, ce que nous appelons la préparation mentale s'exerce de manière explicite ou implicite (comment pouvons-nous imaginer, rêver, agir, décider, corriger sans faire appel à nos processus mentaux ?) et participe au devenir de ma personne et au grimpeur que je souhaite être. Il est peut-être temps que je définisse ce que j'entends par préparation mentale. À mon sens, à l'heure actuelle, la notion de préparation mentale recouvre une approche beaucoup trop restreinte des habiletés mentales et de l'entraînement de ces habiletés. Dans ma pratique professionnelle,* ***je préfère parler de dimensions mentales*** *et m'adresser aux cinq grands registres de la personne qui vont faciliter, entraîner, faire émerger, renforcer les composantes de sa performance :* ***les processus attentionnels, les processus émotionnels, les processus sensorimoteurs, les processus sociétaux et les processus relationnels.***

Mais comment intégrer ces outils sans nous écarter du jeu au profit de l'enjeu ? *Imaginons que je sois de l'eau et que mon rêve soit de m'élever et de rejoindre les nuages. Je me glisse dans une casserole et je fais en sorte de mettre en place un bon feu, suffisamment intense et prolongé pour que toute mon eau se transforme en vapeur et que je devienne ainsi nuage. Cependant, j'aurais beau rêver fort et désirer intensément être nuage, si je ne me concentre pas, si je ne porte pas toute mon attention et mon énergie sur la mise en place du feu, jamais je ne parviendrai au but désiré.* ***Désirer n'est pas suffisant pour gagner ! C'est le moteur, je mets en marche le bolide, après, tout est dans le pilotage.***

Cette bascule mentale d'un objectif à un autre – d'un espace mental à un autre – est souvent une des pistes majeures d'intervention en préparation mentale : apprendre, et surtout faciliter l'intégration et l'incarnation du principe qu'atteindre le but rêvé (être un nuage ou être champion de mon quartier, c'est équivalent) passe par l'objectif de se transformer en vapeur d'eau (faire premier à la compétition), qui lui-même dépend directement de mon habileté à faire un feu quelles que soient les conditions environnementales : mes objectifs de processus/moyens/maîtrises sont indispensables à l'embrasement complet du feu qui fera bouillir la marmite. Autrement dit, une fois que j'ai mis en marche la voiture, je ne me concentre plus que sur le pilotage. Certains le font naturellement, pour d'autres, cela demande un apprentissage plus ou moins facile et long, et pour l'essentiel, ces différences dépendent de leur histoire de vie.

La prise en compte de "*l'échec*" et de ce moment où "*LA PEUR DE PERDRE EST PLUS GRANDE QUE L'ENVIE DE RÉUSSIR*" est fondamentale. *Il est nécessaire de remettre en perspective toutes les étapes de la réussite. Oui, j'ai des rêves, je rêve de m'établir en légende dans ma discipline, de renouveler mon sport, d'être sur le toit du monde. À désirer ce rêve-là, il n'empêche que je dois produire un résultat, une performance qui m'amène à vivre mes rêves. Mais l'histoire ne s'arrête pas là, je dois comprendre que vivre mes rêves n'est que la conséquence de ce que je vais mettre en place au quotidien, la conséquence de toutes les actions sur lesquelles j'ai fait le choix et décidé de me concentrer et de m'investir.*
Une fois de plus, il est important et nécessaire de se rendre compte que plus je vais désirer, plus je vais avoir une attente quasi obsessionnelle quant au résultat, un désir insatiable et immodéré de l'obtenir, et plus – et c'est le revers de la médaille –, je vais développer un espace en moi où la crainte de l'échec me suivra comme mon ombre. Et devant ce principe, nous ne sommes pas tous égaux. Certains l'acceptent encore une fois d'une manière tout à fait naturelle, et même s'en délectent ou se défient avec, tandis que d'autres seront sous l'emprise d'une ombre qui les dépasse, prenant la forme et la figure d'un dieu démoniaque, une ombre qui les tétanise, voire les tyrannise.
Quoi faire ? Il est possible de trouver toutes sortes de causes ou de justifications à ce qu'une ombre, aussi naturelle soit-elle, puisse venir contrarier tous mes desseins. Comme je l'ai dit, nous ne sommes pas tous égaux sur la trajectoire de nos vies et il n'est pas nécessaire de "psychologiser" à outrance sur ce qui se passe. Ne suffit-il pas d'arriver à être dans l'acceptation de cet état de fait et de revenir, malgré tout, inlassablement et avec persévérance, sur ce qui m'anime, me porte au jour le jour, instant après instant, qu'il s'agisse de mon entraînement,

Faites une cure de mental
Olivier Guidi est l'auteur de trois ouvrages :
· *S'entraîner à perdre, guide pas pratique*
· *Le Cycle de la motivation*, tome I (réédition, 2019)
· *Le cycle de l'autonomie*, tome II, 2015.
éditions Dumental.com

de mon échauffement, de ma préparation pour la voie, ou dans la voie ? Il est facile après une défaite d'en faire une affaire personnelle, c'est-à-dire de tomber dans la dévalorisation ; il est facile également de tomber dans la culpabilité en pensant avoir trahi les siens et ses soutiens ; ou même de sombrer dans le chagrin avec la crainte de l'abandon (symbolique) de l'amour de ses proches. La compétition, et a fortiori la compétition de haut niveau, est un chemin de vie. **De celui-celle *qui écoutera, observera, apprivoisera ses peurs, naîtra un grand courage,* et celui-celle *qui affrontera les dragons de la dévalorisation, de la culpabilité et du chagrin se bâtira un socle et des fondations inestimables pour sa vie future.*** *Nous sommes notre propre adversaire, ou notre propre partenaire. Et quoi que nous pensions, ce n'est pas à force de volonté que nous pouvons nous en sortir, ce n'est pas* a priori, *mais* a posteriori, *en corrigeant petit à petit nos écarts, en approfondissant petit à petit la conscience de nous-mêmes, et en valorisant au fur et à mesure tous nos apprentissages et toutes nos réussites.*

Je crois qu'il est utile de raisonner en termes de court et de long terme. *À court terme, ce qui est commun à l'ensemble de ces techniques, c'est la capacité à jouer avec son niveau d'activation : en fonction de ses besoins, arriver à se détendre, à se relâcher ou dans d'autres cas, au contraire, se stimuler et s'exciter. Sur le long terme, par la pratique et l'entraînement, elles participent, de manière plus ou moins "profonde", à développer la conscience de soi, à aller au plus proche de ses sensations. Et dans ma démarche, je dirai que plutôt que d'aller vers le "lâcher-prise", je suis plus enclin à développer le "laisser agir", c'est-à-dire qu'à partir de mon intention (grimper rythmé par exemple), j'accepte, avec tout l'entraînement fait dans cette optique, de laisser simplement à mon corps la possibilité de faire ce que je lui ai appris. Je m'éloigne de l'idée de contrôle dans le temps de l'action dont le corollaire est le risque de perte de fluidité.* ■

Don't
Panic!

AUTOPSY #13

INGRÉDIENTS POUR OPTIMISER SES ÉTIREMENTS

POUR S'ÉTIRER, IL FAUT D'ABORD SE RELÂCHER ET SE RELAXER,
le principe est de faire regagner au muscle sa longueur initiale, de le libérer des tensions accumulées lors de l'entraînement pour, entre autres, optimiser sa récupération. Tous les avis s'exposent, parfois s'opposent sur les étirements. Il est des articles pour nous démontrer qu'il faut s'étirer avant l'effort et non après, d'autres pour prétendre exactement l'inverse, difficile donc de faire le tri.

AVEC L'EXPÉRIENCE, J'AI PRIS LE PARTI DE SUIVRE MES PROPRES INTUITIONS ET D'ÊTRE À L'ÉCOUTE DE MON RESSENTI. J'ai gardé comme principe de prendre tous les conseils, d'essayer par moi-même et d'inventer de façon empirique mon propre protocole, ne gardant que ce qui marche pour moi, m'assurant cette sensation de relâchement et de détente tant recherchée : des étirements légers pour se réveiller et dérouiller la machine en début d'échauffement, des étirements plus brefs mais localisés entre les essais et enfin des étirements plus longs et poussés en fin de journée dans l'idée de récupérer, et toujours en différenciant étirements pour relâcher et assouplissement pour... assouplir !
Avant la pratique, voici la théorie appliquée autour de quelques points importants à considérer dans le cadre de votre projet.

*1 – **Avec lenteur et douceur !** On reste dans l'idée de détente du muscle, alors restez zen ! Progressivement, doucement, calmement, l'allongement de votre muscle sera plus durable mais surtout plus efficace.*
*2 – **Privilégier les étirements statiques et sans à-coups.** Les études ont montré que tenir une position douce sera plus efficace qu'un mouvement dynamique répété, le relâchement sera de 18 à 20 % en statique alors qu'il peinera à dépasser les 3 à 4 % en dynamique.*
*3 – **Se caler sur la respiration :** le pouvoir de la respiration sur la détente mentale et physique n'est plus à démontrer, comme le but d'un étirement est de trouver du relâchement, il est indispensable d'associer une respiration douce et profonde à l'étirement de chaque fibre de vos muscles.*
*4 – **Apporter toute votre attention** au muscle ou à la zone étirée et chercher vraiment à visualiser et à ressentir chaque myofibrille et chaque sarcomère qui composent vos faisceaux musculaires, en les détendant un à un, notamment sur les expirations...*
*5 – **Tenir chaque étirement** entre 15 et 30 secondes et répéter la position au moins deux fois consécutivement.*
*6 – **Un muscle étiré serait plus performant !** Eh bien pas toujours, il peut être intéressant de vouloir conserver la raideur d'un muscle pour accroître sa rapidité dans la transmission de la force, c'est pour cela qu'il est souvent déconseillé de s'étirer peu de temps avant un effort explosif ! Comme avec un élastique : vous arriverez plus rapidement à la même tension maximale avec un élastique rigide qu'avec un souple !*

JK

★

« LA VICTOIRE EST RÉSERVÉE
AUX PERSONNES QUI PAIENT
LE PRIX SUR LA DURÉE. »

Jamais — **« Je n'y arriverai jamais », voilà le parfait conditionnement à la (contre-)performance que l'on utilise tous. Combien de fois avons-nous baissé les bras, jeté l'éponge en nous dédouanant avec ce fichu « de toute façon… jamais » et le plus souvent avant même d'avoir tenté notre chance. On l'a dit, s'entraîner, c'est dépasser ce que l'on croit être ses limites. Car il y a de grandes chances que cette « motivation à reculons » soit liée au fait que ce mouvement, ce bloc, cette voie révèlent nos points faibles. Mais on apprendra toujours plus d'un combat perdu que d'un combat que l'on n'a pas joué !**

Je crois que le moment est venu de vous conseiller de regarder le docu "Les Yeux dans les bleus 98" et vous saurez peut-être que rien n'est écrit !

Jambe — En escalade, on se concentre beaucoup sur le haut du corps et sur les biceps mais le jeu de jambes est fondamental dans la préparation, dans l'entraînement, à l'échauffement. Essayez un bloc, une voie en supprimant vos jambes… Aussi gros et puissants que soient vos biceps, vos cuisses le sont et le seront toujours davantage. À la première place du podium des muscles les plus forts du corps humain, on trouve le grand muscle fessier, puis le muscle de la mâchoire et enfin les ischio-jambiers. Les biceps n'arrivent qu'en septième position. Moralité : en cas de problème, il vaut mieux serrer les fesses et les dents qu'en appeler à son biceps.

Sans parler de puissance, il y a beaucoup à apprendre à porter notre attention sur les sensations, sur ce qui se passe dans nos jambes en grimpant.

Jeté

Le jeté est un mouvement sans retour où l'engagement doit être total, sur tous les registres, physiquement et mentalement ! Si l'étiquette « physique » colle à ce mouvement, la réalité est tout autre. La preuve : après plusieurs essais, vous enchaînez un jeté pour lequel vous avez moins « forcé » que pour les précédents ! Un jeté est bien plus technique qu'il n'y paraît et demande une énorme coordination : impulsion de la poussée des jambes par les orteils, trajectoire du bassin, accompagnement avec les bras, lâcher de la prise et vitesse d'exécution. Pour la réalisation d'un jeté, il faut donc avoir en tête le « plus vite » plutôt que « le plus fort ».

Karma

Loin de moi idée de basculer du côté spirituel - obscur - de l'histoire... quoique... À l'origine, le karma est un dogme hindou et bouddhiste qui renvoie au principe que la destinée est déterminée par la totalité des actions passées. Ce que l'on fait aujourd'hui construit demain, ce qui arrive aujourd'hui s'est construit hier. Un principe qui s'applique totalement à l'entraînement et aux performances. On ne grimpera jamais plus haut que ce que la préparation permettra ou, à l'inverse, on en est arrivé là grâce (ou à cause) de ce qu'on a mis en place, en considérant tous les facteurs : physique, technique, tactique, mental, vie personnelle... Il n'y a malheureusement que très peu de miracles, il n'y a rien de plus rationnel que vos performances.

Koh-Lanta

Tout le monde (ou presque) connaît ce jeu télévisé. L'aventure, l'île déserte, la faim, les épreuves qui donnent du confort et celles qui offrent l'immunité. Au-delà de l'aventure individuelle, l'enjeu est de vivre en groupe, de composer avec la fatigue, les ego, les ambitions et de survivre aux stratégies croisées qui peuvent influencer votre parcours même si vous êtes le plus aguerri des Robinson Crusoé ! La compétition d'escalade, c'est un peu comme Koh-Lanta, il faut en connaître toutes les règles pour exceller et composer avec les éléments extérieurs afin de poursuivre l'aventure quoi qu'il en coûte. À la fin, il n'en restera qu'un !

"Jérémy, les membres de votre tribu ont décidé de vous éliminer et leur sentence est irrévocable."

L

« LE DÉTAIL FAIT ET FERA TOUJOURS LA DIFFÉRENCE ALORS JE M'APPLIQUE À LES TRAVAILLER. »

Akiyo Noguchi

Lecture **Dans la logique d'anticipation, de mentalisation, d'observation des mouvements d'une voie ou d'un bloc, la lecture est une étape indispensable à laquelle il faut se préparer et s'entraîner. Comme lire un livre, une partition de musique ou des hiéroglyphes, lire des mouvements, ça s'apprend. Il s'agit de sonder votre répertoire gestuel, ce catalogue de mouvements que vous avez acquis puis travaillés. Savoir décrypter, comprendre la logique de la position et de l'orientation des prises, ce que cela implique pour le mouvement du corps, le cheminement des pieds, ressentir l'intensité et le rythme, réussir à imaginer le corps en situation. Lire va donc bien plus loin que simplement répéter : « Main droite, main gauche, puis main droite, puis main gauche. Oh, et là main droite... » C'est un exercice cérébral à part entière qui impose quelques minutes de concentration avant de grimper. C'est un exercice qu'il faut s'imposer, oublions les « de toute façon, j'y comprends rien » ou « j'ai déjà oublié », tout est question de pratique et d'entraînement, plus vous réaliserez cette lecture avant la grimpe, plus votre cerveau sera vif et précis dans son interprétation, plus vous serez capable de lire non pas entre les lignes, mais entre les prises.**

Une bonne lecture de voie, c'est comme prendre en considération la ponctuation dans une phrase : "On va grimper, Natacha ?" ou "On va grimper Natacha ?". Ce n'est pas tout à fait le même scénario !

« UN GROS ENTRAÎNEMENT NE TE FAIT PAS GAGNER MAIS TE RAPPROCHE DE TON OBJECTIF, 1 000 GROS ENTRAÎNEMENTS NE TE FONT PAS GAGNER NON PLUS MAIS T'EN RAPPROCHENT UN PEU PLUS. »

Corentin Le Goff – Ancien entraîneur de l'équipe de France

Lesté La grimpe lestée reste un outil très efficace pour travailler la force, la puissance mais aussi la technique de grimpe car, plus lourd, vous devrez sûrement utiliser d'autres subterfuges que « juste fermer le bras ou tenir la prise ». Lesté, vous travaillez vos muscles dans des conditions spécifiques de l'escalade mais il faut porter une attention particulière aux articulations qui ne sont pas habituées à de telles contraintes ainsi qu'à votre répertoire gestuel. Il est impératif de grimper « normalement » après des sessions lestées afin que votre corps ne mémorise pas cette dépense d'énergie supplémentaire due au lest comme normale, il est important de recalibrer et rééquilibrer votre grimpe à votre vrai poids de corps et au réel effort nécessaire !

Attention, le lest des donuts et des beignets est plus délicat à retirer que celui du gilet !

Limites Le dicton dit « qu'il faut dépasser ce que l'on croit être ses limites pour comprendre que nous sommes les seuls architectes de ces murailles ». Il y a dans de nombreux cas, pour ne pas dire dans tous les cas, une énorme différence entre ce que l'on pense pouvoir faire et ce que l'on peut réellement faire, jusqu'où nous pouvons aller et jusqu'où notre cerveau nous dit-il d'aller, à quel moment notre discours interne baisse-t-il les bras ? Sommes-nous réellement à bout ? Les exercices d'abdos ou de musculation au sol en sont de bons exemples. Pourquoi nos records sont-ils le plus souvent de 10, 15, 20 tout pile, juste 1 de

Dans notre gymnase, nous avons simplement enlevé toutes les cotations, l'escalade, juste l'escalade !

plus que celui de nos potes ou bien 1 min 30, 1 min 45... nos muscles ne s'arrondissent pas au rang supérieur, ils ne nous proposent pas un 0,99 € psychologique. Si on arrête des comptes si ronds, c'est bien la preuve que nous créons nos propres limites et que nous conditionnons nos performances. Réussir à dépasser ces barrières qui formatent notre entraînement est un ingrédient indispensable pour progresser. Dans ces moments-là, l'entraînement en groupe est un outil positif, car en plus de l'émulation générée par cette armée de biscotos, on peut se détacher du résultat en laissant le chrono ou le compteur à quelqu'un d'autre et se concentrer uniquement sur l'effort. Forcer encore et encore...

Livre

L'entraînement et la performance ne se cachent pas dans les lignes d'un livre. Étrange paradoxe de la part de celui qui signe ce manuel d'entraînement en 256 pages ! Tout ce que vous pourrez apprendre dans ce livre ou dans n'importe quel autre ne vous fera pas progresser, c'est ce que vous mettrez en place, expérimenterez, éprouverez, qui vous aidera, à force de motivation et de détermination. Ne cédez pas trop vite aux sirènes du marketing : « Une recette miracle pour gagner une cotation. » Ça ne vaut pas plus qu'un discours de politicien ou que le hors-série *Perdez 5 kg avant l'été*. Les lectures permettent d'acquérir de nouveaux ingrédients pour étoffer l'entraînement et les connaissances, pour faire mieux, pour s'entraîner correctement et optimiser chaque goutte de sueur.

Lolotte

Technique « vintage » qui malheureusement disparaît peu à peu du catalogue des mouvements d'escalade, cette lolotte – ou *drop-knee* en anglais – est souvent délaissée pour un bourrinage en règle. Tourner le genou pour pouvoir adapter la poussée du pied à l'orientation de la prise et du mouvement... Compliqué ? Parfois oui mais souvent non ! C'est une technique, et comme toute technique, il faut l'apprendre afin de la maîtriser pour la ressortir au bon moment. Petit test : quand la situation se présente, essayez successivement de passer en mode « bourrinage » avec votre plus gros biceps puis en mode « lolotte » en plaçant parfaitement le pied comme indiqué dans le mode d'emploi... Maîtriser ces deux aptitudes ouvrira le champ des possibles.

Adam Ondra en est un spécialiste. Décortiquez sa grimpe, il en pose bien plus que des "no-foot" !

Lucidité Il faut autant que possible chercher à garder cette clairvoyance dans les entraînements, dans l'analyse de vos performances mais aussi dans l'effort de chaque mouvement, garder votre capacité à interpréter rationnellement la situation, et trouver les réponses appropriées. La lucidité, c'est « le fonctionnement normal des facultés intellectuelles ». Donc, dans certaines situations, le fonctionnement de notre cerveau est anormal, les décisions que nous prenons sont influencées par des paramètres extérieurs. Des émotions telles que le stress, la fatigue, le doute, la peur peuvent expliquer nos imprécisions ou nos mauvais choix tactiques ou techniques, nos manques de lucidité. C'est donc sur nos capacités cognitives et surtout sur notre « rési mentale » qu'il faudra porter notre attention : comme pour nos avant-bras, il est nécessaire de garder un niveau de performance cognitif élevé le plus longtemps possible. Lors de vos séances, il faut être capable de vous soumettre le plus possible à ce genre de charge mentale importante pour retarder l'apparition du déclin de lucidité.

« Atteindre les rives de la réussite nécessite de traverser un océan d'incertitudes tellement sont complexes à la fois les circonstances et l'humain. Et au milieu de cet océan d'incertitude existent quelques îlots de certitude, ils seront plus ou moins accueillants aux yeux de certains, en fonction de leur histoire, de leur éducation, de leur tempérament, de leur physique et même, pourquoi pas, de leur génétique. Certains feront que l'on se sentira mieux chez soi sur la terre du "physique" , et/ou du "mental", et/ou pourquoi pas du "spirituel". Une bonne conduite face au doute légitime du résultat est d'accepter d'être simplement capable de faire ce que nous sommes capables de faire. »

Olivier Guidi – Formateur en préparation mentale

AUTOPSY #14

AVANTAGE TACTIQUE : LES STRATÉGIES DE PERFORMANCE

PAR DÉFINITION, LA TACTIQUE, C'EST L'ÉLABORATION D'UN PLAN : ici, il ne s'agit pas simplement d'aller en haut mais bien de chercher comment y aller ! Notre fonctionnement est régi par un ensemble de stratégies – volontaires ou non –, des sortes de scénarios qui, assemblés, induisent notre organisation. Notre rythme de grimpe est une stratégie; la gestion des repos en est une autre; comme se réveiller quatre heures avant un effort ou dormir le plus possible; choisir son alimentation avant une compétition; s'échauffer au moment adéquat, choisir ses chaussons, la musique, les lectures; gérer son hydratation, l'entourage, le bruit, le regard des autres et leurs encouragements, l'attitude face à nos envies et à nos peurs, face à de bonnes ou de mauvaises sensations. C'est également le cas pour la manière dont on se met dans les meilleures dispositions, préférant se glisser dans le costume de l'outsider ou endosser celui du favori... Même la programmation de l'entraînement est une stratégie. Un nombre incalculable de tactiques fonctionnelles organisent ainsi nos vies et, comme toujours, prévoir, anticiper, préparer, optimiser ce que l'on veut sont des actions qui vont s'imposer comme des ingrédients qualitatifs dans la course à la performance. Il faut donc différencier « ne rien prévoir » qui est, ma foi, une tactique comme une autre, et un « bah, j'ai rien prévu... », situation qui nous laissera bien trop souvent dépourvus de solutions !

Afin d'évaluer ce profil tactique, j'ai déterminé 8 thèmes qui pourront vous aider à mettre en lumière les phases de gestion de votre grimpe sur lesquelles porter votre attention à l'entraînement. Chronologiques (prégrimpe, grimpe, post-grimpe), environnementales (extrinsèque, intrinsèque ou émotionnelle) ou plus structurelles (planification, réorganisation), notez de 0 à 10 vos capacités à anticiper et à gérer une situation.

- **La tactique prégrimpe :** le réveil, l'échauffement, l'alimentation, la lecture, la mémorisation, la visualisation, l'excitation...

- **La tactique de grimpe :** la gestion de l'effort, le rythme de grimpe, l'état d'esprit, la prise d'information, l'engagement, l'analyse de vos sensations propres à l'escalade...

- **La tactique post-grimpe :** le feedback, la récupération, le temps de repos, l'alimentation...

8 THÈMES POUR ÉVALUER VOTRE PROFIL TACTIQUE

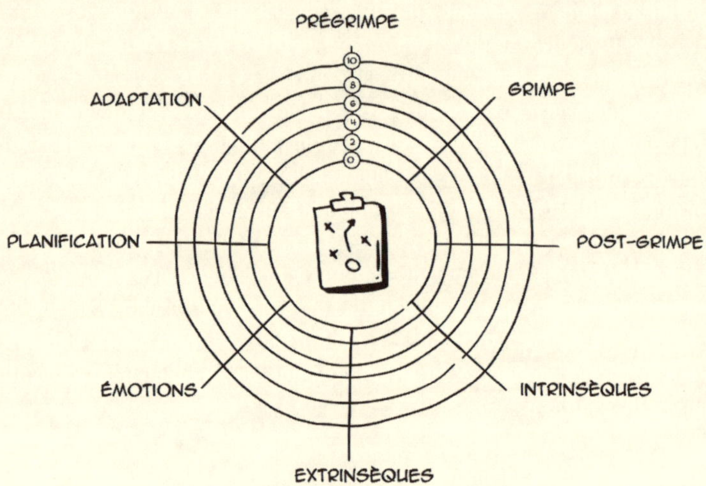

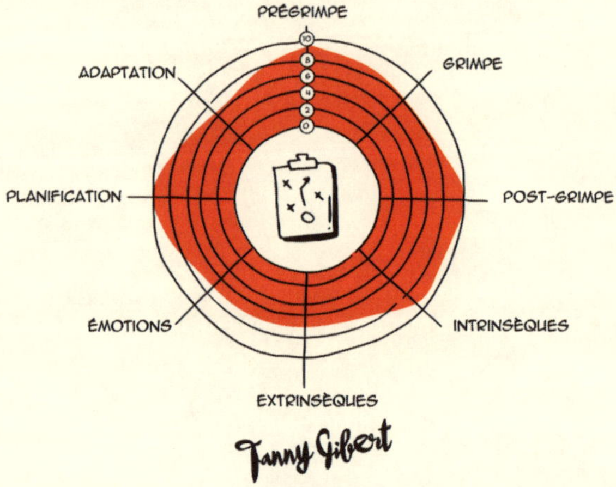

- **La tactique extrinsèque :** le monde, le bruit, la météo, l'émulation, la concurrence, la musique...

- **La tactique intrinsèque :** les besoins liés à l'échauffement, l'alimentation, l'hydratation, le repos, la musique, l'émulation...

- **La tactique émotionnelle :** (volontairement séparée des éléments intrinsèques) les pensées, les envies, les peurs, les réussites, les échecs, les doutes, les émotions...

- **Les planifications :** le plan d'entraînement, la gestion des repos, les axes de travail...

- **L'adaptation :** la façon de réagir face à l'imprévu qui arrivera forcément...

MON FEEDBACK.

- EN TERMES DE TIMING, QUELLE PÉRIODE ME POSE LE PLUS DE DIFFICULTÉS POUR SA GESTION : AVANT, PENDANT OU APRÈS LA GRIMPE ? COMMENT EST-CE QUE JE PEUX MIEUX ORGANISER CELA ?

- EN TERMES DE RESSENTI, QU'EST-CE QUI ME FRAGILISE LE PLUS ? QUELS OUTILS EST-CE QUE JE PEUX UTILISER POUR COMPOSER AVEC CES STIMULI ?

- EN TERMES DE STRUCTURATION, DE PLANIFICATION ET D'ADAPTATION, QUELLES ASTUCES EST-CE QUE JE PEUX DÉVELOPPER POUR LES AMÉLIORER ENCORE ?

ITW

LA NINJA DE L'OMBRE

SELFIE EXPRESS

Miho Nonaka
Date de naissance : **21 mai 1997**
Nationalité : **Japonaise**
Perfs :
· 25 podiums en coupe du monde de bloc dont 3 victoires
Instagram : **@nonaka_miho**

Qu'est-ce que le mot « entraînement » signifie pour toi ?
Je ne vais pas dévoiler de formule philosophique, l'entraînement, c'est simplement quelque chose que je ne peux pas louper, quelque chose dont j'ai besoin, une étape incontournable pour atteindre mon but. L'entraînement, c'est l'action, la goutte de sueur sur notre front. J'ai en moi une très forte détermination à m'entraîner dur pour devenir plus forte et meilleure chaque jour. Depuis que j'ai commencé l'escalade, ce sentiment a toujours été présent et m'anime pour me lever du bon pied et aller à l'entraînement quelle que soit la situation. Si tu as des objectifs élevés, des ambitions de très haut niveau, il n'y a pas d'autre choix que de s'entraîner durement. J'ai la chance d'aimer ça et je n'ai pas besoin de beaucoup de motivation pour fournir cet effort.

La culture japonaise est connue pour favoriser et valoriser le fait de travailler dur. Peux-tu nous expliquer ?
C'est dans notre culture en effet, nous grandissons ainsi, ça ne se questionne pas, pas de résultats sans un travail bien fait. C'est sûrement un avantage que nous avons, nous, les Japonais, dans cette course à la performance. Nous sommes capables de mettre beaucoup d'efforts dans ce que nous entreprenons. Mais encore une fois, il y a deux facteurs à prendre en compte dans cette histoire : premièrement, que je n'ai pas d'autre option que de m'entraîner consciencieusement pour atteindre mes buts, et de l'autre, ce n'est pas vraiment du travail à partir du moment où je fais ce que j'aime. Il est bien évident qu'il est facile de s'investir à 100 % quand notre travail est aussi notre passion. De même, j'essaye de faire en sorte que l'escalade et mes résultats sur le circuit mondial ne me définissent pas. Je veux être une personne intéressante en tant que Miho Nonaka, en tant que grimpeuse et pas seulement en tant que compétitrice. Sinon comment ferai-je en cas de mauvais résultats en compétition ou quand j'arrêterai l'escalade ? Je ne serai plus personne ? Bien sûr que si. Il est important pour l'estime et la confiance en soi de ne pas se construire sur les résultats mais sur la personne que nous sommes !

L'escalade aux Jeux de Tokyo en 2021
Vitesse, bloc, difficulté : trois épreuves pour un seul classement combiné et une seule médaille d'or. Pour relever le défi, 20 hommes et 20 femmes, pas un de plus ; mais ceux qui décrocheront les précieuses médailles pourront se vanter d'avoir inscrit leur nom dans l'histoire de la discipline…

Quelle serait une séance d'entraînement parfaite ?
Plus qu'un contenu spécifique, pour moi, un entraînement parfait est une séance où je peux aller au-delà de mes capacités. Croire que l'on s'est donné à 100 %, c'est déjà se construire une limite. Je veux être toujours capable de montrer bien plus que le meilleur de moi-même chaque jour, à chaque entraînement, sur chaque situation, et ce même si les conditions et l'environnement ne sont pas les mêmes ou pas favorables. Au final, c'est ce que demande la compétition, se surpasser à chaque instant ; comment y arriver le jour J si on n'est pas dans cet état d'esprit à chaque entraînement ? ■

AUTOPSY #15

LA RÈGLE DES 10 -TION : MISSION RÉUSSITE

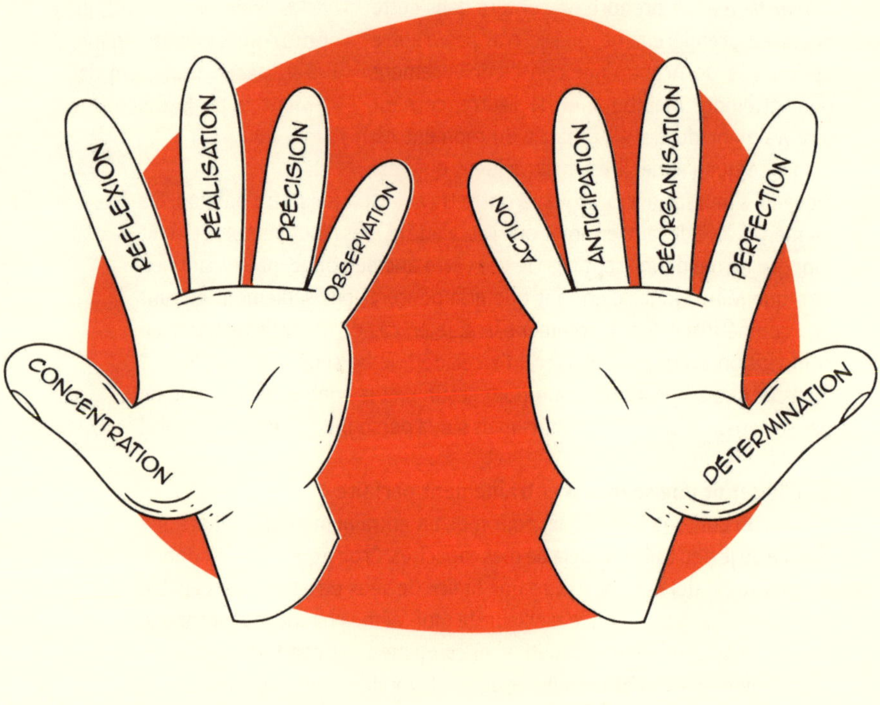

ON SE RETROUVE TROP SOUVENT EN POSITION « D'ÉCHEC » parce que, dans l'élan d'une voie, dans l'intensité d'un bloc ou le stress d'une compétition, on n'a finalement pas pensé à tout. Maintes fois, j'ai tenté de faire la liste exhaustive de tout ce à quoi je devais penser avant de grimper, en grimpant et après avoir grimpé. En résultait une liste interminable qui s'avérait finalement plus terrifiante et contraignante qu'encourageante. En regroupant certains éléments, je suis finalement arrivé à établir une petite liste de 10 points, 10 fondamentaux, 10 *-tion* pour 10 doigts... petit truc mnémotechnique pour se rappeler l'essentiel ! Pas d'ordre imposé, juste un rappel des ingrédients. Pour personnaliser et surtout vous approprier cette liste, je vous propose un temps de réflexion pour chaque entrée afin de l'aborder concrètement ou plus spirituellement, autour d'un mot, d'une phrase, d'une situation, d'un état...

CONCENTRATION
Ce que j'ai à faire

RÉFLEXION
Comment je vais le faire

RÉALISATION
Faire

PRÉCISION
Être juste, ni plus ni moins

OBSERVATION
Champ de vision ouvert

ACTION
Agir

ANTICIPATION
Préparer

RÉORGANISATION
Toujours vers le haut

PERFECTION
Aller chercher l'exploit

DÉTERMINATION
Je sais ce que je veux

M

« ENDORS-TOI AVEC UN OBJECTIF,
RÉVEILLE-TOI AVEC UN RÊVE. »

Mal — Vous êtes plutôt « aïe, j'ai maaaaaaaallll » ou « même pas mal » ? Dans les deux cas, il convient d'écouter son corps sans se laisser manipuler par les démons de l'indolence ou par une forte dépendance à l'effort. Dans la recherche de performance, il faut aller un peu plus loin que nos petites (voire grandes) frontières, explorer ce que l'on croit être ses limites, tirer le plus possible sur l'élastique sans le casser. Écoutez votre corps, soyez attentif à ses alertes pour traiter dans les temps ce qui pourrait se transformer en blessure ou faire taire les alarmes qui vous rappellent simplement que vous êtes sortis de votre zone de confort.

Ayez dans votre bibliothèque "Dis-moi où tu as mal, je te dirai pourquoi", de Michel Odoul, l'analyse sera parfois criante de vérité.

Méditation — Il ne s'agit pas de s'asseoir en tailleur, index et pouce reliés pour accompagner une lévitation rythmée par des « Ommm » cosmiques. L'idée est davantage de redonner de l'importance au mental afin d'apprendre à faire abstraction des éléments extérieurs pour se recentrer sur soi. On sait que le premier facteur limitant se situe dans la tête. Pensez à instaurer un petit rituel simple comme quelques minutes de respiration ; soyez attentif à l'air qui rentre et qui sort de votre nez, ressentez-le passer sur votre philtrum (partie entre le nez et la lèvre supérieure poétiquement appelée doigt de l'ange), ignorer le flux de vos pensées, respirer simplement... Voilà, vous avez médité ! Ce n'était pas si extravagant que ça ! Ces minutes pourront se révéler précieuses dans l'amélioration de votre concentration, la réduction du stress, l'optimisation de la relaxation, le relâchement physique et mental. Et, au final, si vous parvenez à léviter, vous aurez trouvé la solution pour atteindre le haut de la voie ! YouTube est une source quasi inépuisable de méditations guidées, quand l'envie se fera sentir, vous trouverez rapidement de quoi faire !

Mémorisation Dans nos instants de lecture et d'observation, il est important d'intégrer les informations décryptées, et surtout de s'en souvenir pour être par la suite capable de reconstituer les yeux fermés le puzzle des mouvements de mains, des mouvements de pieds, le déplacement du corps, les différentes options, tout en prêtant attention aux sections à forte et à faible intensité, aux clippages... pour, à chaque instant, savoir où sont les prises autour de nous et connaître les mouvements à venir. Encore une fois, cette gymnastique cérébrale s'apprend et se répète, **c'est à vous d'établir votre méthode de mémorisation :** en nommant les prises, en les regroupant par section, en les identifiant par préhension, par couleur, par taille ou même en numérotant les mouvements... pour arriver à un cheminement du type : « Boule rouge main droite, là, t'en a 1, 2, 3, 4. J'arrive sur l'inversé bleu puis le pied sur le bord du volume triangle... » Plus les informations seront précises et nombreuses, plus l'étape de visualisation sera pertinente et enrichissante.

Mental À quel point le mental est-il un facteur influant sur nos performances, quel rôle lui attribuons-nous et à quel point sommes-nous prêts à lui accorder de l'importance dans notre préparation ? C'est du 50/50 ? 90/10 ? Je serais d'avis de dire qu'il faut viser le 100 % pour la préparation énergétique et 100 % pour la préparation mentale. Ce sont deux piliers indissociables et indépendants de la performance, à développer et à optimiser. Pas de bon pilote sans bonne voiture. Imaginez votre grand-mère au volant d'une formule 1 ou Sébastien Loeb au volant d'une voiture sans permis... Dans les deux cas, même avec beaucoup de volonté, les chances de réussir quelque chose de correct sont maigres.

Mérite **C'est une valeur assez influente, notamment sur l'effort consenti et les attentes de retour sur « investissement ».**

Malheureusement, la performance, la réussite en compétition ou l'enchaînement de voies ou de blocs ne dépendent pas du seul « mérite », mais bien de prestations effectives. Il n'existe pas de « je le mérite » ou « il ne le mérite pas », il y a seulement des « je l'ai fait », « il la fait » ou « je ne l'ai pas fait ». Même si nous le méritons au regard de notre implication, de notre investissement, de notre volonté...

L'idée est de regonfler son estime personnelle ! Si vous saviez le nombre de fois où l'histoire s'est terminée avec un "en fait, je mérite juste de retourner m'entraîner et puis c'est tout !"...

Minéraux Répétons-le, l'eau est indispensable à notre corps et à son fonctionnement. On estime que le corps humain élimine chaque jour près de 2,5 litres d'eau répartis entre respiration, transpiration et urines, auxquels il faut ajouter l'activité physique qui peut faire grimper la consommation à 4 ou 5 litres. Mais quel est le lien avec les minéraux ? Magnésium, fer, calcium, sodium, phosphore ? L'eau minérale transporte (comme son nom l'indique) des minéraux dans des proportions différentes suivant sa provenance, qui agissent partout dans notre organisme. Vous devez décrypter les étiquettes pour varier votre consommation en fonction de vos besoins : le calcium pour l'équilibre de l'organisme ; le sodium pour faciliter la digestion ; le bicarbonate de sodium pour réduire l'acidité du corps, améliorer l'hydratation et diminuer la fatigue musculaire ; le magnésium pour soulager la fatigue, influer sur le stress et lutter contre la constipation. Important : ne pas oublier l'eau du robinet qui, malgré parfois un traitement chimique, est garante d'un apport minéral varié avec l'avantage d'éviter l'utilisation de bouteille en plastique !

Morpho Ce n'est pas tabou, plus vous êtes petit, plus il est compliqué de réaliser certains mouvements en escalade. Chaque prise est un peu plus loin, chaque pied est un peu plus haut. Pourtant, ce n'est pas une fatalité, encore moins une excuse. Le grimpeur espagnol Ramon Julián Puigblanqué a réussi, du haut de son 1,59 mètre, à mettre la planète à ses pieds avec deux championnats du monde gagnés, deux championnats d'Europe et un nombre incalculable de voies dans le 9e degré... Que dire de Kim Jain et son 1,53 mètre ? Que dire de Lynn Hill, 1,57 mètre, qui signa en 1994 la première du *Nose* en libre, à El Capitan, au nez et à

Comme disait Coluche : "La bonne taille, c'est quand les pieds touchent le sol !"

la barbe des plus forts grimpeurs du moment ? Votre escalade implique de trouver des ressources tout simplement différentes, légèreté, souplesse, tonicité, et vous impose des qualités d'adaptation. Ne soyez pas conditionné par votre taille, vous échouerez à coup sûr.

Motivation **La motivation est un (le) facteur déterminant dans la performance et la réussite, c'est l'élément qui définit nos actions et notre engagement. On peut différencier deux sortes de motivation : la première, la motivation intrinsèque, s'est élaborée naturellement au fil de notre parcours, de notre apprentissage, de nos capacités, c'est celle que nous avons dans « les tripes ». La seconde est la motivation extrinsèque qui, elle, dépend d'éléments extérieurs comme l'environnement. La motivation explique pourquoi nous faisons les choses, c'est la différence entre travailler pour apprendre ou travailler pour avoir une bonne note, entre s'entraîner pour progresser ou s'entraîner pour ramener la coupe à la maison. Il est assez aisé de comprendre que la motivation liée à nos rêves sera plus efficace et performante que celle liée à des ambitions plus éphémères comme viser « un nombre de *likes* ». La motivation extrinsèque ne doit être qu'un supplément à la motivation naturelle, en aucun cas elle ne doit dominer ni orienter nos actions. Ainsi, on peut s'entraîner pour progresser. En progressant, on monte plus haut dans la voie. Si on monte haut, on a des chances de ramener une coupe à la maison, d'être le sujet des photos et des posters et d'avoir un nombre incalculable de « *likes* » ! Mais si vous visez juste la gloriole, il sera plus difficile de mettre en place une logique d'entraînement exigeante sur la durée.**

Il n'y a pas de recette à la motivation, juste se réveiller tous les matins avec l'envie d'aller tout au bout de ses rêves. Si elle vacille ? Remémore-toi le jour où tout a commencé, pourquoi cette flamme s'était allumée dans tes entrailles…

Muscles Ils représentent en moyenne 30 à 35 % de votre masse corporelle. Le corps humain est composé de 639 muscles (et pas 637 muscles et 2 biceps). Il y en a de toutes sortes, de toutes les longueurs, de puissance variable, avec chacun leur fonction. Il faut garder en tête que vos muscles ne fonctionnent jamais à 100 % par souci de préservation et que, à part en cas de surdose d'adrénaline, ils restent dans une zone protégée. L'entraînement permet bien évidemment de réduire cette zone de vigilance pour pouvoir pousser plus loin la machine. Les muscles dits « squelettiques » (qui s'insèrent sur un os) ne sont pas uniformes, ils sont composés de différents types de fibres : les fibres « lentes » - ou « rouges » car elles sont très vascularisées et donc parfaitement alimentées en oxygène -, qui interviennent dans les efforts longs et de faible intensité, avec une forte résistance à l'effort. Et les fibres « rapides » ou « blanches », qui sont riches en réserves de glycogène et disposent d'un gros réseau d'innervation qui leur permet une contraction rapide et puissante mais pas durable. Si la répartition entre ces deux types de fibres peut orienter votre « prédisposition » à certains sports, on trouve aussi des fibres intermédiaires, un compromis entre les « lentes » et les « rapides », que certains caractérisent de « fibres indéterminées » et qui vont s'orienter plus d'un côté ou de l'autre en fonction de la pratique sportive et de l'entraînement.

Musique

Les bienfaits de la musique dans le sport ne sont plus à démontrer. Ayant un pouvoir relaxant, régénérateur, la musique abrite notre concentration et rythme notre détermination, participant même à l'amélioration de nos capacités psychomotrices telles que l'agilité et la coordination... Nul doute que la musique est un ingrédient de choix pour vos performances. Un tempo bien choisi, une musique lente, rapide ou variée permet de distraire votre cerveau et de détourner votre attention de la fatigue physique et des discours intérieurs afin de repousser encore plus loin votre effort ! S'il est facile de créer cette bulle sonore à l'entraînement ou à la maison, il faut avoir conscience que vous devrez faire parfois sans, notamment au cours des compétitions ou lors des *runs* de grimpe. Dans ces moments, on ne peut pas choisir la musique, et, au contraire, le package musique + speaker + foule peut devenir un facteur perturbant et limitant. Il faut donc, dans vos séances d'entraînement, prendre en compte vos capacités à performer avec du « bon son » et/ou du « mauvais son », voire des « sons parasites ». La musique reste et doit rester un outil de motivation extrinsèque mais il faut prendre bien soin de ne pas en devenir dépendant !

ALEXANDER MEGOS EST DEVENU À 19 ANS LE PREMIER À GRIMPER UN 9A À VUE. ICI DANS LE SECTEUR DE KURTATSCH, ITALIE. © JOCELYN CHAVY

AUTOPSY #16

ALIMENTAIRE MON CHER WATSON !

LA FAÇON DONT NOUS NOUS ALIMENTONS ET LA RELATION QUE NOUS ENTRETENONS AVEC NOTRE ASSIETTE (et celle des autres) est un sujet bien plus délicat que ce que l'on veut bien admettre. Cela va parfois bien au-delà du comportement rationnel, et le fait de manger implique davantage que notre hygiène de vie. La littérature sur le sujet est plus qu'abondante, parfois même contradictoire et déroutante mais, dans les grandes lignes, on sait très bien qu'une ratatouille maison est bien meilleure (et pas seulement au goût) qu'un burger acheté dans le commerce, qu'un fruit sera plus énergétique qu'un paquet de gâteaux, que les bonbons ne comblent aucun besoin essentiel de notre organisme, que trois repas par jour et zéro grignotage est la bonne équation...

Dans la réalité, ce n'est jamais si simple car bien manger – en adéquation avec votre objectif – ne doit pas créer un stress supplémentaire pour votre organisme ni votre mental. Manger fait partie des interactivités sociales nécessaires – un déjeuner de travail, un dîner entre amis, une soirée festive... Plutôt que d'entrer dans un processus extrême qui consisterait à calculer, mesurer, peser chaque fourchette engloutie, je vous propose de tendre vers un équilibre alimentaire.

Sherlock Holmes mène l'enquête...

1 – Notez *pendant une semaine la compostion de vos repas – du paquet de gâteaux dévoré au repas sauté, de la bonne salade à la plâtrée de nouilles à la carbonara... et profitez-en pour repérer les bons et mauvais réflexes de votre comportement alimentaire. Vos assiettes des sept derniers jours penchent-elles davantage côté « bonus » ou côté « malus »... ? L'idée n'est pas de diaboliser votre assiette, mais de vous aider à prendre conscience de vos habitudes en les écrivant.*

2 – Commencez par un simple bilan *comme « aujourd'hui, ai-je bien mangé ? », puis affinez en différenciant la valeur des aliments, les pâtes et le poulet d'un côté, la crème et le gruyère de l'autre...*

3 – Au fur et à mesure des semaines, *en essayant de faire pencher la balance vers les points bonus, vous améliorerez votre alimentation et votre hydratation pour bénéficier de toute l'énergie nécessaire à votre objectif.*

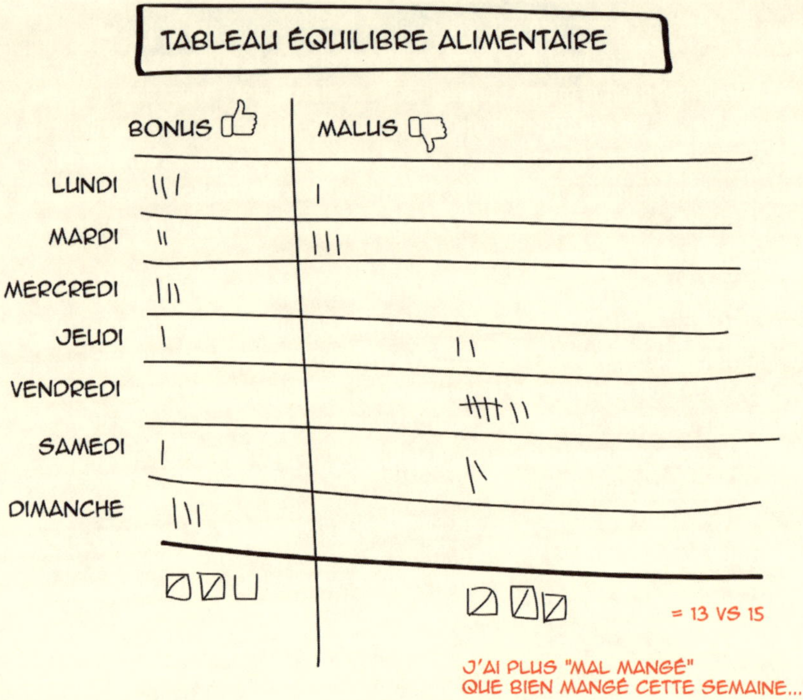

 # QUELS ALIMENTS ÉLIMINER EN PRIORITÉ DE MON ASSIETTE ?

 # QUELS ALIMENTS PRIVILÉGIER DANS LES SEMAINES À VENIR ?

LES RECETTES DE MARION

À réaliser très facilement pour 100 % de plaisir...

Cookies énergétiques

Ingrédients : 200 g de farine + 2 œufs + 1 cuillère à soupe de miel + 200 g de fruits secs + 50 g d'amandes en poudre + 100 g de flocons d'avoine + 1 cuillère à café de bicarbonate

Mélanger les ingrédients, répartir la préparation en une vingtaine de cookies. Cuire 15 minutes à 180 °C.

Pâte à tartiner maison

Ingrédients : 200 g de noisettes + 20 g de cacao ou chocolat fondu + 20 g d'huile de coco + 60 g de sirop d'érable.

Mixer les noisettes préalablement torréfiées (les cuire 10 minutes au four à 180 °C pour enlever les petites peaux et décupler leur saveur) jusqu'à obtenir une purée. Ajouter tous les ingrédients, mixer jusqu'à obtenir une pâte.

Aubergines farcies de saison

Ingrédients : 3 aubergines + 1 filet de poulet + 1 oignon + 3 gousses d'ail

Récupérer à l'aide d'une cuillère à soupe la chair des aubergines après les avoir fait cuire 15 minutes à la vapeur (conservez les fonds d'aubergines). Cuire le filet de poulet à la poêle – légèrement rosé à l'intérieur. Mixer le poulet avec la chair d'aubergine, ajouter un filet d'huile d'olive si la farce est trop sèche. Farcir les fonds d'aubergine avant de remettre au four quelques minutes.

Cake gourmand à la banane

Ingrédients : 3 bananes bien mûres + 3 œufs + 100 g de fromage blanc + 100 g de farine + 1 cuillère à café de bicarbonate + 1 cuillère à soupe de miel.

Mélanger tous les ingrédients jusqu'à obtenir une pâte bien homogène. Cuire 35 minutes à 180 °C.

ITW

LA DANSEUSE ÉTOILE

SELFIE EXPRESS

Kim Jain
Date de naissance : **11 septembre 1988**
Nationalité : **Coréenne**
Perfs :
· Championne du monde de difficulté
· 61 podiums en coupe du monde dont 30 victoires
Instagram : **@allezjain**

Qu'est-ce que représente l'entraînement pour toi ?

Si vous vous fixez de grands objectifs, si vous ne poursuivez qu'une seule quête, dans votre vie ou dans l'escalade, il faudra vous concentrer à un moment ou un autre sur l'entraînement. L'entraînement, c'est la formation, c'est le processus de création de soi-même. Et c'est difficile. Si c'est facile, tu ne t'entraînes pas ; si tu fais ce que tu sais faire, tu ne t'entraînes pas ; on n'explore pas les pays que l'on connaît. Il faut aller voir plus loin, toujours plus loin, tous les jours, à chaque séance, à chaque mouvement. C'est aussi pour ça que j'aime l'entraînement car avec cette philosophie rien n'est jamais pareil, j'explore quelque chose de nouveau au quotidien. Bien sûr, il y a des moments où c'est difficile, mais c'est aussi un cercle vertueux : plus j'arrive à surmonter des situations difficiles, plus je suis motivée pour avancer encore.

D'où tires-tu cette énergie après avoir atteint le plus haut niveau et malgré certains échecs, toujours avec le sourire ?
J'aime exprimer ma sincérité, je veux être moi, rien que moi, et c'est déjà pas mal ! Pour de multiples raisons, beaucoup de personnes cherchent à entretenir une image qui n'est pas la leur, à construire un univers basé sur les résultats. Pour moi, peu importe à quel point ça peut être laborieux ; que la vie soit difficile ou vraiment bonne, l'escalade est toujours là. C'est peut-être pour cela que je garde ma motivation aussi intacte, je ne suis pas obsédée par les résultats, les défaites amènent beaucoup plus d'informations sur nos limites actuelles et nous donnent tellement de voies de travail pour devenir de meilleurs grimpeurs. Quelles que soient les situations, je garde toujours à l'idée de faire de mon mieux, chaque jour, à chaque instant. On ne changera jamais le passé, alors pourquoi lui accorder de l'attention ? Après, c'est peut-être dans la culture coréenne d'être, quelle que soit la situation, poli et bien élevé.

L'escalade et l'entraînement ne consistent pas seulement à développer des capacités physiques. Es-tu d'accord avec cela ?
Bien sûr que oui. Regarde-moi, je suis vraiment petite, je fais 1,53 mètre et je n'ai pas de force. Pourtant, j'arrive à m'en sortir. C'est bien la preuve qu'il y a d'autres variables que l'énergétique et le physique. La technique, les sensations, les qualités de placement, la façon de bouger ton corps entre les prises, c'est ça l'escalade ! Pour moi, l'entraînement, c'est avant tout un style de vie plutôt qu'une tâche. Jamais je ne considère devoir m'entraîner, mais *vouloir* m'entraîner. Dans le quotidien, il y a forcément des périodes et des entraînements qui demandent plus de concentration, mais quoi qu'il arrive, il faut que l'intention soit au rendez-vous et vous pousse à donner le meilleur de vous-même. Lorsque vous faites face à une peur, vous avez tendance à la prendre sereinement et calmement, alors que quand on fuit, c'est généralement plus chaotique. Quand mon corps et mon cœur sont épuisés, je reçois beaucoup de réconfort et d'encouragement de mon mari ou de mon entourage. Sans eux, je n'en serais pas là. Savoir que cette force existe est beaucoup plus précieux que n'importe quelle médaille. Ça permet d'avoir une vision de ma vie plus grande et de me détacher du résultat attendu. ■

AUTOPSY #17

INGRÉDIENTS POUR ÉTIRER LES BRAS

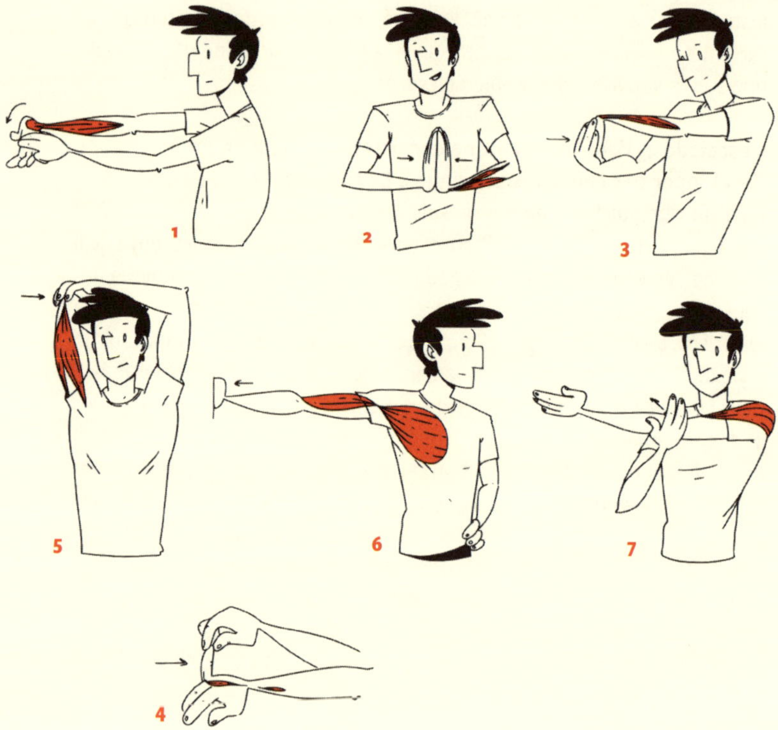

ÉTIREMENTS, MÉCANIQUE DU CORPS, ANATOMIE... thématiques passionnantes à l'échelle d'une pratique sportive éclairée, elles bénéficient également d'une généreuse littérature. Dans cet « Autopsy » consacrée aux étirements, nous allons cibler des points essentiels et spécifiques à l'escalade en commençant logiquement par les bras qui sont les membres les plus impactés par notre pratique. Il faut considérer que ce sont principalement des petits muscles sursollicités lors de nos entraînements. En prendre soin et leur apporter toute l'attention nécessaire est primordial pour optimiser la récupération et permettre un fonctionnement optimal. Comme pour tout étirement, privilégiez des tensions douces sur 15 à 30 secondes car, par réflexe de protection – réflexe myotatique –, le muscle va dans un premier temps se contracter pour éviter toute déchirure avant de se relâcher tranquillement. Il peut être intéressant de vous munir au début d'un chronomètre pour respecter les 30 secondes, avant de l'oublier pour vous caler sur le nombre de respirations – soit entre 3 et 5 respirations profondes. Même si on cible un muscle clé, une posture n'étirera pas qu'un seul muscle mais bien une chaîne musculaire, il faut donc bien se concentrer sur l'ensemble du mouvement.

1-2 – Étirement des fléchisseurs, *muscles qui « ferment » les doigts. On distingue trois parties : le fléchisseur superficiel, le fléchisseur profond et le fléchisseur du pouce.*
3 – Étirement des extenseurs, *muscles qui ouvrent la main, donc antagonistes des fléchisseurs; à prendre en compte pour garder l'équilibre dans votre avant-bras.*
4 – Étirement doigt par doigt, *version personnalisée de l'étirement des fléchisseurs, mais doigt par doigt, faisceau par faisceau !*
5 – Étirement des biceps et des pectoraux. *Selon l'angle que l'on donnera à l'épaule et au coude, on agira aux différents endroits de cette chaîne.*
6 – Étirement des triceps, *qui « ouvrent le bras », antagonistes des biceps.*
7 – Étirement des deltoïdes, *muscles qui englobent l'épaule. Ils se divisent en trois groupes : l'antérieur, le médian et le postérieur. Ils convergent tous vers l'humérus mais proviennent de trois points différents.*

N

« L'ÂME D'UN GUERRIER NE SE MESURE PAS À SES TROPHÉES MAIS AU COURAGE DE SES COMBATS. »

Narcisse Bien avant Instagram, la mythologie s'était déjà penchée sur les dérives de l'amour inconditionnel de soi : « D'une beauté rare, Narcisse fait naître le désir partout autour de lui. Le devin prédit à sa naissance que Narcisse vivra vieux s'il ne voit jamais sa beauté. Au cours d'une chasse, le jeune homme va se désaltérer au bord d'un étang et tombe éperdument amoureux de son propre reflet. Incapable de s'en détacher, il en oublie de boire et de manger et prend finalement racine au bord de l'eau, se transformant peu à peu en une fleur qui porte son nom, fleur se reflétant dans l'eau à la belle saison pour dépérir en suite ! » Pour la version 2.0 du mythe de Narcisse, la tournure du scénario reste inévitablement la même : à perdre son temps à se regarder, à raconter comment on est beau, on finit consumé par la virtualité des réseaux sociaux et non en haut des voies ! Je partage avec vous cet extrait du chercheur psychologue en comportement, Dominik Gamache : « Il y a un effet addictif quand une personne reçoit beaucoup de "j'aime" pour ses publications. Un selfie ? On appelle ça un égoportrait. D'un côté, une autopromotion narcissique, une mise en valeur de l'image que l'on aimerait renvoyer et de l'autre, l'âme, plus vulnérable, qui cherche à combler par des "j'aime" virtuels une faible estime de soi. Pour l'un comme pour l'autre, dans cette histoire, rien n'est vrai, ce n'est que du virtuel. Il faut absolument garder le contact et vivre avec la réalité. »

Niveau Nous sommes continuellement focalisés sur notre niveau, à savoir si nous sommes forts, si nous avons progressé, si nous sommes dans le 6, le 7, le 8a+/8b-... Et il faut avouer que les cotations et/ou le chrono ne nous aident pas à faire abstraction de ces données mathématiques. Il y a une période pour tout : à l'entraînement, seule la réalisation de l'exercice doit être importante, il faut y être performant et efficace en fonction des consignes données et de l'objectif souhaité, être performant dans le travail. Notre niveau n'en sera que le résultat, la somme de tous nos bons entraînements. Encore une fois, prenez les choses dans l'ordre, sans brûler les étapes, en acceptant, tel un bon paysan, de travailler dur la terre avant de vouloir récolter les fruits de ce labeur et de parler de millésime. On aura toujours le niveau du maillon le plus faible de notre chaîne. Alors au travail !

No-foot **Grimper « *no-foot* », c'est-à-dire sans poser les pieds, demande bien plus de technique que vous pourriez le penser. Si l'idée de démontrer sa force virile en négligeant toute pose de pieds peut s'avérer quelques fois un gain de temps et d'énergie dans le mouvement, il ne faut pas oublier de compenser l'absence des pieds dans le geste : l'impulsion au départ, la coordination des bras pour équilibrer l'effort, la vitesse de serrage à l'arrivée, le gainage du corps et des épaules pour gérer les ballants et enfin, la rapidité de prise de décision afin de bien se replacer pour le mouvement suivant... Ainsi décomposé, le *no-foot* est bien plus qu'un simple « un coup de biceps ». Cet exercice physique ultra spécifique mérite d'être travaillé au cours de certains entraînements pour activer toute la chaîne musculaire biceps/triceps/épaules/pectoraux/dos et affiner ce répertoire gestuel particulier. Alternez avec de la grimpe classique pour garder en tête le schéma d'efforts qui vous est favorable. Avec la pratique, vous parviendrez à reconnaître quand les conditions sont réunies (ou pas) pour passer un mouvement en *no-foot*.**

O

« IL A RÉUSSI CAR IL NE SAVAIT PAS
QUE C'ÉTAIT IMPOSSIBLE. »

Obligé « Non mais là, je suis obligé d'aller m'entraîner », « Je suis vraiment obligé de refaire un *run* ? », « Je ne peux pas faire la fête ce soir, je suis obligé de me coucher tôt »... Dans la vie, à l'entraînement, vous n'êtes obligé de rien, la seule obligation est envers vous-même, c'est d'accepter que vos résultats soient indéniablement à la hauteur de vos actes ! Dans la performance et l'entraînement, c'est évidemment et cruellement pareil, personne ne peut vous forcer, vous obliger à retourner combattre sur le mur, vous relever et remonter sur les prises comme sur un ring... personne !

Je fais les choses parce que je le veux et non parce que je le dois, mais je dois faire ces choses pour arriver à ce que je veux !

Onglée Aïe, j'ai froid, je ne sens plus mes doigts, je vais... je suis tombé ! Pour avoir des conditions de grimpe optimales, on frôle souvent avec le « trop froid » et l'on se retrouve les doigts gelés, à ne même plus rien sentir. Une chaufferette, des gants, les mains sous la doudoune, les doigts dans le cou, le grand moulinet des bras... Chacun sa méthode pour faire revenir le sang dans les extrémités, pourvu que ce soit efficace et rapide. Ce qu'il faut, c'est anticiper et rester dans les meilleures dispositions pour grimper aussi bien que possible. Il fait froid, c'est une information supplémentaire à prendre en compte et, une fois n'est pas coutume, agir plutôt que réagir !

Toujours un bonnet, plus de 30 % de la chaleur corporelle s'échappe par la tête...

« Oui, la chance du débutant, de l'insouciant, et même de l'inconscient. Qu'est-ce que cela dit de nous ? Que nous vivons dans un monde d'illusions que nous avons nous-mêmes élaboré, pour notre plus grand bonheur ou notre plus grand malheur. Quelles sont nos convictions et nos croyances sur nous, les autres et la compétition ? »

Olivier Guidi – Préparateur mental pour sportifs de haut niveau

« On dit » Il faut garder en tête que la compétition est un milieu hostile. Même sans vouloir nuire, même parfois en tentant simplement de vous encourager, certains mots ou certaines phrases vous déstabiliseront : « Tu as vu, il a l'air super fort », « comme il a maigri », « il paraît qu'il a fait cette voie à vue », « à l'entraînement, il est mutant » « ça a l'air dur », « il a fait un 9b », « c'est facile, tu vas randonner », « c'est que des bacs ! », « il est tombé mais c'est facile »... En compétition, nous sommes dans un état d'alerte et de sensibilité poussé à l'extrême en raison de la tension et des enjeux, et s'il est difficile d'éduquer les autres à avoir le bon discours au bon moment, c'est à nous de gérer, savoir écouter, faire le tri et laisser tout le reste de côté.

Je me souviens du mot doux que m'avait glissé le coach d'un athlète étranger avec qui j'étais en concurrence pour le podium au général : "Tout se jouera sur les bi-doigts de Kranj.". Apparemment, il savait que je n'aimais pas les bi-doigts... mais malheureusement pour lui, il n'y a pas eu de bi-doigt sur cette compétition !

Outsider Il est parfois plus facile de rester en retrait, en position d'outsider, que de prendre les devants en endossant le rôle du favori. L'idée est encore et toujours de penser à grimper avant de chercher un résultat : « Si je grimpe bien, je monterai haut, et si je monte haut, je pourrai l'emporter. » Si l'envie de l'emporter est plus forte que celle de grimper, les ingrédients mis en place devront être revus. Qu'est-ce qu'un outsider ? Un concurrent qui, *a priori*, a peu de chance de gagner, mais qui peut l'emporter à tout moment s'il réalise un exploit ! Le favori, lui, a 99,9 % de chance de l'emporter, mais il doit réaliser la compétition parfaite pour gagner le 0,1 % manquant, alors qu'à tout moment il peut perdre ses 99,9 %. C'est à cet instant que la peur de perdre peu devenir plus grande que l'envie de gagner.

Ouverture

Dans l'entraînement, l'ouverture reste une variable très importante. La richesse de votre répertoire gestuel dépendra de la variété des ouvertures auxquelles vous allez vous confronter. L'escalade ce n'est pas un 100 mètres en athlétisme... Plus nous varierons les ouvertures, les ouvreurs, les structures, les prises, les profils, plus nous saurons nous adapter et réussirons à être performants quelles que soient les situations. On revient à l'idée de la (sa) zone de confort, s'il est important d'avoir son sanctuaire d'entraînement, il faut être capable d'aller voir ailleurs pour trouver ce qu'on ne peut pas avoir chez soi ! Chaque grimpeur a son style, chaque ouvreur aussi et ce style d'ouverture, cette façon de dessiner les mouvements aux contraintes plus physiques, ou plus techniques, conditionnera inévitablement notre grimpe. Pour être prêt à tout et savoir « tout » faire, il sera impératif de rechercher cette variété pour notre entraînement !

Oxygène

On a bien compris que l'oxygène et la respiration jouent un rôle important dans la performance et la création d'énergie. On estime qu'en présence d'oxygène une molécule de glucose peut créer 18 fois plus d'ATP que sans... plutôt intéressant ! L'air que l'on respire est un mélange d'azote (79 %), d'oxygène (20 %), de gaz carbonique (1 %), il est aspiré jusqu'à nos alvéoles pulmonaires tapissées de capillaires sanguins où le sang et nos globules rouges se chargent d'oxygène et irriguent le corps de ce fichu O2. Au repos, l'oxygène mettra environ 10 secondes pour aller de votre nez à vos cuisses, plus l'effort sera intense, plus votre cœur battra vite, plus le sang circulera vite, plus l'oxygène arrivera rapidement à vos muscles ! Il faut donc prendre l'habitude de construire votre rythme de grimpe autour de la respiration : inspirer avant le mouvement et expirer pendant.

AUTOPSY #18

TECHNIQUE DE MAINS

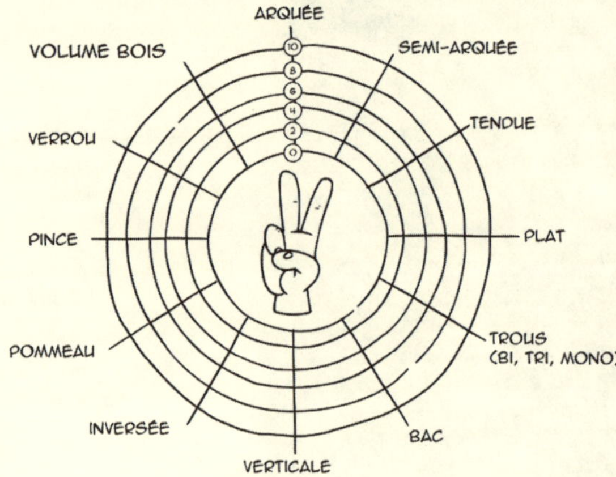

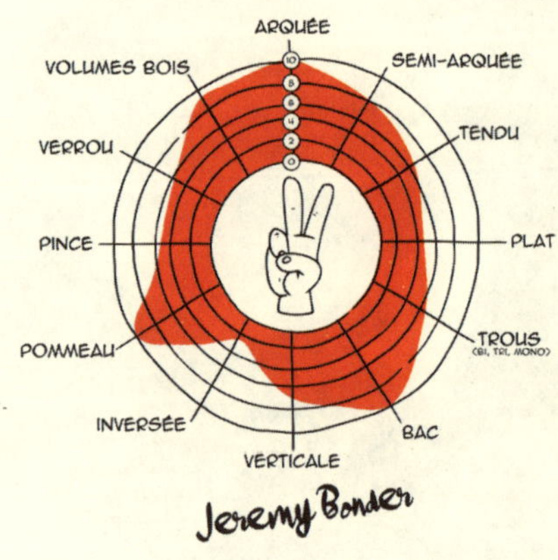

Jeremy Bonder

COMMENT TENIR LES PRISES ? QUI SUIVRE ? Celui qui prend tout en arqué, même les plus plats des plats, ou celui qui se retrouve en tri-doigts tendus sur les plus infâmes réglettes ? Comment être sûr d'avoir la bonne tenue en fonction des prises ? Sans m'avancer dans des théories extravagantes, on peut dire que les « arqueurs » sont plus légers et plus embêtés pour tenir les plats et que, à l'inverse, les amateurs de plats et des tendus seront plutôt massifs. Mais pas de quoi tirer des conclusions définitives et s'arrêter au physique, ce serait n'avoir rien compris à la complexité de l'escalade… Croyez-en mon expérience, on peut arquer des plats très forts !

Ces profils types de grimpeur ne sont pas forcément établis en fonction de notre morphologie ou de nos débuts dans l'activité. Le fait est que, naturellement, nous avons tous des préférences, des préhensions privilégiées, qui nous ont sauvés plus d'une fois de la gravité, et des préhensions plus inconfortables. Alors c'est une question de force et de tenue de prises me direz-vous. Eh bien, pas seulement : tenir une pince n'est pas qu'une question de force des doigts mais aussi et surtout de placement du corps par rapport à la préhension. De même que la structuration de l'effort musculaire pour tenir une prise en arqué ou en tendu n'est pas la même. En reportant vos préférences de préhension, votre morphotype et votre style de grimpe, vous pourrez dessiner votre profil personnel et ainsi mesurer la progression nécessaire dans certains registres.

MON FEEDBACK.

- QUELLES PRÉHENSIONS EST-CE QUE J'AFFECTIONNE ?

- QUELLES PRÉHENSIONS ME POSENT PROBLÈME ?

- LE CAHIER DES CHARGES DE MES OBJECTIFS EN TÊTE, SUR QUEL TYPE DE PRÉHENSION EST-CE QUE JE DOIS AXER MES ENTRAÎNEMENTS ?

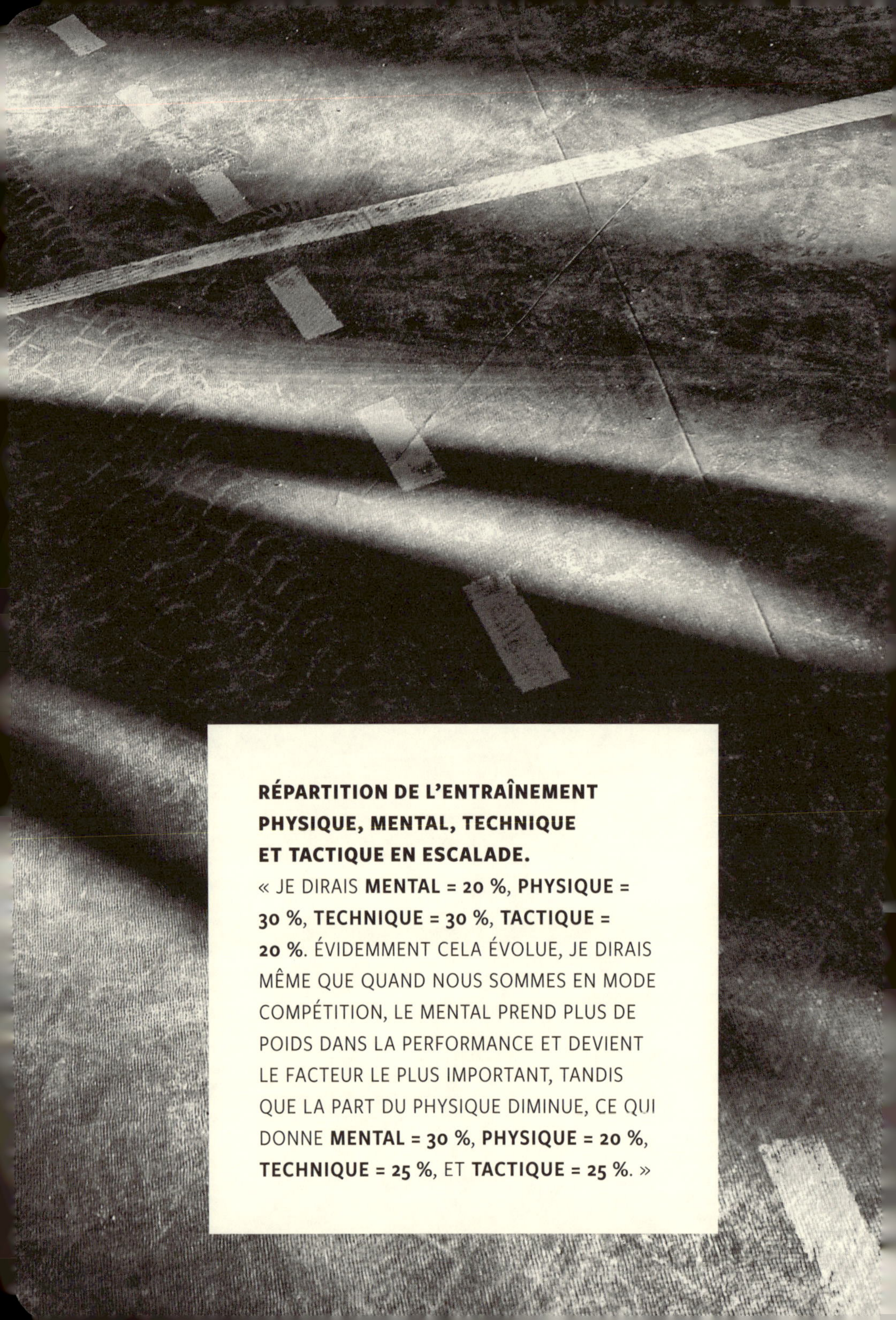

RÉPARTITION DE L'ENTRAÎNEMENT PHYSIQUE, MENTAL, TECHNIQUE ET TACTIQUE EN ESCALADE.

« JE DIRAIS **MENTAL = 20 %**, **PHYSIQUE = 30 %**, **TECHNIQUE = 30 %**, **TACTIQUE = 20 %**. ÉVIDEMMENT CELA ÉVOLUE, JE DIRAIS MÊME QUE QUAND NOUS SOMMES EN MODE COMPÉTITION, LE MENTAL PREND PLUS DE POIDS DANS LA PERFORMANCE ET DEVIENT LE FACTEUR LE PLUS IMPORTANT, TANDIS QUE LA PART DU PHYSIQUE DIMINUE, CE QUI DONNE **MENTAL = 30 %**, **PHYSIQUE = 20 %**, **TECHNIQUE = 25 %**, ET **TACTIQUE = 25 %**. »

« ENTRAÎNE-TOI DE FAÇON INTELLIGENTE ET GRIMPE PLUS DUR. »

LE PRO

Co-auteur du best-seller* Gimme Kraft ! *(Donne-moi de la force), fort grimpeur depuis vingt ans, Dicki Korb étoffe ses méthodes d'entraînement auprès des plus forts athlètes du monde.

« L'entraînement, c'est simple, c'est quand on fait quelque chose pour améliorer et développer des habilités. Je vais peut-être aller à l'encontre de beaucoup de croyances mais pour moi le leitmotiv serait : "Entraîne-toi de façon plus intelligente et grimpe plus dur", mais aussi et surtout, quels que soient ton niveau et ton objectif, ***tu dois t'amuser dans l'escalade, toujours jouer, grimper... Ce doit être sérieux mais tout en restant un jeu !***
Tout n'est pas question de planification, de contenu ou d'exercice, je pense qu'un bon entraîneur est quelqu'un qui aide son grimpeur à découvrir ce qui est bon pour lui et comment il doit construire son parcours, il ne faut absolument pas que l'athlète soit dépendant de son entraîneur, ce qui est pour moi la part la plus importante pour que l'entraînement se déroule bien. J'ai besoin d'avoir du feeling *avec la personne, c'est pour cela qu'il n'est pas possible de faire des programmations à distance. Je vois souvent dans les magazines des programmes types d'en-*

SELFIE EXPRESS

Dicki Korb
Nationalité : **Allemand**
Job : **Formateur, thérapeute, entraîneur et coach d'Alex Megos**
Instagram : **@dickikorb**

traînements, et je me demande comment un même programme peut fonctionner pour un jeune garçon de 14 ans ou un autre de 23 ans. Pour moi, ce n'est pas possible. J'ai besoin de les voir agir dans des situations réelles, de parler beaucoup avec eux, de savoir ce qui est bon pour eux et dans cette relation, il y a forcément une connivence forte qui se noue, mais le coach doit travailler pour rendre son grimpeur autonome et capable de devenir indépendant. Avec mon super partenaire, Patrick Matros, nous avons eu et avons toujours aujourd'hui beaucoup de plaisir à développer de nouvelles méthodes d'entraînement. Nous avons travaillé et réussi ensemble pendant 15 ans. C'est une aventure palpitante et très enrichissante en tant qu'entraîneur mais aussi en tant qu'homme. ***Mais selon moi, l'escalade est et restera longtemps la chose la plus importante dans l'entraînement d'un grimpeur et devrait constituer au moins 70 % de n'importe quel programme.***

L'entraînement est bien plus que développer son énergie et ses capacités physiques ; c'est une entité qu'il faut s'approprier, qui doit devenir une routine pour construire la confiance de l'athlète pour l'ensemble de son développement personnel. L'évolution d'un entraînement est très différente selon la personne et dépend de la phase dans laquelle se trouve l'athlète, ses objectifs à plus ou moins long terme, sa situation du moment... Cela ne peut pas être généralisé, chaque athlète a besoin de quelque chose de différent et l'entraîneur doit vraiment être conscient de cela. ***Il n'y aura jamais de formule miracle. Il reste quelques valeurs malgré tout indispensables comme la motivation – selon moi c'est le critère décisif –****, et seul le grimpeur en est maître. Personne ne peut réellement infuencer notre motivation dans la durée. Dans tout cela, il ne faut pas oublier l'équilibre personnel qui n'est pas à prendre à la légère non plus, car s'il y a déséquilibre, ça se ressentira toujours dans la grimpe.*

IL N'Y A PAS DE CONTENU PARFAIT, *par contre, on peut généraliser en disant que la séance d'entraînement parfaite, c'est celle qui permet au grimpeur de se sentir bien sans l'épuiser complètement. Je pense vraiment que beaucoup de grimpeurs et d'athlètes en général ne se sentent bien que quand ils sont totalement vidés, ils se sentent peut-être mieux psychologiquement, mais concrètement, ça n'a aucun sens. On se soucie beaucoup trop de la force dans l'escalade, alors que la coordination et* *la vitesse du mouvement sont la clé du succès. L'entraînement ne doit pas être considéré comme un moyen de travailler sur ses faiblesses physiques pour chercher à les combler. Il faut avant tout travailler nos points forts, ce qui nous caractérise. Chaque entraînement doit toujours comporter des modules dans lesquels l'athlète fait simplement ce qu'il aime, où il se sent fort et construit sa confiance. C'est très important, voire fondamental, pour développer son énergie positive. Dans la majorité des cas, ce n'est pas la force qui doit être entraînée, mais bel et bien la tête et le mental, pourtant ils s'acharnent à faire de la musculation. Alors laissez votre mental se manifester avant de vous entraîner, prenez connaissance des sensations qui bouillonnent en vous. Quand j'entraîne des athlètes, je m'attends à ce qu'ils se consacrent à la chose à 100 %, sur le mur et à côté. L'entraînement est un tout. Ces 100 % passent automatiquement par un investissement au quotidien. Il en est de même en tant que coach : vous devez vous montrer 100 % authentique, c'est la chose la plus importante. L'entraîneur est un guide au service des grimpeurs et de leur projet, et non l'inverse.*

« IL FAUT TRAVAILLER NOS POINTS FORTS, CE QUI NOUS CARACTÉRISE COMME GRIMPEUR. »

J'ai la chance d'être le coach d'Alex Megos, *ce qui est très sympa et enrichissant. Nous entraînons Alex depuis qu'il a 13 ans. Maintenant, le travail est plus mental, nous ne lui disons pas forcément : « Vas-y, ferme les yeux et pense à des situations joyeuses, et donne le meilleur de toi », nous parlons plus de la vie, de ses objectifs, de ses souhaits cachés qui ne se sont pas réalisés. Je n'ai jamais vu un mec qui s'entraîne aussi dur pour avoir ce qu'il désire. Maintenant, il s'entraîne de façon très indépendante, comme la plupart des athlètes de son niveau, il a une bonne connaissance de son corps. Nous avons une large vue d'ensemble sur sa progression et sommes là pour le conseiller : l'aspect mental est très important. Il doit apprendre à rester calme, et après, il pourra s'endurcir encore plus. Il a encore tellement de capacités qui sommeillent en lui !* ■

AUTOPSY #19

INGRÉDIENTS POUR AMÉLIORER SA TENUE DE PRISE

Avant de vous envoyer vous (sus)pendre sur les microréglettes de votre poutre avec le double de votre poids sur le dos, je voudrais attirer votre attention sur d'autres variables à prendre en compte quand il s'agit de « tenir ou ne pas tenir la prise ».
Les questions à se poser sont :
Je ne tiens pas la prise ou je ne peux pas bouger avec ?
Je ne tiens pas la prise ou je n'arrive pas à déclencher le mouvement ?
Je ne tiens pas la prise ou je ne sais plus quoi faire quand je l'ai... ?

"LE TRAVAIL DES DOIGTS DOIT ÊTRE PERMANENT,
POUR RENFORCER PUIS DÉVELOPPER."

AVANT D'ÊTRE UN PROBLÈME DE FORCE MUSCULAIRE, PARVENIR À TENIR UNE PRISE ET À ENCHAÎNER LE MOUVEMENT EST UNE QUESTION DE GESTUELLE ET DE TECHNIQUE. Dans 99 % des cas, pour ne pas dire 100 %, on se plaint de ne pas tenir la prise alors qu'en fait on est bien accroché. Remplacez l'affirmation subjective « je ne tiens pas la prise » par le constat objectif « quand j'ai cette prise, je ne peux pas bouger ». Ce simple ajustement verbal modifie l'approche du problème et donc élargit le panel des réponses : un meilleur placement, un mouvement différent, un schéma d'action plus approprié, un équilibrage... au lieu de tirer sur la main, peut-être faut-il pousser mieux (plus) sur le pied ?

Une fois toutes ces variables épuisées, pourquoi ne pas travailler votre force en bloc ou sur un pan, avec des jeux en *no-foot* ou sur le pan Güllich ? Vous compenserez alors forcément l'absence de pied par le haut du corps. J'ai sciemment parlé du « haut du corps » et non pas des « doigts » car dans la tenue de prises, l'effort musculaire va plus loin que les doigts et les muscles des avant-bras. C'est bien toute une chaîne musculaire qui s'active : biceps, triceps, épaule, et ceinture scapulaire. Arquez le premier rebord que vous avez à portée de main, même assis sur votre canapé, vous verrez très vite que tout se contracte jusqu'aux pectoraux. Encore une fois, travaillez la tenue de prise dans sa globalité.

À force de travail, arrivera alors le moment où vous devrez réaliser ces fameuses suspensions, en restant longtemps accroché sur la plus petite des prises, un coup en arqué, puis en semi-arqué puis en tendu, lesté ou pas... Ce travail de force sera efficace si vous gardez en tête qu'il n'améliorera qu'une des variables de la « tenue de prise » et qu'il faudra encore travailler pour savoir utiliser cette force dans le mouvement, afin de ne pas revenir au point de départ et vous retrouver dans la situation « je tiens la prise mais je ne peux pas bouger avec » !

P

★

« SE CONVAINCRE QU'ON EST CAPABLE,
C'EST DÉJÀ LA MOITIÉ DU CHEMIN. »

Pan On a déjà évoqué le fait que le travail sur bloc était « l'usine à mouvements » et si c'est bien évidemment un luxe d'avoir et de pouvoir travailler sur des passages qualitatifs tracés, réglés et optimisés, aucune structure d'escalade n'ouvre assez de passages pour que l'entraînement soit suffisamment varié et efficace. C'est donc là qu'intervient le fameux pan, ce mur surchargé de prises de toutes les tailles et dans tous les sens... Si ce genre de mur offre un nombre incalculable de passages possibles, il nous donnera surtout l'occasion de créer nos jeux et de puiser dans notre « répertoire gestuel » pour imaginer les passages. Essayez de placer un « croisé », ajoutez un pied, un crocheté, un jeté, un repos, un drapeau... c'est faire du pan ou *spray-wall* en anglais ; la contrainte de créer des blocs et de les réussir sera déjà un exercice et un défi tellement enrichissants pour tous les entraînements.

Avant de chercher "à monter absolument en haut" du pan Güllich, il y a énormément de pistes à travailler...

Pan Güllich Cet outil est l'un des rares – si ce n'est le seul – appareils de musculation inventés spécifiquement pour la progression et l'entraînement en escalade, et pourtant, en 1988, il n'a fallu au grimpeur allemand Wolfgang Güllich que quelques planches et des lattes en bois pour élaborer cet instrument de torture absolument indémodable ! Sans les pieds (et même avec), simplement pendu par les doigts, en statique ou en dynamique, le pan

Güllich est bien plus qu'un « *like maker* » sur Instagram ou un attrape-filles au gymnase... Cet accessoire vous permettra de travailler la force des bras, l'explosivité, la coordination des chaînes musculaires, la vitesse de serrage et d'exécution, la force des doigts, le gainage des épaules mais aussi de la ceinture abdominale, la gestion du corps dans l'espace, l'utilisation et l'utilité de vos jambes, même dans le vide... Aussi simple soit-il, le pan Güllich n'a de limites que dans votre imagination tant que la qualité du mouvement est privilégiée sur la quantité ! Testé et approuvé par les plus forts grimpeurs du monde.

Peau

Ce serait le seul réel facteur limitant à l'entraînement... encore que ! Avec l'apparition des nouvelles prises et des volumes au grain bien plus abrasif que du papier de verre, la peau de vos doigts s'use, se brûle rapidement, parfois jusqu'au sang. Fin de la séance d'escalade ! Il faut pouvoir contourner le problème en anticipant. Il n'y a pas de miracle ni de crème magique, il faut adapter vos séances pour que l'entraînement demeure efficace ! J'ai coutume de me dire en regardant mes doigts ravagés : « Là, beaucoup auraient arrêté, si moi je continue, je m'entraînerai plus qu'eux... » Alors ça passe en strappant avant de saigner, en changeant ma façon de grimper, en travaillant sur des prises en bois et en grimpant encore plus sur les pieds. Bien souvent, l'escalade de voies est bien moins traumatisante pour la peau que les blocs. Donc plus de facteur limitant, plus d'excuse pour ne pas continuer de vous entraîner... avant de vous affaler dans votre canapé !

Ayant une peau très (très) fragile, j'ai essayé toutes les crèmes imaginables et n'ai jamais rien trouvé de pertinent, sauf récemment, le "Bôm lavande" maison à base de cire d'abeille et de lavande concocté par Jean-Raymond Manent !

Plaisir

Si l'ordre alphabétique n'était pas en vigueur dans cet ouvrage, ce mot serait sûrement dans les premiers, voire LE premier... Il n'y aura pas de performance, de qualité ni d'efficacité dans votre entraînement s'il n'y a pas de plaisir, s'il n'y a pas ces petites étoiles qui rendent l'entraînement magique ! Je ne parle pas du plaisir de gagner, de se faire aduler et applaudir, d'avoir sa photo dans les magazines et de signer des autographes. Je parle du plaisir de forcer, d'endurer, de répéter, de cette inconditionnelle satisfaction de sentir l'acide lactique qui consume vos avant-bras, et

de cette sensation d'avoir tous les muscles qui crient fatigue et le cerveau qui en redemande encore et encore. Si, comme pour moi, l'entraînement est un jeu, vous allez adorer ! Mais alors, si je n'aime pas m'entraîner ? Vous l'aurez compris, grimper, ce n'est pas s'entraîner et si à un moment, on veut une progression significative de notre niveau, il faut forcément changer de mode et se donner les moyens de nos ambitions. J'espère de tout cœur que ces pages vous amèneront vers d'autres pistes de travail, des façons différentes d'aborder la progression et une autre vision de l'entraînement que celle d'un Rocky qui court aux aurores sur les marches du musée de Philadelphie avant de maltraiter une carcasse de viande congelée...

Planification

On a déjà évoqué l'utilité et l'importance du cahier d'entraînement et s'il est facile de répertorier ce que l'on a fait, il n'est pas forcément plus compliqué de le programmer. Des cycles de trois semaines ou d'un mois avec trois ou cinq séances par semaine jusqu'à dix ou douze selon votre exigence d'entraînement et vos disponibilités, avec des séances d'intensité entre 50 et 90 % et en intercalant bien évidemment le repos adéquat proportionnellement à l'effort, en respectant bien les phases physiques et mentales... ça, c'est ce que vous pensez être la planification ! Or planifier son entraînement, c'est faire sa liste de courses pour préparer le festin. Si on va au supermarché sans cette liste, on oubliera sûrement des ingrédients, on achètera des choses inutiles, voire on improvisera en fonction des promos ou des têtes de gondole aguicheuses. Donc on prend le temps de faire des listes pour être sûr de penser à ce qui est important sans rien oublier. Planifier son entraînement, c'est identique, il s'agit de répartir sur le cycle tous les ingrédients nécessaires pour atteindre l'objectif. Ce qu'il faut garder en tête, c'est une marge de manœuvre pour ajuster au jour le jour ce que vous avez prévu. Une fois au supermarché, vous ne trouverez peut-être pas votre marque préférée de pesto rosso mais en sortant avec votre caddie, vous devrez avoir de quoi cuisiner votre festin. Planifier, ne vous fera pas progresser, mais vous donnera l'assurance d'avoir tous les ingrédients en votre possession pour avancer dans l'aventure !

Il faut adhérer au programme. Pour cela, il y a deux points importants : le comprendre – savoir pourquoi et comment on fait les choses – et sa faisabilité pour qu'il soit en adéquation avec notre réalité.

Pliométrie Reculer pour mieux sauter, prendre de l'élan dans la contraction musculaire, étirer le faisceau musculaire pour qu'il se contracte plus vite et plus fort ! L'exercice type de pliométrie en escalade se fait sur le pan Güllich : sur la prise de départ, descendre simultanément les deux mains d'une ou plusieurs lattes et remonter le plus rapidement possible sur deux, trois ou quatre lattes au-dessus. Lors de la descente, il y a un mouvement excentrique : un étirement et un allongement « violents » des fibres. Ceci déclenche une protection automatique, le réflexe myotatique, qui va contrer cet étirement des fibres en se contractant rapidement. En musculation, la pliométrie, c'est justement utiliser et amplifier ce réflexe de contraction lors d'un excentrique pour booster la contraction volontaire en concentrique et la rendre plus puissante, jouer avec l'élasticité des muscles, en améliorer la vitesse de contraction, l'explosivité et bien évidemment la puissance !

Plus Le plus, ce petit plus, celui qu'il faut chercher à chaque entraînement. Dans chaque exercice, il est important de définir la zone de progression. Si votre record est de 112 tractions, les 111 premières ne serviront (presque) à rien, la progression se fera sur la 112e, voire sur ce que vous allez mettre en place pour tenter de réaliser la 113e, cette fraction de seconde où vous allez forcer comme jamais sans que rien ne bouge... Le petit plus qui vous fera progresser est dans cet instant. Dans les voies ou en bloc, c'est pareil, à l'entraînement, le petit plus est au-delà de la zone rouge...

Ça s'est installé comme une religion en moi : toujours chercher à pousser plus loin chaque variable. On a appelé ça le "jusquaubouddhisme".

Poids Être léger, plus léger, encore et toujours ? Non, non et non ! Un athlète doit tendre vers un rapport poids/puissance optimal car, en escalade, si chaque kilo superflu est à hisser au sommet des voies, chaque kilo manquant peut aussi être autant d'énergie en moins pour tenir les prises. Beaucoup de sport et d'entraînement, une alimentation équilibrée sans excès, et rapidement, le corps se régule vers un poids « optimal » pour notre gabarit. Ce qu'il faut avoir en tête avant tout régime drastique, c'est que le curseur « poids » est et restera le dernier levier à activer dans la recherche

"L'illusion Delbœuf" est une illusion relative à la taille des objets : pour une même quantité de nourriture, la perception du cerveau sera trompée si votre assiette est petite et donc paraît bien pleine !

de la performance. Avant de lutter contre la balance pour perdre quelques grammes et gagner quelques prises, il y a bien d'autres paramètres à améliorer dans notre grimpe. Si l'alimentation est un chapitre sensible, le leitmotiv doit rester « avant de manger moins, je dois manger mieux ».

Pointe
—
Savoir bien grimper permet d'utiliser pleinement notre potentiel physique et cela commence à la pointe du pied, au gros orteil exactement, c'est lui qu'on pose en premier sur la prise, c'est mécanique, anatomique même. À l'entraînement, pour chaque mouvement, la règle « grimpez avec la pointe des pieds » doit devenir un réflexe, répétez-la et appliquez-la systématiquement. Plutôt que de vous abrutir de grands discours, je vous laisse analyser le mouvement et le rôle de votre gros orteil sur un simple saut. C'est lui qui termine le mouvement à la montée et c'est toujours lui qui enclenche la réception du corps. Et si cette démonstration ne suffit pas, effectuez la même détente en essayant de déclencher et réceptionner le saut avec une autre partie du pied que le gros orteil… En escalade, c'est pareil !

Préfatigue
—
Quel que soit le thème de notre séance, il peut être intéressant de travailler « après fatigue », d'aller au-delà, une fois notre fameux stock d'énergie épuisé, pour rentrer dans la zone rouge et le vif du sujet directement : un bloc avant une voie, une montée de pan Güllich avant un bloc, une dalle après cinquante mouvements de conti… Toutes les situations sont bonnes pour travailler quand nos forces sont épuisées, et nous permettre d'acquérir d'autres ressources. Il faut alors trouver des subterfuges, tirer d'autres ficelles, grimper différemment, utiliser ce qui reste de notre force autrement et porter notre attention sur tous ces détails que l'on zappe lorsque l'on est frais et prêt à tout.

Poutre
—
En grimpeur consciencieux, nous avons sûrement installé une poutre dans notre garage, au-dessus de notre lit… ça peut toujours servir en cas de confinement mais, après avoir tracté dans tous les sens, nous nous demandons parfois comment mieux utiliser cet agrès dans l'entraînement. Suspensions, blocages, tractions et même abdos/gainage… le champ est vaste. La plupart des exercices sur la poutre feront travailler principalement la force des doigts et la tenue de prise. Une fois de plus,

tout ce travail sera utile si nous prenons le temps de le transférer dans notre grimpe. La poutre est un atelier spécifique à l'escalade mais ce n'est pas de l'escalade. Être capable de tenir 15 secondes pendu à un bras sur la plus petite réglette de votre poutre ne vous servira à (presque) pas grand-chose si vous ne savez pas utiliser cette aptitude en situation concrète.

Préhension **Dans la lecture des mouvements, il faut décrypter, non seulement la gestuelle globale, mais aussi les détails des prises – leur forme, leur inclinaison, les traces de magnésie ou les traces de gomme. Sans oublier d'analyser la préhension précise de chacune d'elles afin d'ajuster au mieux l'endroit où viendront se poser doigt et orteil. Toujours dans le souci du détail, il faut réussir à distinguer la préhension juste et la détacher de la globalité de la prise : on parle de la prise de la prise ! C'est d'autant plus vrai avec l'évolution des prises d'escalade qui sont d'année en année toujours plus grosses et plus volumineuses, ce qui fait qu'on néglige certains détails importants. Or sur des grosses prises comme sur des minuscules, il faut être précis, au millimètre. Si les pieds et les mains sont mal posés, mal placés, vous serez amené à compenser physiquement, autant d'énergie qui pourrait manquer plus haut. « Le battement d'ailes d'un papillon au Brésil peut-il provoquer une tornade au Texas ? » L'effet papillon s'applique plus que jamais à l'escalade et à la recherche de la performance, une petite erreur au début se paiera au sommet !**

Prises La connaissance des prises, avoir déjà grimpé dessus, joué avec dans tous les sens, est pour les compétiteurs un atout indéniable et en plus d'une corde à avoir à son arc, c'est une curiosité à entretenir continuellement. Le piège à éviter dans cet apprentissage du catalogue de prises, c'est l'ancrage positif ou négatif autour de telle ou telle : « J'aime bien ces prises, j'ai enchaîné le bloc tracé avec la dernière fois », **« Oh non, ce bi-doigt je le tiens pas »**... Il ne faut pas inventer une histoire autour de chaque prise. Chaque information doit être traitée sans affect car, quoi qu'il arrive, chaque situation est nouvelle, différente, et si on met en place le scénario dès la lecture en se disant « celle-ci je la tiens, celle-là non », on influence notre comportement et donc notre grimpe avant même d'être sur le mur !

AUTOPSY #20

INGRÉDIENTS POUR AMÉLIORER SA FORCE

[redacted]

Page censurée par l'auteur..

[redacted], on se plaint [redacted] pas la [redacted] problème [redacted] au lieu de tirer [redacted] (plus) [redacted] pourquoi ne pas [redacted] car dans [redacted]

[redacted] dans sa globalité [redacted] efficace, [redacted] tête [redacted] travailler [redacted] dans le mouvement, [redacted]

Et si l'entraînement en escalade, c'était comme une histoire d'amour ? Si l'on ne se base que sur le physique, il y a de fortes chances que notre vision soit superficielle et que l'histoire tourne rapidement en rond !

« L'ENTRAÎNEMENT EST UN CHEMIN POUR ATTEINDRE TES OBJECTIFS ET POUR DOMPTER CE QUE TU VEUX. »

« C'est le chemin qui nous rend heureux. Au final, si tout ce que tu mets en place, c'est seulement pour le résultat, pour la compétition, si tu fais ça seulement pour un essai, l'escalade n'a pas de sens. Je dis l'escalade comme je pourrais dire n'importe quel type de sport, n'importe quel type de projet. En réalité, le plus magique là-dedans, c'est le cheminement, depuis le moment où tu imagines ce projet, quand tu commences à le mettre en place, que tu te mets à travailler dur, très dur, sans l'ombre d'un doute, jusqu'à ce qu'il se réalise. C'est pour ça que l'aventure est un processus tout entier. Le plus petit pourcentage de chances, c'est assez pour s'investir, surtout si toi tu y crois à 100 %. ***Venga !*** »

« LA MOTIVATION, C'EST LE FACTEUR LE PLUS IMPORTANT. »

LE PRO

Incontournable grimpeur dans les années 2000 ayant aussi réalisé le premier 8C+ à vue de l'histoire.

« Pour moi, le facteur le plus important, c'est la motivation. Tu te fixes un objectif, qui peut être difficile, voire très difficile, au début il peut même te paraître irréalisable. Mais si tu y crois vraiment fort, il y a un mécanisme qui se met en place et qui peut t'amener à réaliser des performances et des défis incroyables. Pour cette raison évidente, la motivation est le facteur le plus important ! Ensuite, quand tu commences à te rapprocher de ton but, la détermination et l'équilibre deviendront tes alliés pour t'accompagner au bout. La base de tout objectif, c'est ce procédé psychologique : utiliser la psychologie du sport et la psychologie personnelle pour pouvoir atteindre ses objectifs. Le travail physique et le travail technique, c'est facile parce que ça s'apprend, par contre, ce qui relève du psychologique, c'est plus compliqué car ça se vit. Et une fois que le mental est entraîné et sur la bonne voie, on peut commencer à travailler le physique, la technique, sans oublier la tactique. Être bon tactiquement, c'est savoir mettre tout dans le bon ordre pour arriver le plus haut possible. ■

SELFIE EXPRESS

Patxi Usobiaga
Nationalité :
Espagnol
Job :
Coach d'Adam Ondra
Perfs :
Champion du monde de difficulté
25 podiums en coupe du monde dont 6 victoires
27 voies dans le 9
Instagram :
@patxiusobiaga

AUTOPSY #21

TECHNIQUE : ET SI C'ÉTAIT PRENDRE SON PIED ?

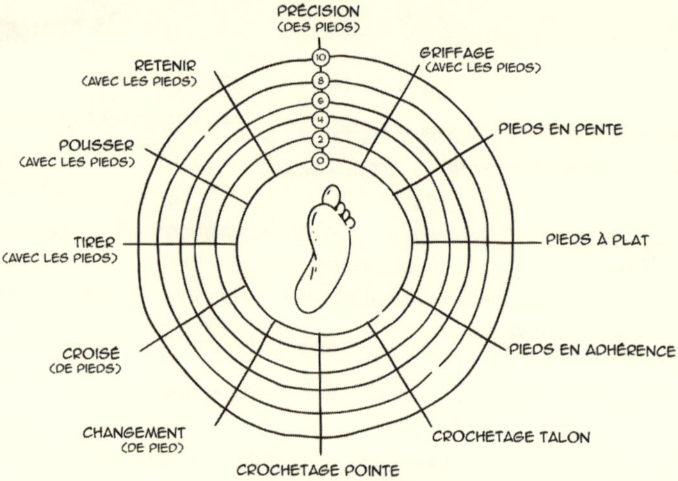

Examinez la gestuelle de vos pieds, concentrez-vous sur les 12 points du graphique. Quelle situation vous est favorable ? Quand l'utilisation de la prise de pied est-elle un atout dans votre grimpe ou, à l'inverse, quand êtes-vous mis en difficulté ? N'oublions pas que l'on aura probablement – j'admets le doute pour ne pas être plus catégorique et dire « avec certitude » – besoin de savoir maîtriser et restituer avec justesse l'ensemble de ces aptitudes techniques dans une seule et même voie... Le travail à effectuer est donc sans fin, mais l'orientation ou le choix de vos prochaines prises de pied suivront dorénavant un cahier des charges. Maintenant, jouez sur le mur, prenez le temps nécessaire et portez (toute) votre attention à ce qui se passe au bout de vos tarses et métatarses !

MÊME SI CELA INFLUENCE CONSCIEMMENT OU INCONSCIEMMENT LE CHOIX DE VOS CHAUSSONS, la question du moment n'est pas de savoir si vous avez le pied carré, grec ou égyptien, si vous chaussez un petit 36 ou un géant 45, mais de vous interroger sur ce que vous êtes capable de réaliser avec vos orteils ! Il y a donc bien deux problématiques qui convergent ici : celle de poser le pied et celle de l'utiliser. Vous êtes-vous déjà posé la question de savoir si, avec vos pieds, vous « tirez » ou si vous « poussez » ? Est-ce que cela change en fonction de la préhension et de l'inclinaison des prises ? Est-ce que finalement il n'y aurait pas un dénominateur commun à votre façon de grimper et celle d'utiliser les pieds ? Le catalogue est infini, chaque technique de pied réclamant un long apprentissage et un travail spécifique pour la maîtriser et, comme toujours, savoir l'appliquer. Si l'on part du postulat, pour ne pas dire du constat, que vos cuisses sont plus fortes et plus puissantes que vos vénérés biceps, vous verrez sûrement l'utilisation de vos pieds sous un autre angle. Et si utiliser les pieds devenait plus vital que tracter indéfiniment avec les bras ? Comme je dis souvent « les pieds sont là, autant s'en servir », déclencher le mouvement par les orteils et l'accompagner avec les bras.

MON FEEDBACK.

- QUELS SONT MES POINTS FORTS SUR LES PRISES DE PIEDS ?

- QUELLES PRISES DE PIEDS ME POSENT PROBLÈME ?

- TOUJOURS LE CAHIER DES CHARGES DE MES OBJECTIFS EN TÊTE, SUR QUEL TYPE DE MOUVEMENT DE PIEDS EST-CE QUE JE DOIS INSISTER DANS MES ENTRAÎNEMENTS ?

Progression La progression est un long fleuve intranquille et incertain. Nous aurons toujours en tête de vouloir tirer les bénéfices de nos entraînements, le fameux retour sur investissement ! Une chose est sûre, la progression ira toujours moins vite que ce que vous aimeriez, l'impatience pouvant prendre le pas sur la poursuite de l'effort ! Comme toujours, « être fort » n'est pas un objectif ! « Ça fait trois semaines que je m'entraîne franchement et je vois pas la différence ! » C'est normal. « Bobby est toujours plus fort que moi alors que je m'entraîne plus que lui ! » On s'en fout des autres... notre aventure sera toujours une aventure personnelle, et les besogneux seront d'une manière ou d'une autre récompensés...

J'ai toujours gardé cette phrase dans un coin de ma tête : "À un moment donné, l'entraînement bat le talent."

Proprioception D'après le dictionnaire, c'est « la perception inconsciente de la position et des mouvements des membres dans l'espace sans avoir à les observer visuellement. » Ce qui résume assez bien avec des mots compliqués ce qui nous arrive continuellement en escalade, c'est-à-dire progresser en perpétuel déséquilibre. Amélioration de l'équilibre, de la coordination et de la force musculaire et prévention des blessures sont donc autant de facteurs que l'on travaille en proprioception et que l'on cherche à développer aussi en escalade. Abdo, pompe, gainage ou simple jeu d'équilibre, vous pouvez travailler rapidement en « proprioception » en y incorporant des accessoires comme des ballons (*swiss ball*).

Protéines Prononcez « protéines », et la majorité d'entre vous projettera l'image d'un bodybuilder, shaker de poudre dans une main tout en se badigeonnant d'huile de l'autre ! Mais pas seulement, les protéines jouent un rôle important dans l'effort musculaire mais aussi dans la récupération car elles sont à l'origine de la régénération des tissus musculaires. Une alimentation variée et équilibrée comblera l'essentiel de vos besoins. On parle de 1,5 gramme de protéines par kilo de poids corporel par jour soit environ 90 grammes par jour pour un sportif de 60 kilos. Alors, qu'elles soient d'origine animale (viande, poisson, œuf) ou végétale (soja, graines, céréales...), essayez de garder cet apport de protéines dans votre alimentation, même en période de « sèche » et d'affûtage.

Q

« JE PENSE QUE LA BEAUTÉ DANS L'ESCALADE, C'EST QU'IL N'Y A PAS DE GRIMPEUR IDÉAL. »

Alex Megos

Qi gong Le qi gong est une gymnastique chinoise basée sur la réalisation de mouvements lents et de postures maîtrisées grâce au souffle et à une visualisation contrôlée. Littéralement *qi* veut dire « énergie » et *gong*, « travail ». Ce travail sur la respiration en lien avec la médecine traditionnelle chinoise est utilisé dans le but d'harmoniser cette énergie et d'équilibrer son flux tout en combattant le stress, en améliorant la souplesse et en développant l'équilibre. À l'image du yoga pour certains, cette gymnastique peut accompagner efficacement et en douceur nos rituels de réveil, une sorte de pré-échauffement pour mettre le corps dans de bonnes dispositions. Ce qu'il faut retenir, c'est que notre corps est notre meilleur allié, prenons-en soin.

Qualité Faire bien les choses ! Même à l'entraînement, quantité n'est pas forcément gage de qualité, il est souvent préférable de faire moins mais bien ! Prenez par exemple les exercices d'abdos au sol : ce sera, à tort, vite satisfaisant de faire plus de séries quitte à négliger un peu la manière. Or nous devons cultiver l'exigence du « faire mieux » ! Même quand vous montez vite fait sur le mur pour brosser quelques prises, privilégiez une bonne grimpe avec les chaussons attachés, les pieds bien posés et des mouvements coordonnés, ce sera toujours ça de pris. Malgré tout, dans l'entraînement, quelques

Et c'est un adepte de la quantité qui vous parle...

essais de qualitatif ne suffisent pas à progresser, il faut y ajouter de la quantité d'effort et du volume pour que notre corps s'entraîne et se prépare à en faire toujours plus. Cependant, il faut bel et bien toujours garder cet objectif de qualité dans notre grimpe et dans l'efficacité de notre séance.

Question Il n'y a jamais trop de questions à se poser, si nous nous interrogeons, c'est que nous essayons de comprendre et cherchons à avancer dans notre aventure. Pourquoi ? Comment ? Qui ? À quel moment ? Plus nous connaîtrons tous les détails de l'histoire, plus nous serons aptes à évoluer dans cet univers. En escalade et en entraînement, notre curiosité et notre faim de savoir font de nous de meilleurs joueurs. Mais comme à chaque fois, il y a un temps pour tout, un temps pour se poser des questions et trouver des réponses, et un temps pour agir. Bien évidemment, une fois sur vos prises, il n'est plus temps de tergiverser, il faut agir !

Et d'ailleurs quand est-ce qu'on va ~~grimper~~ s'entraîner ?

R

« MÊME LE DERNIER D'UNE COURSE
SERA TOUJOURS DEVANT
CEUX QUI NE COURENT PAS. »

Réactivité Être vif d'esprit. Peu importe le contexte et l'état de fatigue physique dans laquelle nous nous trouvons, ce qui fait la différence, c'est notre temps de réaction face aux problèmes. Le *run* parfait n'existe pas, la différence se fait sur la réorganisation, parfois en quelques fractions de seconde. Et plus nous serons entraînés, plus notre cerveau sera efficient. Faites un test : pendu sur des prises, en train de tracter, de réaliser une voie ou un bloc, essayez de répondre le plus vite possible aux questions qu'un ami vous pose... eh bien, même la table de 2 vous paraîtra compliquée !

Relâchement Dans les positions de repos comme dans les phases de grimpe, il faut trouver ce relâchement, cette fluidité et cette légèreté dans les mouvements. Alors, respirez : expirez dans l'effort puis inspirez. Si on prend le temps de bien s'oxygéner, on grimpe relâché. Vous pouvez faire un test simple chez vous : bloquez votre respiration et imaginez-vous en train de grimper, reprenez votre souffle et recommencez la même visualisation, mais cette fois en rythmant votre escalade par des inspirations et des expirations. Vous remarquerez que votre visualisation et votre gestuelle seront plus fluides. À chaque instant, activez cette respiration qui ouvre les épaules et libère la cage thoracique. Cette respiration sert également à rythmer la grimpe, si elle est régulière, les mouvements suivront la même dynamique, si elle s'accélère, les mouvements risquent de se désharmoniser et la situation pourrait devenir critique. Respirez...

Relativiser

Aussi important que soit notre objectif, aussi grand que soit notre investissement pour l'atteindre, aussi courageux que soient les moyens de sa mise en œuvre, il ne faut jamais perdre de vue que l'escalade reste un sport et une passion. Que l'on rêve de devenir champion du monde ou simplement de faire de gros progrès, tout ceci doit rester un jeu, un jeu auquel on adore jouer. À aucun moment, l'enjeu ne doit dépasser le jeu. Nous serons le même homme ou la même femme avant et après, dans l'échec comme dans les victoires, n'oublions pas qu'il s'agit juste d'arriver au sommet, au relais.

Je n'ai jamais été aussi fort qu'à partir du jour où j'ai compris que je ne jouais pas ma vie sur les compétitions mais que ça faisait partie de la vie que j'avais choisi de vivre.

Répétitions

Répéter les choses, répéter les mouvements, les techniques, les passages de pied, les façons de poser les talons, de tirer sur des contre-pointes, de prendre son élan (non ce n'est pas une blague zoophile), de respirer, de délayer, de récupérer sur les prises... vous l'aurez compris, la liste est infinie. Répéter les choses est la seule façon d'apprendre, de comprendre et d'intégrer un mouvement. On le répétera peut-être 100 fois, 1 000 fois. Vous êtes heureux d'avoir enfin enchaîné ce bloc avec ce talon ou d'avoir trouvé cet équilibre sans les mains ? Cela signifie que vous avez compris les subtilités du mouvement pour l'enchaîner. Alors, le jeu va consister à vous défier : avant de passer à la suite, réalisez trois fois de suite ce bloc avec un peu ou pas mal de repos, ça a peu d'importance. L'objectif est de parvenir à enchaîner à chacun des *runs*. C'est gagné quand vous avez atteint 3/3... sinon, rejouez !

Repos

Le repos ? Vous me croirez ou pas, mais j'ai failli oublier ce mot dans les ingrédients nécessaires pour bien s'entraîner. On ne se refait pas ! Le repos ? Je suis le premier à croire que lorsque je me repose, je perds du temps d'entraînement. En vingt-cinq ans, j'ai tout essayé, toutes les stratégies pour ne pas m'y soumettre et pour démontrer qu'il valait mieux faire l'impasse sur cette journée de repos pour un bon entraînement. J'ai dû m'y résoudre au moins un jour par semaine. Le fait est que le jour suivant ce repos, j'étais toujours nul, il me fallait au moins une séance pour me remettre. Nous avons donc adapté le planning à mon mode de fonctionnement en plaçant les jours de repos bien avant les objectifs pour laisser à mon corps le temps de récupérer, mais surtout le temps de remonter en puissance. J'étais *off* le mercredi, je m'entraînais le jeudi et le vendredi pour les compétitions du samedi et dimanche ! Cette organisation est le résultat de mon expérience, aucune règle n'est gravée dans le marbre, l'entraînement est un bidouillage personnel sur mesure.

Reste qu'entre 2014 et 2018, je n'ai jamais pris plus de trois jours de repos consécutifs...

Représentation La représentation motrice du corps dans l'espace est indispensable pour pouvoir bouger correctement mais aussi le visualiser et réaliser un mouvement. Ce peut être tout simplement pour savoir s'il suffit de tendre le bras pour atteindre une prise ou s'il va falloir exécuter un mouvement. C'est l'exemple type du débutant qui va toucher la dégaine de la main pour s'assurer qu'il est assez grand pour mousquetonner alors que le grimpeur expérimenté parviendra à attraper en même temps deux prises différentes à des hauteurs différentes. Avec la pratique et l'expérience, on intègre des informations sensorielles provenant de nombreuses sources - visuelles, tactiles, proprioceptives et vestibulaires (organe barosensible situé dans l'oreille interne) - et on affûte ainsi notre grimpeur virtuel. Plus cette visualisation sera représentative de la réalité, mieux on pourra transposer le mouvement dans la réalité.

Rési (Résistance) Voici un sujet inépuisable... La « rési » se situe pour moi entre la force et la conti, je m'explique. C'est un effort d'une intensité maximale en bloc, non pas en cinq ou six mouvements mais plutôt en quinze voire trente. L'idée de la résistance est donc de réussir à garder un niveau de force élevé le plus longtemps possible, et suffisamment intense pour ne pas produire d'acide lactique... tant que l'on est sur le mur ! Toute la difficulté est là, car, souvent, on arrive à faire les mouvements les uns après les autres, mais sans pouvoir les enchaîner. L'accumulation des mouvements et leur intensité nous amènent alors à bout de forces, pour ne pas dire pendu au baudrier. Se confronter à la haute intensité est la meilleure piste à suivre dans le travail de la rési.

Il y a deux rengaines indémodables : "la résistance vaincra" et "l'espérance passe par la résistance".

Respiration

Si respirer, c'est la vie, on comprend assez vite l'intérêt de rythmer notre vie de grandes inspirations et de toutes aussi grandes expirations ! Au-delà de ses fonctions essentielles, la respiration agit sur le stress. Notre respiration est naturelle mais il est possible de prendre la main pour en tirer d'autres bénéfices. Voici un exercice simple : confortablement installé, les yeux fermés, enchaînez plusieurs grandes inspirations et expirations. Commencez par visualiser les inspirations en projetant une immense vague de blanc qui circule dans tout votre corps jusqu'au bout de vos doigts et de vos orteils ; pour les expirations, passez au gris, voire au noir, pour dépoussiérer l'intérieur de votre corps. Puis, il est possible d'automatiser cette respiration en escalade, pendant l'échauffement ou dans les phases de délayage pour ancrer et activer cet état de sérénité où chaque expiration vide vos avant-bras de l'acide.

Rêve

« J'irai au bout de mes rêves, là où la raison s'achève, tout au bout de mes rêves... » Quelques rimes, transformées pour moi en leitmotiv spirituel. J'ai toujours eu la conviction qu'un objectif était la version tiède d'un rêve et, de ce fait, que les moyens que nous mettons en œuvre pour atteindre notre rêve sont forcément décuplés. « Mon objectif est d'être champion du monde », « mon rêve est d'être champion du monde », « je me suis fixé l'objectif de réaliser mon rêve d'être champion du monde ». La finalité est bien de se retrouver sur la plus haute marche du podium, coupe à la main et sourire aux lèvres, mais l'intention de la dernière formulation apporte une connotation magique à l'action.

Objectif en tête, (ré)écoutez cette chanson, décortiquez les paroles... tout y est !

Rythme

« Donner du rythme à son escalade » est souvent mal interprété et transformé en simple course contre la montre ! Rythmer sa grimpe, c'est au contraire différencier les sections intenses des plus cool en y ajoutant les ingrédients adéquats. Dans les sections plus dures, il faut développer une grimpe musclée avec un rythme élevé puis, lorsque l'intensité redescend, relâcher le corps et fournir l'énergie recommandée par le mouvement avec un rythme plus apaisé.

Aimé Jacquet disait aux Bleus en 98 : "On accélère, on ralentit, on pousse, mais c'est nous qui choisissons le match que nous voulons jouer, pas eux, là, ils nous mangent !"

I feel
Like
makin'
Dreams
come
True

AUTOPSY #22

INGRÉDIENTS POUR TRAVAILLER LA RÉSI

QUEL QUE SOIT L'EFFORT QUI NOUS ATTEND, IL Y A DE GRANDES CHANCES QUE L'ARME ABSOLUE SOIT CE QU'ON APPELLE LA « RÉSISTANCE ».

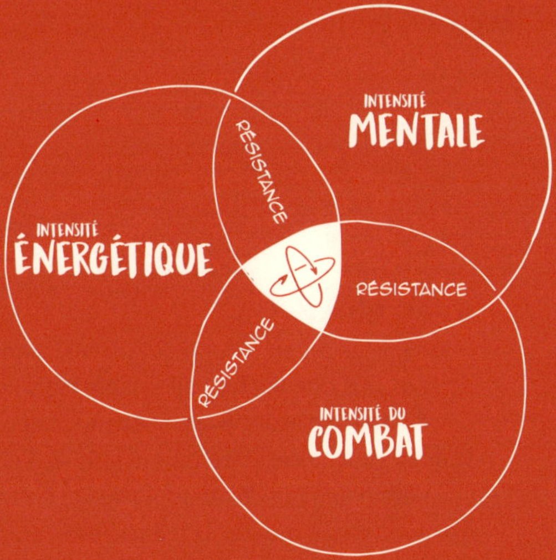

En escalade, la résistance, c'est notre capacité à maintenir un niveau élevé le plus longtemps possible malgré la fatigue qui s'accumule, aussi bien physiquement que mentalement. Pour bien comprendre, il faut imaginer ce qu'on a appelé la « ligne » : je vous propose de vous mettre dans la peau de Leonardo DiCaprio dans la scène du naufrage de *Titanic*, quand il se retrouve plongé dans une eau glaciale, de nuit, en plein Atlantique nord... C'est bon, vous y êtes ? Eh bien, la résistance est la capacité à rester au-dessus de cette ligne, c'est-à-dire ici à garder la tête hors de l'eau, même quand l'abîme semble tout proche. Le travail de rési sera d'élever dans un premier temps votre niveau général, puis, dans un second temps, de développer vos capacités afin de garder le premier élevé le plus longtemps possible dans l'effort.

Travaux pratiques

Le travail de résistance maximale s'effectue dans une zone étroite, laborieusement accessible. Il est donc nécessaire de pousser votre niveau d'exigence dans chacun des registres concernés au maximum et de fournir l'intensité de travail demandée pour observer une progression et acquérir les compétences recherchées. Il y a trois points importants pour que les exercices soient pertinents en « mode rési » : l'intensité énergétique doit tendre vers son maximum; l'intensité mentale doit s'accorder à la durée de l'effort; et l'intensité du combat sera votre aptitude à livrer une bataille. Plus vous serez capable de doser avec précision ces trois intensités, plus il y aura de résistance !

À VOUS DE JOUER...

PAN GÜLLICH

Un pan Güllich, un chrono qui sonne toutes les 5 secondes et c'est parti pour le plus dur, le plus redoutable mais aussi le plus efficace des exercices de résistance d'avant-bras. Suspendez-vous les deux mains sur la même latte, la main gauche sera fixe tout le long de l'exercice alors que la main droite montera d'un cran chaque fois que le chronomètre retentira. Lorsque vous n'arrivez plus à monter la main droite, poursuivez l'effort en la redescendant d'une latte à chaque bip. Si vous parvenez à atteindre la prise de départ sans lâcher, il n'y a plus qu'à recommencer... Après du repos, recommencez sur l'autre bras. Si vous arrivez à faire l'exercice sur plus de 1 min 30, c'est que l'intensité est trop faible, il faut diminuer la taille des prises sans augmenter la distance entre elles, pour privilégier l'effort de résistance des avant-bras.

PRÉFATIGUE

Il est intéressant de travailler la rési en grimpant après avoir fourni un effort maximum qui a déjà bien entamé vos forces. Des montées de pan Güllich, des suspensions max, des tractions rapides... faites n'importe quel effort intense et violent avant de vous engager dans une voie. Dès les premiers mouvements, vous aurez la sensation d'être en « mode survie », proche de la « ligne rouge ».

Mais même dans le dur, pensez à respirer...

FRACTIO

Le plus efficace est de travailler sur des circuits que l'on connaît et « simplement » fractionner votre effort : 1 minute de grimpe – 1 minute de repos – 1 minute de grimpe – 1 minute de repos – 1 minute de grimpe. Après un bon repos, reprenez l'exercice avec 2 minutes d'effort. Repos, puis passez à 3 minutes. Pour bien réaliser cet exercice, gardez en tête les besoins d'intensité énergétique, mentale et de combat nécessaires pour que ce ne soit ni trop dur ni trop facile !

Pensez à adapter les circuits entre celui de 1 minute et celui de 3 minutes.

EXERCICES SUR LE PAN GÜLLICH POUR L'AMÉRICAINE ASHIMA SHIRAISHI QUI ENCHAÎNAIT SON PREMIER 8B BLOC À SEULEMENT 10 ANS… © CLAUDIA ZIEGLER

ITW★

Julia Chanourdie

LE GUÉPARD

SELFIE EXPRESS

Julia Chanourdie
Date de naissance : 25 juin 1995
Nationalité : Française
Perfs :
- 2e du Tournoi olympique
- 3e en coupe du monde de Wujiang
- 4 voies dans le 9 dont *Super Crackinette* en 9a+
- Sélectionnée aux Jeux olympiques de Tokyo de 2021

Instagram : @juliachanourdie

Tu es aujourd'hui l'une des meilleures grimpeuses au monde. Que signifie pour toi être dans le très haut niveau ?

Mmmh, difficile de répondre… Je grimpe depuis que je marche car mes parents tenaient une salle d'escalade à Annecy. On peut dire que je suis tombée dedans très naturellement, je pensais même que tout le monde pratiquait l'escalade comme on va se balader en ville. J'ai sûrement bénéficié d'un bon patrimoine génétique, je dispose d'une force naturelle. Néanmoins, j'ai aussi cultivé ces aptitudes physiques grâce à une enfance active et sportive. Jusqu'à mes 14 ans, j'ai pratiqué autant l'escalade que l'athlétisme. Aujourd'hui, et durant toute ma carrière de grimpeuse de haut niveau, mon évolution est la conséquence de beaucoup de travail. Je suis de nature très investie dans ce qui me tient à cœur, déterminée et exigeante avec moi-même. Je ne suis pas arrivée là seulement parce que je suis douée sur le plan physique. Dans le haut niveau, ce n'est pas suffisant, il faut également être travailleuse. Je trouve que mon parcours a été très progressif, dans le sens où je n'ai jamais cherché à brûler d'étape. J'ai toujours eu besoin d'asseoir un niveau avant d'accepter de passer au suivant, cela fait que j'ai toujours savouré mes réussites et ma progression constante, avec l'idée de bien faire, et de ne pas déranger. J'ai mis du temps à prendre conscience de mes capacités, et encore aujourd'hui, je doute parfois de ce que je suis capable de réaliser, que ce soit en compétition ou en falaise. Après coup, je me rends compte qu'il fallait juste y croire un peu plus. Donc oui, ce haut niveau est une évidence car je me suis battue pour atteindre mes objectifs, et comme tout athlète, il y a des hauts et des bas, des déceptions, des surprises...

Super Julia...
« Julia Chanourdie est entrée dans le cercle très restreint des grimpeuses qui ont gravi un 9a+. Le 13 mars 2020, après seize jours d'essais, elle enchaînait *Super Crackinette*, 9a+, à Saint-Léger-du-Ventoux. Seules quatre femmes dans le monde ont atteint ou dépassé ce niveau, et Julia Chanourdie est la première Française. Une performance historique après la Belge Anak Verhoeven (9a+), l'américaine Margo Hayes (9a+) et l'Autrichienne Angela Eiter (9b). »

Quels sont les secrets de ta motivation et de ton énergie à l'entraînement ?

Depuis toujours, j'évolue dans ma petite bulle. L'escalade est une passion familiale, mon père, Éric Chanourdie, m'entraîne, et je suis une passionnée. Cela signifie que j'ai besoin d'aller en falaise dans ma préparation aux compétitions. Cela fait partie de mon équilibre et cela fait de moi une grimpeuse épanouie. Je peux varier les plaisirs, garder la motivation, avoir de petits objectifs en attendant de plus gros. C'est comme ça que j'avance. Très jeune, je disais que je voulais devenir championne du monde d'escalade et d'athlétisme ! J'étais ambitieuse... Selon moi, les objectifs sont très importants pour la motivation, je me vois difficilement m'entraîner fort pour rien ; certes, je grimperais, mais je ne pourrais pas y mettre la même implication. Je me laisse porter par les aventures autour d'objectifs qui me font rêver. Une fois établis, je prends les choses une par une, sans me focaliser sur le ou les buts. Ce cheminement m'apporte les émotions et l'apprentissage, et je les vis à 100 % comme la longue route d'une grande aventure.

Escalade et entraînement ne riment pas seulement avec force physique. Quel est ton point de vue sur cette question ?
J'ai toujours pensé que le meilleur moyen de progresser en escalade, c'était de grimper. C'est un sport à sensations. Avant de décider de bourriner, il vaut mieux apprendre à grimper technique, augmenter son potentiel gestuel, et si le temps le permet, varier les supports d'entraînement. C'est exactement ce que je fais, je varie les supports pour me confronter à différentes situations, et j'inclus des périodes ou des journées en falaise. J'ai également des périodes de préparation physique ou de rappel de force. Je fais tout au long de l'année du cardio, je varie également avec le trail, la course à pied, le vélo. En principe, je passe la plupart de mon temps à simplement grimper en variant les séances : rési (style doublette), conti, après travail ou à vue. Mais c'est toujours dans la gestuelle de la grimpe.

« J'AI BESOIN DE GRIMPER EN FALAISE POUR M'ENTRAÎNER AUX COMPÉTITIONS. »

Pour bien réussir en compétition, il faut gérer des contraintes techniques, tactiques et mentales. Comment fais-tu ?
Je travaille les aspects techniques et tactiques en grimpant. J'ai des points faibles que je dois améliorer et des points forts que je dois renforcer. Selon moi, le travail de ces aspects se fait dans le mouvement. En ce qui concerne la technique, c'est souvent une question de relâchement et de confiance, plus on la travaille, plus on a confiance, alors on se relâche et on devient plus précis. Le mental, je le travaille au quotidien, à l'entraînement, en compétition, en falaise, dans ma vie de tous les jours. Ainsi que par le biais de professionnels. J'ai rencontré beaucoup de personnes m'ayant chacune apporté ce dont j'avais besoin à une période précise. Cela a toujours été une question de *feeling*, j'ai besoin d'une véritable relation de confiance avec la personne pour pouvoir avancer. Aujourd'hui, je suis accompagnée par un hypnothérapeute. J'ai décidé de travailler avec lui pour ma vie personnelle dans un premier temps, puis la confiance s'étant installée, nous avons continué pour avancer sur le sujet de l'escalade.

Quels sont tes routines et tes fondamentaux à l'entraînement ?
J'ai peu de routines. Ces derniers temps, j'ai beaucoup grimpé en falaise le week-end. La semaine, je devais m'entraîner pour le combiné. Je plaçais donc au moins une séance de vitesse et une séance de renforcement. Après des séances telles que la vitesse ou le renforcement musculaire, je fais toujours une séance de diff ou de bloc afin de garder les sensations de la grimpe. Je cale au milieu de mes semaines du cardio en fonction du temps et du lieu. Selon la période de l'année, je fais aussi plus ou moins intensément de la prépa physique. À l'approche des compétitions, cette partie-là est diminuée, et intervient sous forme de rappel de force. Pour que ce soit parfait, j'aimerais avoir accès facilement à un complexe tel que celui d'Innsbruck avec les trois disciplines, et la qualité des ouvertures. En plus de ça, une belle falaise, telle qu'on en trouve dans le Sud de la France ou en Espagne, et là, ce serait vraiment parfait ! Il y aurait juste à alterner entre tous ces bijoux en plus de ceux déjà présents.

Compétitions et falaise, c'est le bon équilibre pour toi ?
Je grimpe en falaise depuis mon plus jeune âge, mon père m'y emmenait souvent. J'ai donc toujours connu cette mixité avec la résine. En grandissant, j'ai de plus en plus aimé aller grimper en pleine nature. Avec la frustration, le stress, les montagnes d'émotions de la compétition, j'ai encore plus savouré ces moments simples sur le rocher où je suis aussi à la recherche de la performance. J'adore défier mes limites et aller chercher le combat face à une voie ou face à moi-même. Ce sont des objectifs parallèles à ceux de la compétition, mais ils sont tout aussi importants. En falaise, avec des voies extrêmes, je m'offre un entraînement extraordinaire qui participe largement à l'augmentation de mon niveau physique et mental (mémorisation, visualisation, concentration). La barrière psychologique est très fréquente dans le travail de voie, il faut savoir être persévérant, dépasser les échecs, tout en gardant le plaisir. C'est aussi une grande victoire personnelle quand on arrive au bout de son projet. Cet enchaînement retrace tout l'investissement qu'on a pu mettre dans la voie, et pendant quelque temps, on se sent comme « le roi du monde ». J'en ai besoin en termes de valorisation personnelle et de prise de conscience de mes capacités. C'est cet équilibre qui me permet d'être là où j'en suis aujourd'hui. ■

AUTOPSY #23

TECHNIQUE
HISTOIRE DE MOUVEMENTS

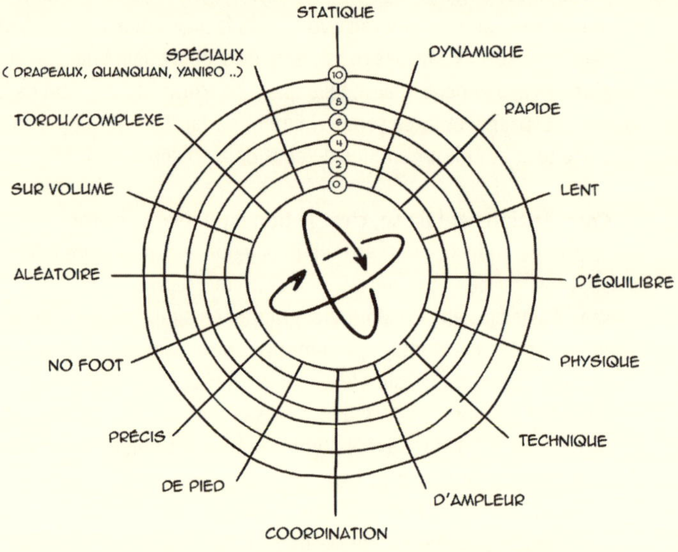

En escalade, le nombre de mouvements est inimaginable, ainsi que leurs déclinaisons. C'est bien ce qui rend la pratique passionnante et durable. Nous avons regroupé les mouvements en 16 thèmes, avec des différences parfois subtiles sur le papier mais significatives une fois sur le mur. L'idée est bien évidemment de dresser un portrait-robot de votre grimpe et d'avoir de nouvelles pistes de travail à explorer encore, encore et toujours. La variété gestuelle exigée par l'escalade pousse à tendre vers un graphique homogène et le plus « circulaire » possible.

SI J'ÉTAIS PHYSICIEN, JE VOUS PARLERAIS DE CINÉTIQUE ET DE L'ÉTUDE DU MOUVEMENT, JE VOUS PARLERAIS DES MÉCANISMES, de ce qui est mis en œuvre par notre corps à travers la chaîne musculaire, de la sollicitation de nos articulations qui peuvent être dynamisées ou bloquées… Il y a beaucoup à dire sur la technique, mais elle finit souvent par se réduire à la seule pose de pied. Prenons l'exemple du rugby, heu… non, mauvais exemple. Prenons l'exemple du foot : la technique, ce n'est pas seulement le « touché de balle » ou le « placement de jambe », c'est l'exécution du bon geste au bon moment du match.

En escalade, la technique, c'est aussi le geste, notre capacité à réaliser le mouvement le plus proche de la perfection et dans le bon timing. Quand on parle de technique de mouvement, on comprend que l'exécution d'un *no-foot* demandera plus de compétences techniques qu'une lolotte. Les deux gestes demandent des efforts certes totalement opposés mais nécessitent l'un comme l'autre une application et une qualité de réalisation quasi parfaite. Si nous revenons à l'idée que la technique c'est le geste parfait à l'instant *t*, ce geste optimal ne sera pas forcément le même pour tout le monde. Des facteurs comme la tenue de prise, le gainage, la puissance, l'explosivité, la coordination, la fatigue… rentrent pour partie dans le calcul de l'équation du geste, ce qui pourra donc donner pour un même mouvement un panel de méthodes différentes selon les grimpeurs. Je reste tout de même convaincu qu'une belle lolotte bien placée sera plus classe qu'un jeté…

MON FEEDBACK.

- QUELS SONT MES MOUVEMENTS FAVORIS ?

- QUELLES GESTUELLES ME HANDICAPENT DANS LA GRIMPE ?

- EN FONCTION DE MES OBJECTIFS EN TÊTE, QUEL(S) TYPE(S) DE MOUVEMENT(S) DE PIED EST-CE QUE JE DOIS RÉPÉTER À L'ENTRAÎNEMENT ?

S

★

« L'OBSTINATION EST LE CHEMIN DE LA RÉUSSITE. »

Salle Ce qui est vrai dans un sens ne l'est pas forcément dans l'autre… Je m'explique. À l'origine, les salles d'escalade *indoor* ont été inventées afin de s'entraîner à grimper en falaise, aujourd'hui, l'escalade en salle a pris son autonomie, devenant une pratique à part entière. Il n'en demeure pas moins que la salle reste le lieu idéal pour s'entraîner même si l'objectif principal se joue en extérieur, au moins parce qu'elle est ouverte toute l'année, quelle que soit la couleur du ciel ou la hauteur de neige (sauf confinement évidemment) ! Les contraintes techniques, le rythme et le style de grimpe sont différents mais, énergétiquement, la grimpe en salle vous permet de progresser en rési, en conti, en force, en gainage, en tenue de prise… Il faut simplement veiller à transférer et à adapter les capacités physiques acquises en salle au rocher.

On compte plus de 100 salles privées en France aujourd'hui (une vingtaine en 2004) et plus de 100 000 licenciés. L'escalade est la nouvelle tendance des jeunes urbains.

Sauna « Mmmmmhhh, le réconfort après l'effort et envolés les kilos ! » On peut attribuer beaucoup de bienfaits à ces bains de vapeur comme stimuler le débit sanguin, favoriser l'élimination d'un bon nombre de toxines, apaiser les tensions musculaires, augmenter la production de globules blancs, évacuer le surplus de sel… mais en aucun cas faire maigrir ! La graisse ne fond pas à la chaleur et s'élimine encore moins sous

« L'ACQUISITION D'UNE TECHNIQUE SPORTIVE DEMANDE DU TEMPS, BEAUCOUP DE TEMPS, DE L'ABNÉGATION, DE LA PERSÉVÉRANCE, DE L'ENTÊTEMENT, ET LA PROGRESSION EST RAREMENT RÉGULIÈRE. C'EST POUR CELA QUE L'OBSTINATION EST UNE QUALITÉ PREMIÈRE CHEZ LES SPORTIFS. ATTENTION ! L'OBSTINATION NE DOIT PAS ÊTRE STUPIDE, DÉRAISONNABLE, AVEUGLANTE, MAIS EN RAPPORT AVEC L'OBJECTIF QUE L'ON S'EST FIXÉ. »

Fabrice Judenne – Entraîneur coach du club d'escalade de Chamonix

forme d'eau. C'est un bon moyen de vidanger le moteur mais ça ne « coûtera » pas plus de 500 calories par litre de sueur...

Cet instant seul sans téléphone, sans ordi, sans télé peut être également bien utile pour s'occuper de ce qui se passe dans sa tête sans ces interférences numériques.

Sensations L'escalade reste définitivement pour moi un sport de sensations plus qu'un sport physique, je me sens plus proche d'un effort de slacklineur que de celui d'un haltérophile. De ce fait, il faut éprouver la grimpe, dans chaque mouvement, chaque placement. Et même dans un *no-foot* ou pour des tractions, vous devez essayer d'être attentif à ce que vous sentez et ressentez, à ce que votre corps enregistre. Essayez de reconnaître les muscles sollicités, essayez de positionner votre centre de gravité, de percevoir les aspérités sous vos doigts ou sous vos chaussons, de sentir l'air qui circule à chaque respiration... Ceci contribuera à vous faire avancer.

Grimpez avec des gants et vous verrez bien si vous êtes en manque de force ou de sensations.

So High **Avec plus de 12 mètres de haut, ce bloc mythique s'élève au milieu du désert de la Hidden Valley, à Joshua Tree, en Californie ; c'est aussi le titre d'un singulier roman graphique qui raconte l'histoire d'un jeune grimpeur parti à la recherche de l'équanimité... En version granit ou papier, je vous encourage à explorer !**

Sommeil **Nous passons en moyenne vingt-six ans de notre vie à dormir, c'est dire l'importance du sommeil. D'un certain point de vue, le sommeil peut être considéré comme la période la plus importante de notre entraînement. Au cours de la nuit, de nombreux processus s'activent pour restaurer les dommages engendrés par nos entraînements de la journée : réparation de la peau, renouvellement des os, régénération des tissus musculaires et élimination des toxines accumulées, mais aussi assimilation des compétences acquises en action... Pendant que nous dormons, notre corps poursuit son activité pour faire fructifier l'entraînement passé et se préparer à celui à venir ! *A contrario*, les conséquences du manque de sommeil peuvent être préjudiciables, il diminue grandement nos capacités, tout en augmentant nos risques de blessures. Baisse de la concentration et de la motivation, irritabilité et mauvaise humeur, mal de tête sont quelques-unes des manifestations les plus visibles du manque de sommeil. Soyez-y attentif et dormez votre dû.**

Sophrologie La sophrologie est un énorme chapitre dans la préparation mentale d'un sportif. Développée dans les années 1960, elle s'est révélée être une pratique efficace en compétition pour faire face au stress en dépassant les blocages. Souvent liés à la respiration, au relâchement et à l'étirement musculaire, les exercices de sophrologie sont des voyages guidés vers une visualisation mentale qui permet au cerveau de se focaliser sur une situation très précise, dans un état de détente et de sérénité qui forge la stabilité recherchée.

Spit Outil d'ancrage qui sert à fixer la dégaine puis la corde, il est souvent responsable de disqualification en compétition... Un pied qui traîne, un équilibre douteux et hop ! le chausson vient se poser sur le spit... et c'est la fin du jeu. J'ai volontairement désigné le spit comme coupable, car finalement, s'il n'avait pas été là, on aurait grimpé tranquillement... Ah, la belle excuse ! Dans cette situation précise, nous sommes responsables donc coupables. En voie, on en retrouve un quasiment tous les mètres, c'est une zone à risque qu'il faut identifier et s'en tenir éloigné.

La version panneau publicitaire n'est pas mal non plus...

Sponsors Les partenaires et les sponsors représentent des marques ou des gens qui apportent leur contribution matérielle, financière, logistique à notre aventure. S'il faut leur en être reconnaissant, il est néanmoins nécessaire de maintenir une frontière entre le partenaire, qui est au service de notre aventure, et... notre aventure, qui est au service du partenaire. Un sponsor doit vous aider à atteindre votre objectif et le moins possible vous en détourner ! Il ne doit jamais être considéré comme une valorisation sociale ; ce que vous représentez et vos réelles actions auront toujours plus de poids que n'importe quel autocollant placardé sur le torse. Je garderai toujours en tête cette phrase : « Je n'ai pas besoin de brasser pour dire à tout le monde que je suis fort, je gagne les compétitions et c'est déjà écrit noir sur blanc que je suis fort. » À méditer...

Stakhano Sans rentrer dans les débats politiques ou autres discussions dignes des repas de famille, le stakhanovisme a d'abord été une campagne de propagande soviétique ayant pour but de faire l'apologie d'un travailleur plus que productif et surtout dévoué corps et âme à son travail et à son parti ! Effectivement, dit comme cela, j'ai la vague impression que ce livre n'est rien d'autre que la version « escalade » de cette histoire.

Vous l'aurez compris, je crois au travail et aux bénéfices nombreux qu'il peut nous apporter.

Statique Si l'on met de côté l'effort isométrique en musculation, dans l'escalade proprement dite, on grimpe « en statique » lorsque l'on réalise le ou les mouvements avec le plus de contrôle possible et donc avec un minimum de vitesse (ce qui implique que l'on réalise le mouvement en force). Grimper trop statique, comme grimper trop dynamique, limitera forcément à un moment ou à un autre la progression. Il faut plutôt rythmer et ajuster votre escalade avec des mouvements « en statique » pour plus de contrôle et d'autres, plus « dynamiques », pour économiser et/ou pallier un manque de force. À l'entraînement, prenez le temps de décomposer les mouvements pour identifier les passages où il convient de « stater » plutôt que de « dynamiser » et inversement. Celui qui parvient au sommet de la voie est celui qui a fait le moins d'erreurs d'analyse.

Stato-dynamique À la fois statique, bloqué, gainé, et en même temps dans le mouvement, en avançant ! C'est possible ça ? Oui, mais c'est complexe, c'est l'escalade... un mélange perpétuel d'efforts concentriques, isométriques et excentriques des différentes parties du corps dans un même élan. C'est pour cette raison précise que lors des exercices généraux comme les abdos, les pompes, les tractions, les gainages, il faut mixer le plus souvent possible les types de contractions musculaires dans le mouvement justement pour habituer le corps à cet effort ! **Je bouge, je bloque, je rebouge, je rebloque...** et conditionner le corps à basculer d'un mode à l'autre rapidement et surtout, efficacement ! Ces exercices stato-dynamiques permettront de développer votre force explosive et maximale en créant une accélération à partir d'un muscle déjà sous tension.

Strap Momifier nos doigts ou toute autre partie de notre corps n'est pas un acte si anodin. Avec la « mode » des Ktaping, ces bandes de couleur collées sur la peau, peut s'ajouter une part psychologique : matérialiser une blessure, la rendre visible pour les autres, permettrait d'anticiper une défaite ou de programmer des excuses. De nombreuses situations justifient l'usage du strap, mais beaucoup entrent dans la catégorie des artifices psychologiques qui servent à rafistoler une faiblesse passagère. « Le strap agit sur les fascias des muscles, des membranes fibro-élastiques qui recouvrent les muscles ; pour moi, l'efficacité est à 60 % mécanique et 40 % psychologique. Il faut réussir à comprendre l'athlète et savoir quand et comment intervenir pour que le strap soit interprété comme un bonus qui va l'aider dans sa performance et non un signal d'alerte qui va le plonger un peu plus dans le doute. » (Yohann Farges, kiné de l'équipe de France d'escalade). Mettez de côté les petites voix mal intentionnées qui parasitent votre esprit. C'est qui le capitaine ?

Stratégie Avoir un objectif, organiser son entraînement, planifier le contenu et les intensités, c'est bien établir une stratégie. Un bon début, juste le début j'ai envie de dire. À quelle heure je me réveille ? À quelle heure je déjeune ? Quand commence mon échauffement ? Qu'est-ce que je fais comme échauffement ? Quand se mettre dans sa bulle ? Quand plaisanter et se relâcher ? À qui parler ? À qui ne pas parler ? À qui faire confiance ? Quand se préparer ? Quand enfiler ses chaussons ? Avant ou après s'être encordé ? Que

Prenez le temps de regarder le film "Le Stratège" avec Brad...

grignoter ? Comment m'hydrater ? Pantalon ou short ? Play-list ou musique aléatoire ? Et après ? Kiné ? Sieste ? Repas ? Footing ? Netflix ? Yoga ? Rien du tout ? La liste des questions que je me pose chaque jour est infinie parce que je suis rigoureux, parce que j'aime régler tous ces détails quand ma lucidité est optimale. J'aime avoir pris le temps de le faire pour mettre toutes les chances de mon côté de performer le jour J. Au moment de taper des *runs*, et plus particulièrement en compétition, nous sommes sous tension et au maximum de l'excitation, donc autant avoir fait le ménage dans sa tête avant...

Stress

Voilà un dénominateur commun à tous ceux qui se frottent aux enjeux du jeu ! La boule au ventre, la respiration saccadée, les mains moites, les pieds tremblants, la surexcitation douteuse ou le renfermement obscur... à chacun son scénario pour perdre les pédales et manquer de quitter le navire. Pour performer, nous avons besoin d'un stress positif. Sans ou pas assez de stress, on se place un peu en retrait, peu concerné par l'instant présent ; trop de stress, on accumule les mauvaises décisions, on est complètement désordonné et vite submergé par la fatigue. Entre les deux, il y a le bon stress pour se surpasser. Avant l'épreuve du feu, entraînez-vous à jouer, confrontez-vous à d'autres, inventez des défis à l'entraînement, mettez de l'enjeu à chaque essai, qu'il y ait quelque chose à gagner et quelque chose à perdre, dans le but de solliciter et d'apprivoiser cet état de stress.

Avec Manu Romain, à l'entraînement tout était un jeu avec un enjeu... malheur à celui qui faisait une prise de moins...

Sucre

Désiré, décrié, savouré, conjuré, partagé, dissimulé, compulsif, le sucre est une drogue. Je fais partie de ceux qui se damneraient pour une poignée de bonbons Haribo, mais la raison l'emporte souvent sur l'addiction. Priorité à la performance et à l'objectif. Le sucre est aussi addictif que la cocaïne, ce n'est pas moi qui le dis, ce sont les nombreuses études scientifiques : la dépendance au sucre est réelle, autant que pour l'héroïne, la méthamphétamine, l'alcool, la cigarette... On sait que consommer du sucre de façon chronique et prolongée entraîne des modifications biologiques, en particulier sur le cerveau ! Il faut donc le réguler. Le sucre est un carburant nécessaire au fonctionnement de nos muscles et de notre

Préférez le miel, un peu plus cher mais moins calorique et, à l'inverse du sucre, il contient des vitamines et des minéraux, et il a des propriétés bénéfiques pour le corps (cicatrisant).

organisme en général, mais s'il n'est pas « brûlé », il est tout simplement stocké sous forme de graisse. Selon l'OMS, pour être en bonne santé, notre alimentation ne devrait pas contenir plus de 25 grammes par jour de ces sucres « friandises » rapides... Quand on sait qu'une canette de Coca en contient déjà 35 grammes, un verre de jus de fruit 15 grammes, un Big Mac 8,5 grammes, un pain au chocolat 6,5 grammes, l'addition est très vite faite...

Superstition

« Toujours les mêmes gestes, d'abord la jambe gauche, chaussette, chaussure, puis la jambe droite, et ensuite une gorgée de Volvic... » Vous vous rappelez bien évidemment cette publicité de Zidane. Superstitieux, oui ! La superstition, c'est le fait de croire que certains actes entraînent mystérieusement de bonnes (ou mauvaises) conséquences, c'est devenu un fait commun chez les sportifs de haut niveau. Rafael Nadal aligne ses bouteilles d'eau perpendiculairement à la ligne de fond de court, Michael Jordan a conservé toute sa carrière dans son sac de sport son premier short d'équipe universitaire, Zidane s'asseyait toujours à la même place dans le bus qui le menait au stade, Tiger Woods et son polo rouge, Laurent Blanc et le baiser sur le crâne de Barthez, la ceinture noire fétiche de Teddy Riner, Federer et ses 8 raquettes et 8 bouteilles... Chacun de nous, dans des proportions différentes, est conditionné par ces petits gestes qu'il estime indispensables car « un jour, j'ai fait comme ça et j'ai réussi »... C'est une façon inconsciente de garder le contrôle sur la situation et sur les événements à venir (dans cet instant, avec ma chaussette porte-bonheur, je suis intouchable), mais ça peut devenir anxiogène (si ladite chaussette est restée dans la machine à laver). Il faut donc savoir relativiser. Construire des superstitions mais ne pas s'en sentir dépendant.

Le scratch de mon chausson de compétition "fétiche" a lâché quelques minutes avant une finale de coupe du monde... J'ai été obligé de prendre mes chaussons d'entraînement... j'ai gagné la compète et au lieu de me dire : "finalement, il n'y a pas de superstition...", ce sont devenus mes nouveaux chaussons fétiches !

Surcompensation

La surcompensation, c'est finalement l'objectif de l'entraînement ! Je m'explique. On commence l'entraînement avec son niveau, et après des séances bien calibrées et bien organisées, le niveau va logiquement commencer par diminuer avec la fatigue accumulée. En additionnant le repos nécessaire, le corps va récupérer de l'effort mais aussi réagir à cette dernière fatigue en anticipant un nouvel effort intense. Ces réajustements du corps finissent par améliorer notre niveau de départ, nous aurons surcompensé, donc progressé. À ce moment-là, nous pouvons ajouter une nouvelle charge de travail qui ira puiser dans nos ressources...

Surentraînement Avant de frôler le surentraînement, il faut vraiment se mettre des charges de travail d'intensité physique très élevée sur une longue durée... Personnellement, je n'ai pas souvent (si ce n'est jamais) croisé de grimpeurs qui s'entraînaient trop ! On parle de surentraînement quand le temps de récupération est insuffisant, que les nouvelles charges de travail arrivent trop tôt et trop fort et que, finalement, notre courbe de niveau décline doucement mais sûrement vers le plancher zéro ! D'autres facteurs peuvent influer sur notre état général et nous plonger dans une profonde fatigue : qualité et durée des phases de récupération, équilibre alimentaire, pressions sociales et professionnelles ou, plus simplement, la vie courante qui, même millimétrée, peut faire vaciller l'édifice que nous essayons de construire !

Suspension Avec les deux bras ou un seul, coude tendu ou en blocage, lesté ou à poids de corps, voire délesté, les doigts en arqué, semi-arqué ou carrément tendus dans un effort hyper court et intense ou plus long en résistance... les suspensions représentent l'exercice de force type pour les doigts. Ici, « qui peut le plus peut le moins ! » : tenir le plus longtemps sur la plus petite et la plus mauvaise prise. Une façon de travailler la tenue de prise et le gainage de l'épaule et de la ceinture scapulaire, et même les jambes. L'acharnement étant bien évidemment intéressant, il faut garder en tête qu'il reste loin de l'effort classique en escalade qui demande bien plus que de tenir la prise mais bel et bien de bouger avec. Il faut alors prendre le temps de transposer cet effort dans votre grimpe, et pour cela rien de tel que de bonnes séances de bloc/pan avec les copains sur des blocs bien durs où il faut évidemment tenir fort les prises mais surtout aller chercher les suivantes (il va de soi que je ne parle pas de blocs où il faut courir sur les volumes, mais bien de blocs avec prises à « l'ancienne »).

AUTOPSY #24

INGRÉDIENTS POUR ÉTIRER LE HAUT DU CORPS

"CROIRE QUE L'ON S'EST DONNÉ À 100%,
C'EST DÉJÀ SE CONSTRUIRE UNE LIMITE."

Miho Nonaka

ÉTIRER LE TRONC ET LE HAUT DU CORPS EST PLUS COMPLIQUÉ QUE ÇA EN A L'AIR ! Notamment car il s'agit de « gros » muscles (comme le grand dorsal qui recouvre les deux tiers du dos) structurés par la superposition complexe de plusieurs muscles, et la moindre modification de la posture pourra changer complètement l'étirement du muscle. Il faut donc jouer, essayer et surtout ressentir quel muscle est sollicité, quel positionnement est le plus favorable selon la zone de tension que l'on veut relâcher ! Le travail de détente de nos muscles terminé, on pourra conclure en portant une attention toute particulière à notre colonne vertébrale, pièce maîtresse dans l'architecture de notre machine, simplement en se pendant à une barre fixe ou n'importe quelle grosse prise et laissant la pesanteur nous tirer vers le bas, nous détendre au maximum jusqu'à sentir chaque disque vertébral qui décompresse un à un. C'est d'autant plus important dans la pratique du bloc et du pan à cause des chutes à répétition.

1 – Étirement des obliques : *on retrouve le grand oblique et le petit oblique, muscles de la paroi abdominale qui jouent un rôle clé dans l'inclinaison et le maintien du tronc et fait le lien entre les côtes et le bassin.*
2 – Étirement des pectoraux : *on distingue le grand pectoral et le petit. Ils interviennent dans les mouvements du bras et des épaules mais aussi dans l'élévation du thorax lors d'une inspiration profonde.*
3 – Étirement du trapèze : *ces trois faisceaux englobent la nuque, les épaules et une bonne partie du dos. Il intervient dans les mouvements de la tête ainsi que des épaules.*
4 – Étirement des abdos : *il serait compliqué de le résumer en quelques lignes tant l'enchevêtrement des faisceaux musculaires est complexe, entre les obliques, le transverse et le grand droit. On retiendra que c'est ce dernier qui fait ces « petites boules » tant recherchées !*
5- Étirement du grand dorsal : *le plus grand et plus large muscle du corps. Il donne la forme en V du dos. LE muscle clé ? Probablement, à tel point qu'il est souvent nommé le muscle du grimpeur. Il relie les bras au bassin.*

ITW ★

LE PHÉNIX

SELFIE EXPRESS

Shauna Coxsey
Date de naissance : 27 janvier 1993
Nationalité : Anglaise
Perfs :
- Vainqueur de la coupe du monde de bloc 2016 et 2017
- 30 podiums dont 11 victoires

Instagram : @shaunacoxsey

Calme à l'extérieur, tu sembles avoir également une grande force intérieure. Est-ce le secret de l'énergie que tu déploies en grimpe ?
Oui, je suis d'une nature assez calme. Je ne me mets jamais vraiment en colère. J'aime grimper de façon sereine, mais je pense que je sais aussi comment me pousser quand j'en ai besoin. Être calme, c'est une chose à laquelle j'ai beaucoup pensé au fil des années, j'ai bien sûr fait des efforts pour que cela devienne un point fort. On en revient toujours au débat entre l'inné et l'acquis... que je trouve d'ailleurs très intéressant. J'ai commencé à grimper si jeune qu'il est difficile pour moi de dire si j'ai un talent naturel ou si c'est simplement le résultat du travail. Et même avec des prédispositions, je crois qu'il est nécessaire de travailler extrêmement dur pour atteindre le sommet quel que soit le sport. Je suis réellement fascinée par ce que

nos corps sont capables d'accomplir. J'adore m'entraîner et apprendre la façon dont le mien fonctionne, comment le stimuler. Après, j'ai des objectifs précis, généralement un gros et puis beaucoup de plus petits que je pourrai cocher au cours de ma progression pour garder ma motivation. Je les rédige et je les partage avec les personnes qui me sont le plus proches, je trouve que cela les rend plus réels, et me donne de la force pour parvenir à les accomplir. Quand tu t'entraînes pour de grands événements, il reste peu de place pour la spontanéité. Je travaille avec une super équipe et je pense sincèrement que c'est ça le secret. J'ai accepté le fait que je ne pouvais pas construire mon programme toute seule.

Quelles sont tes routines quotidiennes ?
Le combiné pour les Jeux olympiques rend l'entraînement très dur parce qu'il faut être capable d'exceller sur des plans techniques, physiques et mentaux très différents, chaque discipline requiert des aptitudes tellement spécifiques qu'il est presque impossible de préparer le programme parfait. Généralement, j'ai un jour de repos dans la semaine, tous les autres jours sont différents. Je m'entraîne dans de multiples salles d'escalade pour avoir accès aux meilleures installations pour chaque discipline. Je fais quelques sessions de « *beastmaker* » et je m'exerce aussi sur un pan que j'ai installé chez moi. D'ordinaire, je m'entraîne deux à trois fois par jour, en plus des étirements et de la rééducation que j'ai besoin de faire. Des journées bien remplies, mais au final j'adore m'entraîner. J'adore passer une séance à soulever des gros poids à la salle, j'adore enchaîner des blocs sur un mur, j'adore me faire une séance dans mon sous-sol, et je pense que j'apprends même à aimer transpirer en séance d'endurance. Pour moi, l'entraînement parfait, c'est celui où je travaille dur, où je me sens satisfaite et où je finis avec le sourire, peu importe ce que j'ai fait. La force, la grâce, l'envie et l'humilité, voici la recette du parfait grimpeur.
S'entraîner pour être fort ou en forme physiquement est plutôt simple. On travaille dur mais la logique est basique. S'entraîner pour devenir bon en escalade est en revanche vraiment plus compliqué dans la mesure où il faut exceller dans tous les registres. En compétition, nous grimpons sur des voies nouvelles, se préparer signifie donc être prêt à gérer tous les scénarios. C'est l'une des choses que j'aime le plus dans ce sport : l'inconnu. Tout comme le travail, la base de tout. ■

AUTOPSY #25

INGRÉDIENTS POUR AMÉLIORER SA CONTI

POUR FAIRE SIMPLE, LA CONTI, CE N'EST PAS UNE FILIÈRE ÉNERGÉTIQUE PROPREMENT DITE MAIS NOTRE CAPACITÉ À RESTER SUR LES PRISES, à faire circuler le sang dans nos avant-bras pour que nos muscles soient alimentés en oxygène et éliminent le plus rapidement les « déchets » comme ce bon vieux lactate ! Travailler la conti, c'est donc apprendre à délayer ! Au départ, il faut penser volume d'effort, visez plutôt des séances qui tendent vers les 1000 mouvements avec « peu » de repos que vers du pur qualitatif. Pour arriver à un tel volume d'effort, il faudra forcément adapter l'intensité autour d'un niveau « moyen + ».

Le second point important est de bien distinguer, au cours de l'exercice, « faire mon *run* de 100 mouvements » et « tenir 100 mouvements sur le mur » : le travail de la conti demande d'apprendre à rester sur les prises, trouver la position du moindre effort (ou non), relâcher l'avant-bras et le reste du corps afin de continuer à grimper. C'est pour cela que dans cette phase d'entraînement, il faut particulièrement privilégier le but de l'exercice plutôt que l'enchaînement. Il sera plus efficace dans votre quête de progression de tenter de récupérer sur les prises, même à deux ou trois mouvements de la fin plutôt que de vous jeter sur le bac final pour conclure.

Nous avons dit volume d'effort, rythme, respiration mais aussi aspect psychologique. Le mental fait partie intégrante du travail de conti, la plus grande difficulté n'est pas forcément de récupérer sur les prises mais d'accepter de s'y arrêter et choisir de se reposer plutôt que de courir.

Cet aspect mental de la conti renvoie à un concept plus vaste :

« En compétition comme en falaise, l'objectif n'est pas de monter le plus haut, mais de sortir la voie. »

Votre seule préoccupation : progresser prise après prise, mouvement après mouvement. Dans cet effort long, il vous faut prendre le pas mentalement, contrôler et diriger l'effort, même quand ça peut devenir douloureux. Gardez le cap !

Les exercices de conti travaillent sur un rythme lent et saccadé, ils nécessiteront que vous poursuiviez avec un gros travail de « grimpe normale », naturellement plus rapide et donc, plus active.

À TOI DE JOUER...

50/50

La conti a tout à voir avec la durée. Dans un premier *run*, grimpez normalement en chronométrant, privilégiez une voie que vous connaissez. Imaginons que vous avez mis 4 minutes. Pour le second *run*, vous devrez rester 50 % de temps supplémentaire sur le mur, soit 6 minutes pour clipper le relais. Au troisième *run*, ajoutez encore 50 % du temps, soit 9 minutes... Et pour boucler l'exercice, terminez par un *run* à - 50 %, soit 2 minutes pour enchaîner puis par un *run* normal se rapprochant de l'initial !

Footing vertical

Dans une voie de votre niveau, rien de plus basique, rien de plus efficace que de monter et descendre, faire des allers-retours, doublettes, triplettes, quadruplettes... pendant 10, 15, 20 minutes jusqu'à épuisement...

Contrat minute

Sans pour autant réinventer l'effort, cette façon de travailler la conti permet de s'investir sans avoir de voie ou de circuit tracé ni même de compagnon d'entraînement, un pan chargé de prises suffira. Le contrat est de rester sur le mur 10 minutes et de faire 200 mouvements. Il faudra adapter votre effort pour ne pas grimper trop vite ni trop doucement, délayer et bouger suffisamment sur le mur pour rester dans le rythme de 20 mouvements par minute, mais attention, c'est là que le jeu devient drôle, vous n'avez pas le droit d'en faire plus ! Si au terme des 20 mouvements, la minute n'est pas écoulée, il vous faudra rester sur les deux prises que vous avez en main et patienter jusqu'à la prochaine minute. Inversement, si, à l'approche de la minute, il vous reste un bon nombre de mouvements à faire... il faudra accélérer.

Blocs&Walls

ITW★

L'ÉPICURIEN

SELFIE EXPRESS

Stefano Ghisolfi
Date de naissance :
18 février 1993
Nationalité :
Italien
Perfs :
· 34 voies dans le 9 dont six 9b et un 9b+ avec *Perfecto Mundo*
· 12 podiums en coupe du monde dont 5 victoires
Instagram :
@steghiso

Quelle serait ta définition de l'entraînement ?
L'entraînement, pour moi, c'est avancer vers mes objectifs. Je me fixe un but à atteindre, que ce soit pour une compétition ou une voie en falaise, et je m'entraîne pour ça ! Lors de mes séances, j'essaye de prendre du plaisir et de m'amuser, parce que quand c'est amusant, c'est souvent efficace !

L'escalade et l'entraînement ne signifient pas seulement développer des capacités physiques et énergétiques. Quel est ton point de vue ?
L'entraînement physique n'est qu'une petite partie du tout. L'esprit contrôle le corps, ce qu'il faut acquérir, c'est le jeu et l'entraînement de l'esprit. Ces deux aspects réunis font qu'un athlète est complet, si l'un des deux est défaillant, l'équation sera incomplète. Le plus important, c'est de chercher à aller au-delà de ses limites, de se donner des objectifs plus hauts que

ce que l'on est capable de faire. Au début, tout semble impossible, mais il faut continuer à s'entraîner et à s'adapter, et à la fin, tout semble possible. Alors, c'est le moment de s'atteler à quelque chose de plus compliqué. J'ai évolué dans ma réflexion : au début, je pensais que tout venait de la force physique, puis tout du mental, aujourd'hui, je suis convaincu que nous avons besoin des deux : le pouvoir n'est rien sans contrôle. Mais une chose est sûre, il faut un mental d'acier... La motivation et la détermination sont la clé pour surmonter la peur et vaincre n'importe quel projet. Si tu es préparé mentalement pour atteindre un objectif, alors c'est de la motivation. La détermination, c'est ce qui te permet de continuer quand la motivation est basse.

Comment organises-tu ton programme d'entraînement ?
J'ai beaucoup de choses à améliorer. Je suis faible dans les blocs modernes, en mobilité spécifique et sur des sections super techniques. Il me faut corriger tout cela pour devenir encore meilleur. Travailler sur les détails est important quand on atteint le haut niveau, quand mon entraînement est programmé, il devient ma priorité, tout est construit autour de lui, et mes objectifs de vie sont mes objectifs d'escalade. Je me concentre pour réaliser une bonne séance d'entraînement, pour qu'elle soit efficace et amusante ; je varie les styles, les exercices et les efforts pour être prêt à tout ! Pour moi, une séance parfaite, c'est quand je finis fatigué et heureux. Je m'entraîne toujours, et principalement, pour les compétitions mais je pratique également en falaise. En extérieur, c'est vraiment un jeu entre moi et la voie, et surtout, c'est un autre moyen de me motiver et de me fixer des objectifs élevés toute l'année, même sans compétition. Pour mon équilibre, grimper en rocher, c'est aussi important que la compétition, peut-être même plus.

Si tu devais décrire le parfait grimpeur, à qui ressemblerait-il ?
Il ou elle serait quelqu'un avec une bonne force physique, de l'endurance, de la souplesse, et un grande force mentale (quand on ne ressent pas la pression, qu'on comprend toujours une voie, qu'on ne fait jamais d'erreurs). Il ou elle serait dynamique comme Janja mais puissant comme Jakob Schubert, élégant comme Kim Jain mais fort comme Chong Jonwon, concentré comme Adam Ondra et endurant comme Alex Megos. ■

T

★

« CELUI QUI VEUT
ATTEINDRE UN OBJECTIF LOINTAIN
DOIT FAIRE DE PETITS PAS. »

Talon Le crochetage talon est une arme redoutable pour compenser l'équilibre des forces et rester littéralement scotché au mur le temps de lâcher une main pour attraper la suivante. Une technique qui s'apprend. Pour être bien réalisé, un crochetage talon doit être précis. Le mot « crochetage » n'est pas vraiment approprié à l'action, dans la majorité des cas, je préfère décomposer le mouvement en deux étapes : d'abord un « griffage » de talon pour la pose du pied, puis une « traction » du talon pour le mouvement. En pratique, il faut ouvrir la cheville, ouvrir le genou puis la hanche afin de bien poser la partie extérieure du talon sur le bord de la préhension, pour que dans un second temps, en armant la jambe, on puisse le faire basculer, ramener le point de contact plus au centre du talon et surtout, bien au fond de la préhension. Une fois bien griffé, il n'y a plus qu'à tracter sur la prise en tirant, cette fois avec le mollet et l'ischio-jambier, tout en ajustant le bassin. Souvent le mouvement se termine en faisant levier avec l'articulation du genou ce qui peut, quand il est vraiment poussé à l'extrême, provoquer rapidement des blessures sur les ligaments. Bon, même en essayant de simplifier l'explication de texte, vous comprenez que le crochetage talon est un mouvement technique complexe poly-articulaire qu'il faut apprendre et surtout répéter de nombreuses fois avant de l'intégrer et de l'utiliser en voie.

« UN OBJECTIF LOINTAIN LAISSE LE TEMPS DE BIEN PLANIFIER SON ACTION AVEC DES ÉTAPES, D'ÉVALUER ET DE RÉAJUSTER SI BESOIN. FAIRE UN PETIT PAS, C'EST PRENDRE UNE DÉCISION ET S'ENGAGER DANS SA MISE EN ŒUVRE... RÉPONDRE À LA QUESTION : "QUEL EST LE PROCHAIN PETIT PAS SUR TON CHEMIN ?", C'EST ÊTRE HONNÊTE AVEC SOI. »

Cécile Avezou – Sélectionneur de l'équipe de France de difficulté

Téléphone « Je regarde juste un message », « j'envoie un mail urgent », « j'ai reçu une notification »... Si notre chirurgien rythmait notre greffe de biceps au gré du vibreur de son iPhone, il y a fort à parier qu'on regretterait amèrement d'être allongé sur ce lit d'hôpital ! À l'entraînement, mêmes effets, mêmes conséquences. Combien de fois avons-nous zoné sur Facebook ou Instagram entre deux essais ? Est-ce que ce temps de « repos » ne serait pas plus efficace si on relisait la voie, si on essayait de trouver ce que l'on a fait de bien ou de mal au cours du dernier *run*, ce que l'on peut corriger, améliorer ou si on en profitait pour vraiment récupérer ?

Avec les smartphones, il est possible de connaître le temps total passé dessus... ça vaut le coup de regarder, même les plus accros seront effrayés !

Temporalité Quel que soit l'objectif, il faut être patient et s'investir à la hauteur de ses envies de réussite, non pas sur une séance, sur une semaine ou un cycle d'entraînement mais bien sur la durée qui se compte parfois en années... Et de citer Jürgen Klopp, immense entraîneur de foot : « Si tu veux des résultats exceptionnels, tu dois penser, sentir et faire des choses exceptionnelles. Tu dois vivre à la hauteur de tes ambitions et tu dois le faire sur une très longue durée. Personne n'aime entendre cette formule, mais c'est la seule qui fonctionne. Les gens croient pouvoir gagner en claquant des doigts, mais ça n'a jamais marché et ça ne marchera jamais ainsi. Jamais. » À bon entendeur...

Tendinite La tendinite est un terme général qui désigne la plupart du temps une inflammation du tendon ou de sa gaine. Tendinite au coude, à l'épaule, au poignet... on localise souvent la douleur au niveau de l'articulation mais elle provient généralement de cette fine partie reliant le muscle à l'os : le tendon. La guérison peut être longue même en agissant dès les premiers signes. En priorité, du repos. Puis il faut identifier les mouvements douloureux pour les supprimer de son quotidien, travailler simultanément avec un kiné pour stimuler et renforcer la zone blessée grâce à des étirements, des drainages et des massages profonds, de l'électrothérapie ou de la cryothérapie qui a toujours ce pouvoir « anti-inflammatoire ». En parallèle, essayez d'identifier ce qui a pu, à un moment ou un autre, provoquer cette blessure - sommeil, alimentation, stress... - afin d'accélérer la convalescence.

Tendu Opposé de l'arqué (quelle idée = : ; +/. ?). Même après des années d'escalade, je ne comprends toujours pas comment il est possible de s'accrocher aux prises de cette façon, les articulations détendues, alors qu'avec le pouce bien verrouillé et les cinq doigts de la main armés sur la prise, on est tellement bien... Encore une fois, on parle en fait de profils, de schémas de grimpe, d'aptitudes et de coordinations musculaires développés depuis nos débuts en escalade. En effet, les recherches ont montré que, entre arqué et tendu, il n'y a aucun avantage biomécanique à privilégier l'un ou l'autre type de préhension. En revanche, selon votre style, travailler l'un comme l'autre peut vous apporter des pistes de progression très intéressantes : essayez de grimper votre prochain bloc ou votre prochaine voie sans le pouce (même pas pour pincer la prise) et sans le petit doigt pour bien garder l'index, le majeur et l'annulaire détendus... vos pectoraux n'auront jamais été autant mis à mal et les solutions à mettre en place pour avancer seront plus qu'intéressantes !

Tentation « On peut résister à tout sauf à la tentation. » Sans verser dans la rigueur monacale, cette citation d'Oscar Wilde pourrait vous aider à réguler vos excès et toutes ces petites choses qui peuvent faire dévier du « droit chemin », s'immiscer dans des petites failles et gripper le rouage que l'on s'efforce pourtant de si bien huiler ! Des paquets de gâteaux à la maison au

À l'inverse, si avoir sa bouteille d'eau toujours à portée du regard peut nous inciter à boire plus...

verre de soda (voire d'alcool) en soirée ; du téléphone pendant l'entraînement au paquet de bonbon sur le canapé, en passant par ces potes qui pensent plus à rigoler et boire des bières qu'à s'entraîner… s'il n'y a pas de tentation, il n'y aura pas de raison d'y céder.

Tractions Exercice de musculation le plus plébiscité en escalade et dans les salles de fitness, promesse de beaux biceps. Le duo biceps/triceps ne joue pourtant qu'un rôle infime dans l'effort en agissant davantage comme des muscles stabilisateurs liés à la flexion et à l'extension du coude. C'est ici l'occasion de faire l'inventaire des muscles les plus sollicités au cours d'une traction : le grand dorsal qui tire le corps vers le haut, le trapèze qui « soulève » les omoplates et les pectoraux qui libèrent les épaules et les omoplates ! Faites le test : levez les bras, mimez une traction et essayez de ressentir le muscle de votre corps le plus sollicité ? Les biceps ne sont-ils pas relégués au second plan de l'effort ? Il peut être important de mémoriser ce schéma d'action car, fatigue aidant, on se focalise sur les biceps pour qu'ils se contractent plus et ferment le bras, mais le plus gros du combat se déroule finalement au niveau du dos !

En pronation (pouce à l'intérieur) pour travailler plus le dos, ou en supination (pouce à l'extérieur) pour mettre l'accent sur les biceps.

Transpiration **Ces gouttes de sueur qui perlent sur notre front ne sont pas synonymes d'efforts intenses, de combustion des graisses et de perte de poids ! Dommage. Les litres de transpiration n'indiquent pas le nombre de calories brûlées mais bien le niveau de déshydratation. La transpiration n'est qu'un mécanisme de thermorégulation destiné à maintenir le corps à la bonne température. En effet, les efforts déployés lors de l'entraînement peuvent conduire à une consommation de graisse pour produire de l'énergie. Cette réaction dégageant de la chaleur (thermogenèse), le corps régulera sa température grâce, notamment, à la transpiration. Mais l'inverse n'est pas automatique : transpirer ne voudra pas forcément dire consommation de graisse ! La seule variable à prendre absolument en compte quand on transpire, c'est la réhydratation et la consommation d'eau.**

Ma boisson réhydratation maison : 1 l d'eau + 1 citron pressé + 1 cuillère à soupe de miel + 1/2 cuillère à café de sel. Un extra avec 1 cuillère à café de cannelle les jours de fête.

Tribu « Quand tu es un athlète de haut niveau, tu es rempli de doutes, continuellement, mais il y a ces gens qui t'aident à aller au bout de tes rêves. Tous les grands sportifs sont entourés par des gens extraordinaires, tu ne peux pas arriver seul à ce haut niveau. » Ce sont les mots du tennisman français Guy Forget. Même dans ce sport individuel, la « tribu » se révèle essentielle. Quels que soient notre niveau et nos ambitions, on aura toujours besoin de pouvoir compter sur notre entourage afin d'accomplir de belles et grandes choses. Dans la réussite comme dans la défaite, ceux qui comptent sauront apporter confiance, réconfort et encouragement avec un dévouement sans faille. Les performances dépendront bien souvent de l'émulation générée autour du grimpeur, du performeur, entre le coach, les partenaires de grimpe, les amis, la famille, le club, la fédération... C'est l'énergie collective produite autour du projet qui le rendra encore plus concret. Tribu, bande, famille, ruche... peu importe le nom, nous nous sentirons portés. Que serait devenu Harry Potter sans Ron, Hermione, Dumbledore et les autres ? Tony Stark sans les Avengers... ?

Triche On ne triche pas avec soi-même ! « Ah là, j'ai tout donné », « franchement, je peux plus mettre un *run* », « j'ai arrêté de sortir et de faire la fête », « je mange même des légumes »... Facile d'enjoliver un peu la réalité, de falsifier la vérité. Mais, dans ces situations, nous mentons d'abord à nous-mêmes. « J'ai tout donné » ou « il m'en restait un peu mais j'ai fait une erreur » ? « Je peux plus mettre de *run* » ou « j'ai plus envie » ? « J'ai mangé de la salade mais entre deux tranches de pain avec un steak, du bacon, des oignons, du ketchup, et une barquette de frites » ! Au moment de taper vos *runs*, de débuter la compétition, quand il faudra enchaîner, sortir les voies ou les blocs, les moyens que vous utiliserez pour performer ne seront pas au niveau de ce que vous avez dit mais bel et bien de ce que vous avez fait. Dire que l'on s'entraîne, c'est cool, mais s'entraîner est bien plus efficace.

Sans faire une liste exhaustive, il y avait bien autour de moi une équipe soudée d'une dizaine de personnes qui s'étaient appropriées mon projet et le (me) portait à bout de bras.

« JAMAIS SEUL À L'ENTRAÎNEMENT, TOUJOURS LES POTES POUR QUE L'ÉMULATION SOIT AU RENDEZ-VOUS DU JEU ET DU PLAISIR. » © BRUNO MAGNIEN

AUTOPSY #26

PROFIL DE PROFIL

DALLE LISSE OU GROS DÉVERS ? ARÊTE VERTIGINEUSE OU DIÈDRE INVENTIF ? QUEL STYLE DE GRIMPE CORRESPOND LE MIEUX À NOTRE PROFIL ?

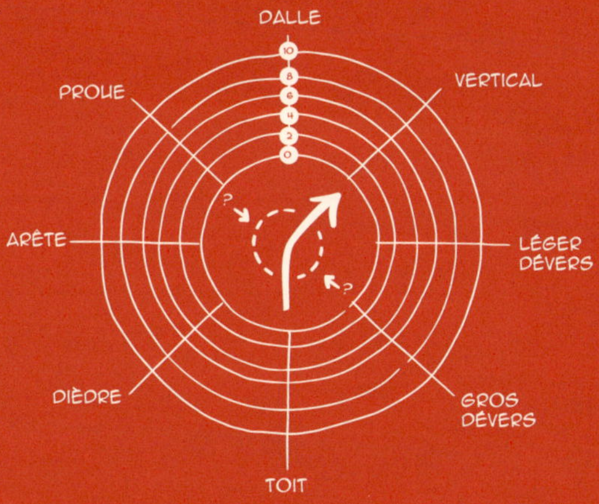

Pas si facile de répondre objectivement d'autant que, sur le principe, c'est assez limitant et cela dépend énormément de l'ouverture proposée. Mais je voudrais profiter de l'occasion pour attirer votre attention sur les croyances, ces fausses vérités ou vrais mensonges...
Par exemple, difficile de savoir à quel degré d'inclinaison du mur on se sent le plus à l'aise, en revanche, on sait davantage ce qui correspond à notre profil maudit : **« Ah mais le toit, j'y vais pas, je suis nul », « la dalle, c'est trop dur, c'est pas pour moi », « les proues, faut mettre des talons, je suis pas assez souple »...** Des vérités toutes faites, des croyances établies qui nous conditionnent dans des scénarios d'échec et nous conduisent même à délaisser des pans entiers de l'escalade !
Les mises en situation à l'entraînement, sans enjeu, seront une bonne manière de casser ces idées reçues et d'apprendre à dompter ces profils plutôt que de s'effondrer sous le poids de la peur. Comme disait Kobe Bryant : « Tout ce que j'appréhende de façon négative, je le transforme en défi, c'est une opportunité pour moi de progresser. » Eh oui, si nous rechignons à aller dans certains profils de mur, c'est bien qu'ils ne sont pas à notre avantage, nous aurons donc tout à gagner à braver ces faiblesses passagères.
Au final, c'est ce que nous recherchons : progresser.

- SUR QUEL PROFIL EST-CE QUE JE VAIS INSISTER LORS DE MES PROCHAINS ENTRAÎNEMENTS ?

« EXIGENCE, PERSÉVÉRANCE, TRAVAIL ET PLAISIR… DANS LA DURÉE, AVEC ÇA, CHAQUE GRIMPEUR PEUT PROGRESSER. »

« Je crois que comme dans n'importe quel sport, aucune faille ne peut être colmatée par une autre. C'est davantage un équilibrage. Mais pour performer en compétition aujourd'hui, la contrainte technico-physique est tellement élevée que ce serait un jeu dangereux que de faire l'impasse sur certains domaines, à moins que ce ne soit une "stratégie" : se dire qu'on va pousser ses points forts à fond et performer le jour où les planètes de l'ouverture seront alignées. Mais les compétiteurs peuvent aussi faire le choix de délaisser certains domaines, quand le travail demandé pour progresser dans leurs points faibles est trop coûteux en temps par rapport au gain potentiel. Un choix difficile à soutenir au niveau motivation si on enchaîne des mauvais résultats. Je pense quand même que pour la compétition, il faut pousser au maximum ses points forts tout en ayant une lecture précise du terrain de jeu auquel on va être confronté et qui pourrait nous limiter ou pas au regard de nos points faibles. Et essayer de trouver le juste mélange à l'entraînement pour lisser les problèmes qu'on pourrait rencontrer. »

« TOUT EST UNE QUESTION D'ÉQUILIBRE. »

LE PRO

Une prédisposition naturelle pour l'escalade physique, extrémiste de l'entraînement, la rigueur est sa devise.

« L'entraînement est un processus passionnant, j'aime l'idée de mettre cela en place pour repousser les limites. Je dirais que ma philosophie, c'est "le jusqu'au-boutisme", c'est-à-dire être prêt à tout donner pour progresser. Être capable de placer son projet sportif et son envie de progresser au centre de sa vie et de ses préoccupations. Être prêt à tout donner et à tous les sacrifices pour avancer. En gros, se demander à chaque minute comment je vais utiliser la suivante pour devenir meilleur. C'est très facile quand il s'agit de moi, car je suis extrémiste, j'ai besoin de faire les choses à fond. Les coaches que j'ai rencontrés au cours de mon parcours ont d'ailleurs renforcé cette vision. J'ai l'impression qu'aujourd'hui les choses ont beaucoup évolué. Malgré les discours de façade, les générations actuelles ont selon moi du mal à soutenir un effort dans la durée et obligent les entraîneurs à toujours entretenir leur motivation à travers, par exemple, des situations ludiques. C'est quelque chose qui ne me parle pas. Si tu as besoin que je te motive à t'entraîner, c'est que tu t'es trompé de voie. ■

SELFIE EXPRESS

Nicolas Januel
Nationalité :
Français
Job :
Entraîneur national de l'équipe de France
Plusieurs V15 à Fontainebleau
@nicojanuel

AUTOPSY #27

DORMIR, C'EST S'ENTRAÎNER

Les 10 pistes pour un sommeil efficace

1 – De 6 à 9 heures pour une bonne nuit.
2 – Un environnement silencieux, obscur et autour de 18 °C.
3 – Avoir une routine, se coucher et se lever à des heures régulières.
4 – Éviter alcool, caféine, nicotine et autres « excitants ».
5 – Les efforts moyens et longs seront plus impactés par le manque de sommeil que les efforts courts et intenses.
6 – Le manque de sommeil affecte de nombreuses fonctions cognitives, le cerveau ne peut plus résoudre des tâches complexes.
7 – Le manque de sommeil perturbe la sécrétion de certaines hormones qui contrôlent notamment l'appétit, en d'autres termes : plus on dort mal plus on mange mal.
8 – Un temps de sommeil insuffisant multiplie par 1,7 le risque de blessure.
9 – Le manque de sommeil augmente fortement l'irritabilité, le surmenage chronique, la perte de motivation et diminue la tolérance à la douleur.
10 – Une nuit blanche engendre une baisse des réserves de glycogène musculaire de plus de 10 %.

LE SOMMEIL EST CONSIDÉRÉ COMME UN POINT CLÉ DE LA RÉCUPÉRATION AUSSI BIEN PHYSIQUEMENT QUE MENTALEMENT. Il faut vraiment avoir en tête que plus notre sommeil sera optimum, plus notre récupération sera de qualité, plus l'entraînement du lendemain sera lui aussi d'un niveau supérieur ! **En dormant, on contribue à réduire la fatigue musculaire, nerveuse et immunitaire,** on renforce également les apprentissages de la journée grâce à l'action du cerveau qui, lui, n'est jamais au repos... Pas mal ! Bien dormir, c'est conclure, mettre le point final à son entraînement de la journée; à l'inverse, mal ou peu dormir, c'est bâcler ce que l'on a mis en place durant notre entraînement.

Toutes les 90 minutes, nous enchaînons des cycles de sommeil qui se divisent eux-mêmes en quatre phases distinctes : nous commençons par le sommeil lent léger qui dure de 10 à 15 minutes. Le cœur et la respiration ralentissent, notre cerveau entend mais ne comprend plus. Dans cet état de somnolence, nos muscles commencent à se relâcher. Ensuite nous passons au sommeil lent profond, puis au sommeil profond où, pendant près d'une heure, la respiration est très lente et irrégulière, la température corporelle diminue et alors que tout notre corps fonctionne au ralenti notre système hormonal tourne à plein régime, notamment en sécrétant de grandes quantités d'hormones de croissance, essentielles à la régénération de nos tissus cellulaires, c'est la phase clé de la récupération musculaire !
Nous passons enfin au cycle paradoxal qui dure entre 10 et 15 minutes, c'est la zone et le temps des rêves, le pouls et la respiration sont irréguliers et le cerveau est quant à lui très (très) actif et assimile les données de la journée. Si vous êtes en bonne santé, vous passerez à peine 20 % de votre nuit en état de sommeil profond et 20 % en état de sommeil paradoxal. Le reste de la nuit, soit plus de 50 %, se partagera entre sommeil léger, somnolence et éveil. C'est pour cela que se réveiller au cours de la nuit n'est pas incompatible avec un sommeil reposant car après de longues phases de sommeil profond et paradoxal, le corps a besoin de se retourner et de bouger pour assurer une bonne circulation sanguine. Si pour quelque raison votre sommeil est mis à mal, il faudra absolument en tenir compte dans la programmation de l'entraînement pour ne pas augmenter cette fatigue chronique et entamer une spirale infernale d'affaiblissement.

UV

★

« JE NE SUIS PAS SUPERSTITIEUSE,
LE TRAVAIL EST LA BASE DE
TOUTES MES CROYANCES. »

Shauna Coxsey

Avec le recul, j'ai quand même l'impression que ça faisait partie de mon mode de fonctionnement et que j'avais besoin d'être poussé dans mes retranchements pour donner le meilleur de moi-même.

Ulcère L'enjeu prend parfois une telle importance qu'on peut s'en rendre malade, se créer « un ulcère ». L'envie, la peur de l'échec, les doutes... Notre projet est une gigantesque montagne que l'on a décidé de gravir : personne n'a rêvé à notre place, personne ne nous a imposé cet objectif, personne ne nous a conduits de force au pied de la voie (sauf quelques parents à la recherche de victoires par procuration.) Tout a commencé parce qu'un jour nous avons eu ce rêve un peu fou... Alors, quand vous sentez l'envie de renoncer, de fuir, quand vous pliez sous le poids de l'enjeu, rappelez-vous votre rêve, rappelez-vous ce que cela faisait vibrer en vous et rappelez-vous que vous étiez sur le chemin...

Urine Dire que la qualité d'un entraînement se juge aussi dans la cuvette des toilettes serait un peu exagéré ! On le redit, boire souvent est important. Et c'est bien la couleur de votre urine qui vous renseignera sur votre état d'hydratation et/ou de déshydratation. C'est un indicateur simple et fiable. Il faut viser le jaune pâle ou jaune paille, une urine plus foncée est un signe que vous n'êtes pas assez hydraté, voire déshydraté. En revanche, si votre urine est trop claire, elle peut indiquer une surhydratation qui va diluer les sels minéraux essentiels à l'organisme et suractiver la fonction rénale ! **Je me répète, mais tout est question de dosage...**

Vainqueur
—
« Le vainqueur, c'est le plus fort ou celui qui grimpe le mieux ? Au mérite ou au talent ? » Il y a cette loi dans le sport – d'autant plus vraie dans la compétition – qui veut que le résultat ne s'établisse pas par rapport au mérite, au tour de biceps ou à de quelconques aptitudes génétiques, le classement se base sur la performance, à la fin, celui qui gagne, c'est celui qui aura été le plus performant à l'instant *t*. On peut retourner le concept dans tous les sens, il n'y a pas d'autre version de l'histoire ! Tenir la plus petite prise de sa poutre n'a aucun intérêt si on ne sait pas utiliser cette force en grimpant, si on perd ses moyens et toute lucidité au moindre enjeu... Il faut ajuster tous les curseurs – technique, tactique, mental, force, rési, conti, motivation, précision, détermination... – pour réaliser sa plus grosse performance.

Variété
—
À l'opposé de certains sports avec des surfaces d'action fixes qui sont (ou paraissent) répétitifs comme le 100 mètres, le saut en hauteur, le lancer de javelot, l'escalade est une pratique en mouvement. Les efforts produits se renouvellent pour chaque voie, chaque bloc. Malgré le travail réalisé sur la force, la dynamique et la technique, l'escalade est aussi un sport de sensations, fortes parfois, qu'il faut éprouver et rechercher à travers les exercices à disposition. C'est peut-être pour cela qu'on s'amuse et qu'on n'est jamais rassasié. Il faudra, quoi qu'il arrive, prendre cette variété en compte dans notre cahier des charges afin d'y répondre au mieux.

Vidéo
—
Pour l'entraîneur comme pour le grimpeur, la vidéo s'avère très utile pour compléter le *feedback* sur une compétition, un entraînement, elle éclaire *in situ*, au ralenti, sous les meilleurs angles les bons comme les mauvais passages. Le coach peut commenter avec le grimpeur ce qu'il a vu et le grimpeur peut commenter ce qu'il n'a pas vu mais vécu. L'image peut gommer le décalage entre ce que l'on a fait et ce que l'on pense avoir fait. Pas de scénario écrit à l'avance, pas de montage, pas d'effets spéciaux, la vidéo reproduit, elle répond à un principe de réalité, et apporte d'autres pistes de progression. Comme disait Confucius bien avant le retour vidéo : « Une image vaut mille mots. »

Vitamines Les vitamines A, B1, B2, B3, B5, B6, B8, B9, B12, C, D, E et K sont indispensables au bon fonctionnement du corps humain mais elles sont insuffisamment, voire pas du tout, produites par notre organisme et doivent être apportées par notre alimentation afin de répondre à nos besoins journaliers. Selon les modes de conservation, de cuisson, de préparation, la teneur en vitamines des aliments peut considérablement se réduire : un verre de jus d'orange fraîchement pressé, riche en vitamine C pourra perdre 100 % de ses apports si on ne le boit pas assez rapidement, car la vitamine C est rapidement dégradée par l'oxygène de l'air ; les vitamines A, E, D et K sont sensibles à la température et sont détruites dès que l'aliment est cuit à plus de 110 °C. Difficile donc d'avoir l'assurance que votre organisme reçoit bien ses 110 grammes de vitamine C, ses 12 grammes de vitamine E, son 1,3 gramme de vitamine B1... Faites preuve de bon sens, mangez varié et équilibré, bougez, dormez et votre corps vous le rendra.

Beaucoup de fruits et de légumes dans l'alimentation, c'est bien, mais pensez à vraiment les laver des pesticides et autres produits. Pour cela, rien de mieux que de les plonger 15 minutes dans une bassine d'eau avec 3 cuillères à soupe de bicarbonate de soude alimentaire !

Vitesse **« C'est pas de l'escalade ça », qu'il disait ! Entendu déjà il y a vingt ans quand la grimpe en salle s'est développée en parallèle de la grimpe sur rocher. Le débat n'est plus là. Malgré mon amour inconditionnel pour les lolottes, je vais bien vous louer l'intérêt de la vitesse pour l'entraînement : apprentissage des mouvements de main, des mouvements de pied, la coordination haut/bas du corps, synchronisation, poussée de jambe, tiré de bras, schéma corporel, tout cela à régler au millimètre ; et surtout, résistance à l'effort, explosivité, rythme, sans parler du combat mental pour tenir l'intensité des contraintes du début jusqu'en haut de la voie... De l'escalade en somme. Tout ce travail regroupé dans une seule voie et en quelques secondes, il serait dommage de s'en priver pour de vagues *a priori* générationnels. Faire de la vitesse sur une voie officielle – pour ceux qui ont la chance d'en avoir une à disposition – ou dans n'importe quelle autre voie, circuit ou bloc est un jeu intéressant à glisser dans vos semaines pour développer rapidité de réaction, de sollicitation et justesse.**

Voie — Une des trois disciplines de l'escalade et non des moindres. Inutile de préciser ici que les contraintes et les caractéristiques techniques, tactiques et mentales requises par l'escalade « de diff » devront composer avec la corde, les dégaines, la hauteur, la sécurité, le vertige, mais je voudrais attirer votre attention sur l'idée « d'ascension verticale ». Rien de nouveau sous le soleil me direz-vous et, pourtant, nous l'oublions bien souvent à l'entraînement. Nous nous échauffons, travaillons régulièrement en réalisant des traversées horizontales pour lesquelles la sollicitation musculaire est différente que pour une ascension verticale. Le plus souvent possible, dans ces exercices « sans corde », essayez de maintenir votre attention pour travailler vers le haut !

C'est un peu comme s'entraîner en "pas chassé" pour faire un 100 mètres...

Vol — Un enjeu psychologique, un facteur limitant. On peut être plus préoccupé par la dégaine que l'on doit atteindre que par les prises que l'on doit serrer ou les mouvements que l'on doit enclencher et ainsi avoir une dépense énergétique considérablement amplifiée par rapport à l'effort initialement demandé. Mais alors que faire ? Pour cela, il existe un mode de grimpe très pratique qui s'appelle la moulinette. Dévalorisant d'après certaines hautes instances pensantes, la moulinette permet bien d'apprendre à grimper et sert à progresser quel que soit son niveau. La corde bien installée au sommet de la voie, on limite les facteurs extérieurs pour ne se préoccuper que de la grimpe, de l'apprentissage des mouvements, des préhensions, et tout simplement de la voie. Lorsque l'affect parasitant l'escalade est dompté, on peut plus facilement passer en tête et apprivoiser les autres contraintes.

Volume — (d'entraînement). C'est le volume d'efforts que l'on peut réaliser, que l'on peut encaisser, l'intensité à laquelle on peut résister et pendant combien de temps. Le volume d'entraînement peut se comparer à la base de votre pyramide de performance, plus ce socle sera large et solide plus le sommet de l'édifice sera haut et stable ! Pas de recette miracle autre que la quantité et la qualité de grimpe dans vos entraînements, le temps passé sur le mur (pas seulement dans le gymnase). Plus ce volume d'efforts sera élevé plus votre corps pourra encaisser de grosses charges de travail et, petit à petit, utiliser ce volume pour de l'intensité dans l'effort.

AUTOPSY #28

INGRÉDIENTS POUR AVOIR UNE GRIMPE PLUS PHYSIQUE

BIEN SOUVENT LE MANQUE DE PHYSIQUE FAIT OFFICE DE COUPABLE IDÉAL, et même si l'on ne peut pas zapper éternellement cette période où l'on travaille spécifiquement muscle après muscle afin de les rendre plus beaux et plus forts, on peut commencer par se forger un mental de « Bonhomme », et orienter notre escalade vers un style plus physique, activer des schémas d'action jusque-là délaissés et découvrir un nouveau chapitre du répertoire gestuel.

Apprendre à grimper physique ?
Si on est tous d'accord pour décortiquer, travailler la mécanique d'une grimpe « technique », pourquoi la grimpe « physique » ne serait-elle qu'une histoire d'énergie ? Pourquoi n'y aurait-il pas derrière ces mouvements une gestuelle différente à apprendre ? Partons d'une idée simple : savoir utiliser sa force avant même de chercher à en avoir plus. Faire un nombre incalculable de tractions aura un avantage seulement si on maîtrise les techniques pour utiliser cette force durement acquise dans le mouvement d'escalade. En prenant l'histoire de nouveau à l'envers, pensez-vous que le champion du monde de tractions, avec un record de 565 tractions en 30 minutes et 4547 en 12 heures, inquiéterait ne serait-ce qu'une seconde le célèbre Adam Ondra ? Non, définitivement non ! En dehors de la force, il lui manquerait tout le reste, c'est-à-dire l'essentiel, la gestuelle de l'escalade !

À l'entraînement, prenez le temps d'explorer tous les styles de grimpe, poussez à fond le curseur mental et ajoutez des contraintes, jouez avec ces exigences pour augmenter encore l'effort physique dans le mouvement comme : grimper en baskets pour affaiblir (considérablement) l'usage de vos pieds dans les mouvements; grimper avec un seul pied pour modifier inexorablement le geste et l'effort demandé; s'interdire les crochetages talon ou les pied-main pour revenir aux mouvements basiques; s'interdire le pouce et grimper seulement avec les autres doigts sans jamais pincer les prises; se lester pour augmenter le poids du corps... À tous les niveaux, ces exercices permettront de pousser le curseur physique, d'activer un autre mode de grimpe et de vous faire découvrir des mouvements de force. L'apprentissage de cette « gestuelle physique » indispensable à notre sport ne se fera pas en quelques séances, comme souvent (pour ne pas dire toujours), ce sera un processus de longue haleine qui demandera lui aussi toute votre attention !

FAIRE PREUVE DE LUCIDITÉ ET DE CONFIANCE EN COMPÉTITION, QUEL EST LE SECRET ?

« Une de mes forces en compétition, et pour le coup ça n'a rien d'une capacité physique, c'est que j'avais un certain talent pour déchiffrer les blocs, pour déchiffrer l'énigme. J'étais capable, dans ma lecture, de dissocier le problème et les contraintes du bloc, et pas seulement le bloc dans sa globalité. Je comprenais assez vite où l'ouvreur voulait nous emmener et cela m'a aidé plus d'une fois à grimper les blocs avec moins d'essais que les autres. Et quand ça marche une fois, deux fois, trois fois... Après tu prends conscience que c'est une arme à ta disposition et tu te construis autour. »

LE PRO

« UN COACH QUI VEND UNE RECETTE MIRACLE EST PROBABLEMENT UN CHARLATAN. »

Grimpeur spécialisé en bloc, Kilian Fischhuber est devenu l'entraîneur de l'équipe autrichienne.

« L'escalade s'est énormément développée, le style a évolué, les prises ont changé, des gestes nouveaux sont arrivés et l'entraînement a suivi. Il faut être honnête, avant, on ne faisait que grimper. Aujourd'hui, grimper ne suffit plus, il faut s'entraîner et on doit trouver le juste équilibre entre tous les outils à notre disposition, les exercices et salles, les méthodes, les disciplines… Aujourd'hui, j'ai pris la tête de l'équipe d'Autriche. Je pense qu'avec mon expérience, je peux aider beaucoup d'athlètes à tendre vers leur plus haut niveau en compétition. Cependant, je ne veux pas faire l'erreur de dire à quelqu'un de s'entraîner comme je l'ai fait. C'est sûr que ça ne marchera pas. Le coach qui vous vend une recette miracle est probablement un charlatan. Chaque athlète est unique et a besoin d'apports spécifiques dans l'entraînement, même pour un but identique. Tu ne peux absolument pas généraliser et formater tout le monde dans un moule même si cette méthode a bien marché pour moi il y a dix ans. Le seul programme d'entraînement parfait sera celui qui provoquera le succès sans dommages ! ■

SELFIE EXPRESS

Kilian Fischhuber
Nationalité :
Autrichien
Job :
Coach de l'équipe d'Autriche
Perfs :
Vice-champion du monde de bloc
5 x vainqueur de la coupe du monde de bloc
47 podiums dont 21 victoires
Instagram :
@kilifish

AUTOPSY #29

DE L'EFFORT ! J'ADORE...

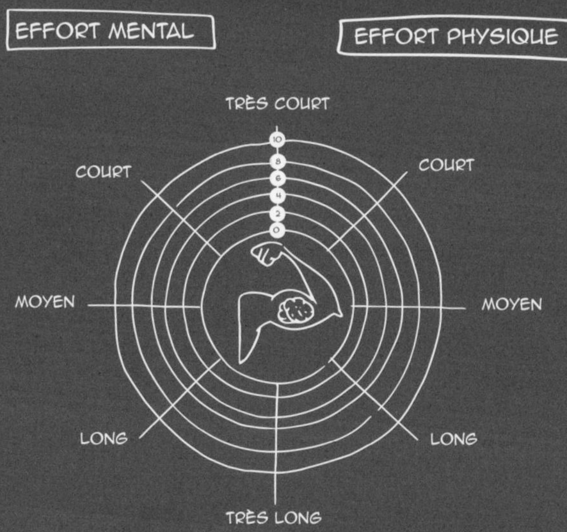

DANS QUEL TYPE D'EFFORT NOUS EXPRIMONS-NOUS LE MIEUX ? TRÈS COURT OU TRÈS LONG ? Et à l'inverse, quel effort nous coûte et nous met vraiment en difficulté ? On peut vite faire le parallèle avec la force, le bloc, la rési, les voies courtes et les voies très longues… Mais l'idée est surtout de généraliser les tendances, de se donner cette note de 0 à 10 en fonction de ses préférences, de ses aptitudes et de ses capacités physiques et mentales. Différencier les deux univers pour mieux pointer ce qui pourra nous manquer dans notre recherche de performance et ainsi affiner notre entraînement. Vous, êtes-vous plutôt TNT, prêt à exploser à tout moment, ou le bon vieux moteur diesel, long au démarrage mais inusable une fois lancé ? Est-ce que votre cerveau tient la durée de l'effort ou vous « craquez » souvent avant ? Est-ce que, mentalement et physiquement, vous répondez présent, vous êtes plus efficace quand l'effort est très court ? Quand il est long ? Médium… ?

- SUR QUEL PROFIL D'EFFORT EST-CE QU'IL Y A UNE DIFFÉRENCE ENTRE MON PHYSIQUE ET MON MENTAL ?

- QUELLE PISTE DE TRAVAIL EST-CE QUE JE POURRAIS AMÉLIORER POUR HOMOGÉNÉISER CELA ?

- AU VU DE MES OBJECTIFS, SUR QUEL POINT PORTER MON ATTENTION LORS DES SÉANCES À VENIR ?

AUTOPSY #30

INGRÉDIENTS POUR ÉTIRER LE BAS DU CORPS

EN ESCALADE, ON NE FAIT PAS QUE TRACTER AVEC NOS BEAUX ET FORTS BICEPS ! NON ? NON… Les muscles de nos jambes sont bien plus sollicités que ce que nous voulons bien croire. Il suffirait peut-être de porter notre attention sur certains muscles comme le quadriceps, les ischio-jambiers, les fessiers, les adducteurs, les psoas… certains des muscles les plus puissants du corps qui rentrent entre autres jeux dans la mobilité du bassin !

***1 – Étirement des obliques jusqu'aux fessiers :** posture qui fera la transition entre les étirements du haut et du bas du corps. Les obliques font partie des muscles des abdominaux et participent notamment au transfert de force entre la jambe et le bras opposé.*

***2 – Étirement des fessiers :** groupe de 3 muscles qui font le lien entre le tronc et les jambes et participent aux mouvements de la jambe et aussi au maintien du bassin.*

3 – Étirement du biceps fémoral : très utile notamment dans les crochetages de talon.

***4 – Étirement des psoas :** il joue un rôle majeur dans le placement du bassin, c'est le seul muscle qui relie la colonne vertébrale aux jambes, un muscle clé que l'on nomme souvent le « muscle de l'âme » tant il entretient une relation particulière entre le système squelettique, le diaphragme, les organes et le système nerveux.*

***5 – Étirement des adducteurs :** groupe de 5 muscles de la cuisse qui relient la jambe au bassin, participent à chaque mouvement de la hanche et à la rotation du bassin.*

***6 – Étirement des ischio-jambiers et des adducteurs :** les ischios (qui réunissent le biceps fémoral et le semi-tendineux) participent entre autres à la flexion et la rotation du genou, bref servent à marcher, courir, sauter…*

« LA PEAU EST CE QU'IL Y A DE PLUS PROFOND EN NOUS. »

Paul Éluard

LES INGRÉDIENTS FONDAMENTAUX POUR TENDRE VERS LA PERFORMANCE ?

« Si l'on parle d'un seul ingrédient… je dirai une forme de folie ! Ce petit supplément d'âme à tout ce que l'athlète a mis en place pour réussir. Je pense que si l'objectif a bien été identifié au préalable, le chemin peut être plus ou moins long, mais la destination est inéluctable ! L'idée est déjà de réaliser une sorte d'introspection à propos de ce que je veux vraiment : **objectif(s)**, **rêve(s)**, **finalité(s)**, avec tout ce qu'il pourrait y avoir comme avantages et/ou obstacles à leur réalisation. Une fois cette étape de la détermination d'objectif faite, la suite n'est que persévérance. »

« UN BON ENTRAÎNEUR EST UN ACCÉLÉRATEUR DE RÉUSSITE ! »

LE PRO

Entraîneur de l'équipe de France de difficulté, Corentin Le Goff forme de nombreux entraîneurs.

« Un bon entraîneur est un accélérateur de réussite ! Il aide, une fois la codétermination d'objectifs effectuée, à poser le cadre, à le faire évoluer, tout en gardant en ligne de mire la finalité qui pousse l'athlète à vouloir atteindre son objectif. Je cherche à transmettre un état d'esprit visant à l'excellence sportive, mais aussi à impulser et à partager une direction permettant de l'atteindre... C'est pour ça que, face aux athlètes, je me positionne comme un entraîneur qui mettra toutes ses forces dans la quête de médailles, et comme une personne-ressource sur laquelle on peut et pourra toujours s'appuyer et compter ! Pour cela, il faut communiquer avec une base d'individualisation, avec une touche "d'intelligence émotionnelle". Et, qu'on le veuille ou non, que cela soit souhaitable ou pas, quand un binôme athlète/entraîneur s'installe dans la durée, il y a forcément un lien qui s'instaure. Ce climat de confiance doit permettre à l'entraîneur d'aider l'athlète à trouver l'équilibre nécessaire pour pouvoir marcher sur ce fil instable, tout en s'assurant que le chemin et la destinée sont constamment approuvés et choisis par l'athlète. ■

SELFIE EXPRESS

Corentin Le Goff
Nationalité :
Français
Job :
Entraîneur national pendant 12 ans
A récolté 93 médailles dont 32 d'or
Avec 20 athlètes différents

AUTOPSY #31

INGRÉDIENTS POUR OPTIMISER SA SOUPLESSE

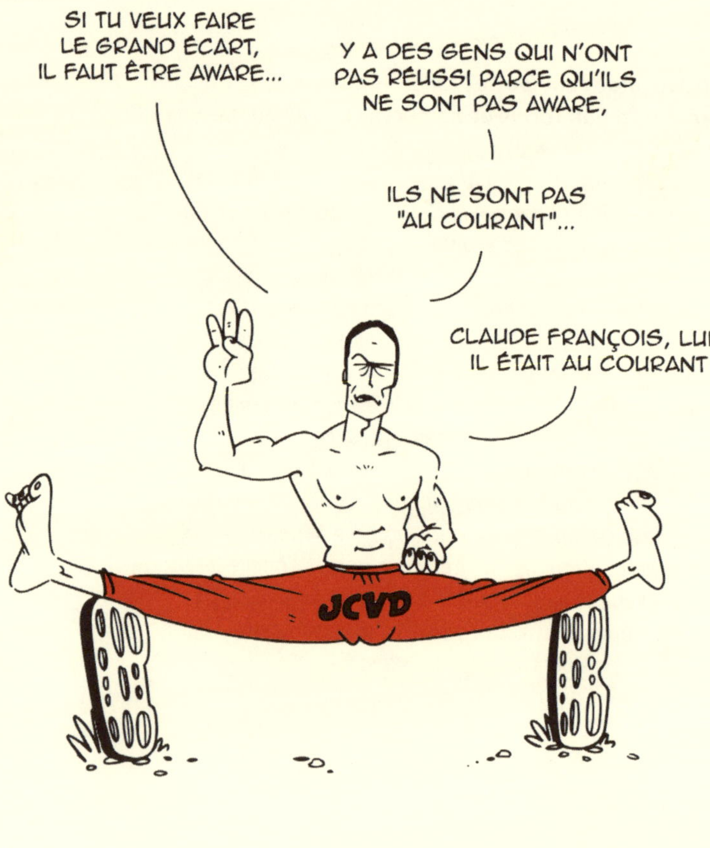

IL FAUT ÊTRE POINTILLEUX AVEC LA SÉMANTIQUE, UN ÉTIREMENT N'EST PAS UN ASSOUPLISSEMENT, si le mouvement et la posture peuvent être les mêmes, leurs objectifs divergent. Si l'étirement a pour but de rendre au muscle sa taille initiale et de le libérer des tensions accumulées suite à l'entraînement, l'assouplissement, lui, a pour but d'augmenter l'amplitude et la souplesse articulaire, il ne s'agit donc pas uniquement du muscle mais de toute une zone regroupant muscle, enveloppe, ligament, tendon, capsule articulaire ! On peut dès lors distinguer : la **souplesse statique,** il s'agit de produire un étirement du muscle en maintenant une position précise sans bouger; la **souplesse active,** il s'agit de réaliser un mouvement normal comme lorsque l'on exécute parfaitement un pied-main; la **souplesse dynamique,** à l'inverse, il faut forcer le mouvement et ajouter de la vitesse pour augmenter l'amplitude par à-coups; la **souplesse passive,** il s'agit de postures sans contraction musculaire mais utilisant une force extérieure comme une charge, un partenaire, un élastique... Au cours de vos séances, soyez attentif à la différence entre votre « souplesse active » et votre « souplesse passive » car elle constituera la marge de progression visée.

1. ***Quand le muscle est le plus raide :*** *un assouplissement sur un muscle raide sera plus efficace et plus durable car on agit directement sur les zones à travailler en exerçant une traction plus faible. Repensez à nos deux élastiques.*
2. ***Progressivement et régulièrement :*** *il faudra parvenir à la position et à la tension voulues lentement. L'idée est bien de tirer sur le muscle mais toujours progressivement. Il sera plus efficace de privilégier 15-20 minutes à raison de 3 ou 4 séances par semaine plutôt que 1 heure par semaine. Les progrès seront lents mais consolidés.*
3. ***Une position optimale :*** *sur un muscle raide et peu (voire pas) échauffé, il faudra bien doser votre effort pour ne pas produire d'effets néfastes, la tension exercée doit être adaptée de façon à ne pas entraîner un affaiblissement du muscle.*
4. ***Maintenir la position :*** *la qualité de l'exercice dépendra de l'intensité et de la durée de la posture. Pour atteindre un gain significatif, il est conseillé de tenir la tension « maximale » entre 30 secondes et 1 min 30.*
5. ***Un meilleur relâchement après une contraction.*** *L'exercice appelé le « contracté-relâché » sera le plus efficace pour gagner en souplesse musculaire et articulaire. On distinguera trois phases : a. le « contracté » où on force le muscle à résister et à compenser une pression (10 secondes); b. une phase de souplesse passive où on relâche le muscle tout en gardant la pression et la source de tension extérieure (20 secondes); c. une phase de relâchement maximal sans bouger, ni appliquer aucune tension (30 secondes). Et on recommence !*

LE PRO

« MARGINALISÉE, LA VITESSE PREND LA LUMIÈRE. »

SELFIE EXPRESS

Sylvain Chapelle
Nationalité : Français
Job : Entraîneur national de l'équipe de France de vitesse
Responsable de la préparation olympique

Il a construit, contre vents et marées, l'équipe de France de vitesse aujourd'hui tant redoutée sur le circuit international…

« Je partirais de l'image de l'arbre. Le tronc, c'est l'entraînement, les branches sont des ingrédients d'entraînement, et les racines forment le socle, c'est-à-dire les prérequis. En vitesse, discipline que j'entraîne, il y a des spécificités de travail pour les athlètes liées au besoin de développer des volumes de force assez importants et surtout beaucoup d'explosivité. On ne va pas parler ici de tenue de prise, de résistance, de conti, même s'il y a des aptitudes qui peuvent s'y apparenter comme la force de contact. On va davantage axer les exercices sur le développement force/vitesse et aussi sur ce que l'on appelle « l'endurance de force ». L'attention est focalisée sur les détails: gainage, gainage des épaules et des pieds, verrouillage du bassin, orientation de la ligne d'épaules, du bassin… En vitesse, le terrain d'expression est toujours le même, un mur homologué (15 mètres de hauteur, 5° d'inclinaison, 3 mètres par couloir, 40 prises de mains, 22 prises de pieds et record à 5 s 48 pour Reza Alipourshenazandifar en mai 2017), il faut donc aller chercher les

millièmes de seconde dans les microréglages, que ce soit par exemple sur le plan de la coordination ou sur la capacité à dissocier les mouvements. Mais le travail physique et énergétique ne peut pas résumer à lui seul l'ensemble de l'escalade même dans notre discipline toute jeune (2007). Sur le plan mental, la vitesse impose son rapport au temps, c'est un rapport objectif de performance. 6 s 10 restent 6 s 10 où que ce soit dans le monde, même si le mur et les paramètres varient. Et cette escalade ultrarapide engage le grimpeur dans une action complexe. Vient s'additionner le rapport à l'adversaire. L'idée est simple : arriver en haut du mur avant lui. C'est une confrontation, le plus rapide l'emporte. Il existe différentes façons de travailler ces duels, notamment grâce aux répétitions mentales de la voie. Pas mal d'études ont démontré nos diffcultés à accepter des changements pour aller plus vite. Notre cerveau est habitué à un certain ordre; par exemple, dans la voie de vitesse, il est habitué à faire un déroulé très précis, et si on modifie une petite variable, tout ce qui était parfaitement orchestré se désaccorde. La visualisation permet de travailler mentalement afin de conditionner notre corps à mieux accepter ces changements et être performant plus rapidement. Un des autres aspects travaillés au quotidien est induit par notre mur d'entraînement situé en extérieur. On a désespérément cherché un mur de 15 mètres dans un gymnase, sans résultat. L'entraînement en plein air au centre d'entraînement de la fédération à Voiron s'est révélé être une bonne chose : les compétiteurs ont appris à grimper par tous les temps, vent, pluit, neige... Cette capacité d'adaptation est devenue aujourd'hui l'une des forces de l'équipe de France. En compétition, ils sont capables de faire face à des conditions météo catastrophiques ou cataclysmiques parfois (on a eu des typhons, des gros orages, des pluies diluviennes).
J'étais extrêmement déterminé à montrer que l'escalade de vitesse en France pouvait marcher, que c'était une discipline à part entière.
On a longtemps été marginalisés dans notre pratique, mais l'esprit de groupe nous a donné l'opportunité de faire nos preuves. Je savais que nous serions acceptés à partir du moment où les résultats tomberaient, et c'est ce qu'il s'est passé. Sportif ou entraîneur, jeune ou moins jeune, chacun dispose de compétences à exploiter, chacun se fixe des objectifs à atteindre, l'important est ce que nous allons mettre en œuvre, c'est le chemin pour y parvenir. » ■

WXYZ

Warrior Il n'y a pas de guerre facile ou de petite bataille : « On ne mesure pas la grandeur d'un soldat à ses victoires mais au courage de ses combats. » Dans le projet d'entraînement sur lequel nous nous penchons ici, il faut être d'une solidité sans faille bien évidemment, mais surtout mener chaque bataille en guerrier, en homme. Jusqu'aux moindres détails – et on l'a vu la liste est longue –, à aucun moment il ne sera facile (possible) de réunir tous les ingrédients nécessaires à la performance et de les additionner parfaitement. Il faudra finalement laisser de la place à quelques approximations ! Il sera donc indispensable de se battre sur le ring mais surtout de mener ses propres croisades sans se tromper de combat. Notre aventure, notre défi, notre bataille... qui n'a rien à voir avec celle du voisin qui, lui, mène son aventure, son challenge...

X (Facteur) **Certains appellent ça la chance, d'autres la poisse ou la main de Dieu, l'ange gardien, la malédiction, le mauvais œil, l'inconnu... le facteur X ! Dans notre aventure, peu importe notre entraînement et notre niveau de préparation, il y aura toujours cette variable X à prendre en compte. L'incontrôlable ! Aussi loufoque que cela puisse paraître, même l'indomptable peut être géré, ne serait-ce qu'en sachant qu'il existe. Dans la formule de la performance, il y a bien ce X qui intervient à un moment ou à un autre. Cette variable**

★

« SI VOUS N'AVEZ PAS CONFIANCE, VOUS TROUVEREZ TOUJOURS UN MOYEN DE NE PAS GAGNER. »

« Je n'aime pas cette citation car, de mon point de vue, elle renforce une croyance toxique pour la gagne : il faut avoir confance (en soi) pour gagner ! Ce qui est absolument inexact. La confiance est une conséquence, pas une cause. »
Olivier Guidi

qui rend peut-être si palpitant le sport, le fait que le scénario n'est jamais écrit noir sur blanc, à la virgule près. Si l'entraînement peut pousser les curseurs à fond, augmenter notre niveau, il y a toujours un moment où « le Tourcoing football club peut battre le PSG ». S'il est finalement impossible de se préparer à ce que pourra être le X dans une journée – qu'il soit positif, négatif ou neutre –, il faut surtout garder dans un coin de sa tête qu'il est là et que l'on ne peut pas tout maîtriser et tout expliquer !

Ce qui ressemble au hasard n'est parfois rien d'autre qu'un rendez-vous !

Yaniro Même s'il porte le nom du grimpeur américain Tony Yaniro, la légende veut que ce soit Patrick Berhault qui en fut l'inventeur. En l'absence de pied pour pousser ou griffer, une solution s'offre à vous en croisant le pied à l'intérieur du bras opposé pour « s'asseoir » sur son bras et trouver l'équilibre avec l'autre jambe en appui. Il faut évidemment que la prise soit correcte car tout notre poids est alors sur la main sur laquelle nous nous enroulons. Aussi spécifique et rare qu'il puisse être, ce mouvement doit faire partie de votre répertoire gestuel et, comme chaque technique, il faut en comprendre les détails et les variables pour pouvoir le maîtriser et le ressortir le jour J. La situation arrivera peut-être une fois dans toute votre vie, mais ce jour-là, il faudra répondre présent, ne pas faire de nœud et, comme toujours, rester dans l'action !

Yoga Gymnastique à la mode, le yoga regroupe un ensemble de postures qui mettent tout le corps et l'esprit en activité. Cette technique ancestrale remonte à bien avant notre ère et bénéficie ces dernières années d'une très belle cote de popularité notamment dans notre sport. Que ce soit un yoga doux, statique ou dynamique importe peu, il a pour but de travailler la souplesse, de renforcer notre corps, le tout avec une respiration maîtrisée qui équilibre le flux des énergies en soi. Malgré tout, il est important dans ce type de pratique d'essayer, de prendre ce qui nous intéresse et ce que l'on trouve pertinent pour notre corps et notre fonctionnement et surtout de ne pas seulement céder à la mode, de vouloir faire « comme tout le monde »... « Ils font ça donc je fais ça » !

Avant de faire des abdos pour retenir les zips intempestifs, apprenons à mieux poser et utiliser nos pieds !

Zip Le pied qui glisse, le corps qui se dérobe et... c'est la chute ! Pourquoi a-t-on zippé ? Des chaussons de mauvaise qualité ? Trop grands, trop petits ? Ce fichu *dual texture* ? Le pied mal placé ?... Il est probable que nous ayons été victimes d'un relâchement, d'une négligence, d'un peu de fatigue ou d'une trop grande mobilisation du haut du corps. La technique ne s'épuise pas, c'est notre capacité à la solliciter qui se réduit, soyons exigeants techniquement et méticuleux dans l'exécution.

Zone de confort **C'est un territoire paradoxal, accueillant mais culpabilisant, rassurant mais pas toujours stimulant. Si vous avez fait le chemin jusqu'à la lettre Z, c'est que vous vous sentez légèrement concerné par ma philosophie d'entraînement : « Si tu veux quelque chose que tu n'as jamais eu, fais quelque chose que tu n'as jamais fait ! » Alors, prenez des risques, expérimentez, explorez, échangez, dépassez la peur. La performance est une équation à plusieurs inconnues dont il faut trouver les réponses par soi-même. Vous serez surpris de vos propres ressources, des nouvelles compétences que vous allez acquérir, des opportunités qui vont émerger au-delà de cette zone de confort avec beaucoup de satisfaction à la clé.**

La situation parfaite n'arrivera jamais, il n'y aura pas de "guerre contre la gravité" dans votre canapé. Il faudra bien aller en découdre sur le mur !

FUCK GRAVIT

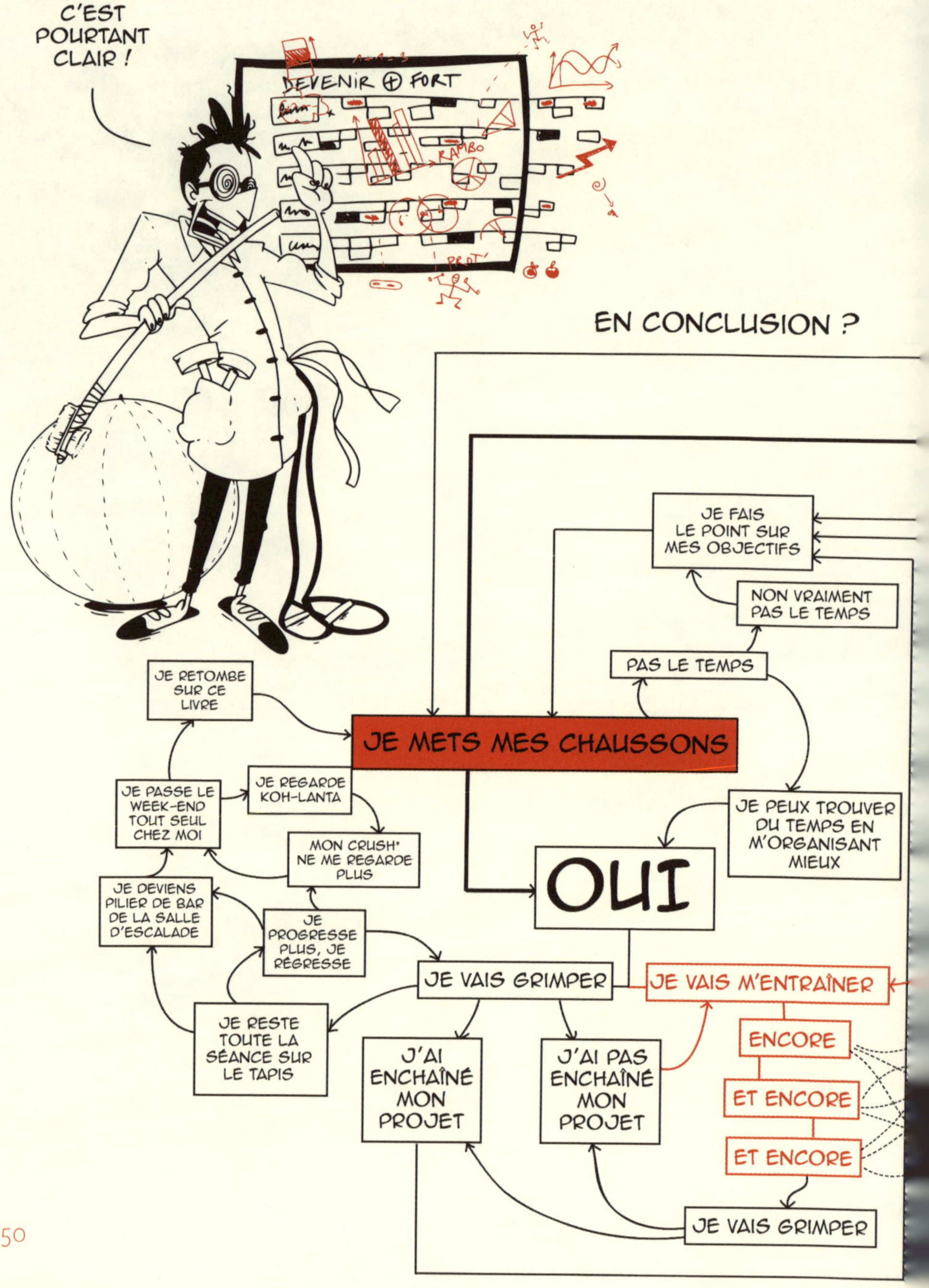
C'EST POURTANT CLAIR !
DEVENIR ⊕ FORT
RAMBO
EN CONCLUSION ?
JE METS MES CHAUSSONS
PAS LE TEMPS
NON VRAIMENT PAS LE TEMPS
JE FAIS LE POINT SUR MES OBJECTIFS
JE PEUX TROUVER DU TEMPS EN M'ORGANISANT MIEUX
OUI
JE VAIS GRIMPER
JE VAIS M'ENTRAÎNER
ENCORE
ET ENCORE
ET ENCORE
J'AI ENCHAÎNÉ MON PROJET
J'AI PAS ENCHAÎNÉ MON PROJET
JE VAIS GRIMPER
JE RESTE TOUTE LA SÉANCE SUR LE TAPIS
JE PROGRESSE PLUS, JE RÉGRESSE
JE DEVIENS PILIER DE BAR DE LA SALLE D'ESCALADE
MON CRUSH* NE ME REGARDE PLUS
JE PASSE LE WEEK-END TOUT SEUL CHEZ MOI
JE REGARDE KOH-LANTA
JE RETOMBE SUR CE LIVRE

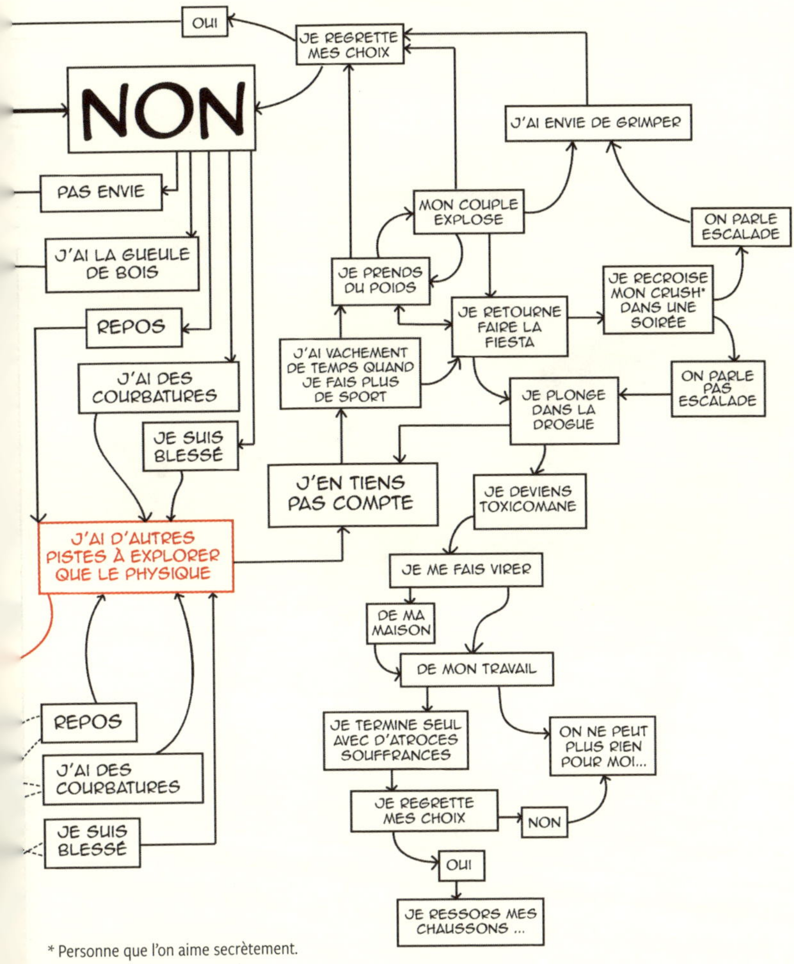

* Personne que l'on aime secrètement.
Ne pas confondre avec crunch...

AUTOPSY COLLATÉRALE

LES COULISSES DE L'ENTRAÎNEMENT

LE MOT DE LA FIN
Merci.

Merci, merci, merci...
À Fabrice, merci de m'avoir appris l'amour de l'entraînement, d'avoir partagé bien plus que ces 219000 heures... Je n'ai rien inventé, j'ai juste écrit noir sur blanc des fragments de ce que tu as construit toutes ces années.
À Marion et Rose, merci d'être à mes côtés, de mettre tant de couleurs dans ma vie et de m'aimer malgré ces heures passées au gymnase (et devant l'ordinateur)...
À Papa, Maman, juste merci de m'avoir permis de vivre mon aventure.
Merci à tous ceux qui, à un moment du chemin, ont apporté une pierre à l'édifice et se sont retrouvés par ma faute à forcer bien plus que prévu dans un gymnase.
Merci à Flore d'avoir une nouvelle fois croqué avec fidélité, talent et humour mes plus extravagantes requêtes.
Merci aux éditions Paulsen-Guérin de m'avoir de nouveau suivi dans mes douces élucubrations, merci à Stéphanie pour ces heures (mois) à me supporter, merci à Jérémy, à Chloé, et à toute l'équipe.
Merci à tous ceux qui ont participé avec amitié à l'aventure : Chloé, Clothilde, Yohann, Rémi et Marie Zeller pour les traductions.
Merci à tous les grimpeurs et à toutes les grimpeuses qui ont répondu présents à mes très (nombreuses) sollicitations...
Merci à tous ceux qui ont lu chaque page de ce livre...
Mais maintenant, c'est l'heure d'aller grimper.

UNE GOUTTE DE PRATIQUE VAUT MIEUX QU'UN OCÉAN DE THÉORIE...

SOMMAIRE